DOR PSÍQUICA,
DOR CORPORAL

Blucher

DOR PSÍQUICA, DOR CORPORAL

Uma abordagem multidisciplinar

Organizadora

Victoria Regina Béjar

Dor psíquica, dor corporal: uma abordagem multidisciplinar
© 2017 Victoria Regina Béjar (organizadora)
Editora Edgard Blücher Ltda.

1ª reimpressão – 2019

Imagem da capa: Ciro Marcio Béjar Barbosa (*in memoriam*)

Blucher

Rua Pedroso Alvarenga, 1245, 4º andar
04531-934 – São Paulo – SP – Brasil
Tel.: 55 11 3078-5366
contato@blucher.com.br
www.blucher.com.br

Segundo o Novo Acordo Ortográfico, conforme 5. ed. do *Vocabulário Ortográfico da Língua Portuguesa*, Academia Brasileira de Letras, março de 2009.

É proibida a reprodução total ou parcial por quaisquer meios sem autorização escrita da editora.

Todos os direitos reservados pela Editora Edgard Blücher Ltda.

Dados Internacionais de Catalogação na Publicação (CIP)
Angélica Ilacqua CRB-8/7057

Dor psíquica, dor corporal: uma abordagem multidisciplinar / organização de Victoria Regina Béjar. – São Paulo : Blucher, 2017.

440 p.

Bibliografia
ISBN 978-85-212-1138-9

1. Dor 2. Dor – Aspectos psicológicos 3. Psicanálise I. Béjar, Victoria Regina.

15-1530   CDD 152.1824

Índice para catálogo sistemático:
1. Dor – Aspectos psicológicos

Agradecimentos

Agradecemos a todas as colegas que, desde 2003, nos prestigiam e colaboram para a existência e para o desenvolvimento do estudo sobre a dor, no Grupo de Estudos e Investigação das Expressões Corporais da Dor Psíquica: Dor Crônica e Psicossomática Psicanalítica da Sociedade Brasileira de Psicanálise de São Paulo (SBPSP).

De modo especial, agradecemos às colegas responsáveis pelos alicerces desse grupo, que atenderam ao nosso convite inicial para participarem da pesquisa.

Nossa admiração e enorme gratidão às colegas que vêm de outras cidades do estado de São Paulo ou até mesmo de outros estados para participar mensalmente de nossos encontros.

Vale salientar que uma das marcas do relacionamento dos membros do grupo é o calor humano, a amizade, o acolhimento, o respeito pelo outro, a possibilidade de convivência com as diferenças e com a diversidade de opiniões e observações que geram crescimento, desabrochar criativo e, principalmente, forte laço afetivo.

Às nossas fibromiálgicas dedicamos enorme gratidão, pois, com a convivência analítica, nos ensinaram muito sobre a dor psíquica escancarada no corpo. Confiaram suas vidas às analistas, imbuídas de esperança e determinação. Percorreram longas distâncias, horas de ônibus e de trem para chegar às suas análises. Ofereceram às analistas a oportunidade de lidar com as peculiaridades do funcionamento emocional doloroso, que redundou no aprendizado profícuo e no desabrochar da vida da analisanda e da analista.

Nossos agradecimentos sinceros ao prof. dr. Manoel Jacobsen Teixeira, que abriu espaço no grupo multidisciplinar do centro de dor da clínica neurológica da Faculdade de Medicina da Universidade de São Paulo (FMUSP), para a pesquisa psicanalítica, sempre nos prestigiando com seu apoio, troca de ideias e até mesmo suas vindas à sociedade para reuniões e compartilhamento dos conhecimentos sobre o funcionamento dos processos dolorosos.

Todos nós expressamos enorme gratidão pelos nossos analistas que nos acompanharam nas análises pessoais e nas supervisões clínicas. Aos nossos familiares somos gratos por tudo que nos oferecem: apoio, carinho, companheirismo, amor e justas queixas!

Victoria Béjar e membros do Grupo de Estudos e
Investigação das Expressões Corporais da Dor Psíquica:
Dor Crônica e Psicossomática Psicanalítica da Sociedade
Brasileira de Psicanálise de São Paulo (SBPSP)

* * *

Pessoalmente, agradeço ao Altíssimo pela força recebida durante o percurso da minha vida e por conduzir nossas vidas!

Agradeço à amiga psicanalista Helena Lopes Daltro Pontual que generosamente participou das revisões iniciais dos capítulos.

Dedico este livro à minha filha Ana Carolina Béjar Barbosa, que aprendeu a lidar com a frustração da mãe que está no consultório, em reuniões e, principalmente, no computador. Grata pelo seu amor, filha!

Victoria Béjar

Apresentação

A psicanálise contemporânea caracteriza-se por uma leitura renovada e criativa de Freud em consonância com autores pós--freudianos e contemporâneos, tendo em vista ampliar a terapia psicanalítica para atender a um número crescente de pacientes, cuja lógica não é a do prazer-desprazer de uma erogeneidade representada, como nas neuroses, psicoses e perversões, mas a da tensão-alívio de descargas, como observamos nas enfermidades psicossomáticas e em outras condições clínicas nas quais a tramitação do afeto encontra-se comprometida devido a uma perturbação da consciência originária, com o que se perde o registro dos matizes sensoriais diferenciais e, por conta disso, a dor é percebida, mas não é sentida.

Tendo em vista que os sintomas que decorrem dessa condição não permitem a redução histórica ou simbólica das vivências e não podem ser concebidos como satisfações sexuais substitutivas ou como transações entre moções pulsionais opostas, esses quadros, marcados por uma sensação de vazio, frieza, desamparo e limitada capacidade para modular operativamente a angústia, não respondem à técnica psicanalítica clássica, mas conferem importância ao enquadre interno do analista e à necessária pluralidade de seu funcionamento na sessão, tendo sempre presente na relação transferencial a diferença entre intersubjetividade e transubjetividade, como forma de evitar um atravessamento narcisista que implica investimentos fusionais e adesivos, os quais dão lugar à formação de uma dupla que funciona como continente de conteúdos indiferenciados.

É essa complexa temática que *Dor psíquica, dor corporal: uma abordagem multidisciplinar* aborda em 20 capítulos, escritos por experientes psicanalistas e renomados profissionais de outras áreas, que se dedicam ao atendimento de pacientes portadores de dor crônica. Pelo conteúdo dos assuntos estudados, conclui-se que se trata de uma obra inédita em nosso meio e essencial a todos que buscam precisar, ampliar e integrar conceitos e desenvolvimentos teóricos a respeito do surgimento da mente a partir de um corpo dotado apenas de neurônios e quantidades, que Freud denominou de ego real primitivo, quando a excitação se transforma em pulsão mediante o trabalho psíquico proporcionado pela interação do bebê com o seu contexto, no qual a mãe desempenha um papel preponderante. Os casos clínicos descritos pelos autores enfatizam a vigência dos conceitos freudianos de neurose atual e experiência traumática, os quais articulam com as concepções da Escola Psicossomática de Paris sobre funcionamento operatório, depressão essencial e desorganização psíquica e orgânica, assim como com as organizações não neuróticas de André Green.

Gley P. Costa
Membro titular da Sociedade Brasileira de
Psicanálise de Porto Alegre (SBPdePA)

Conteúdo

Introdução — 15
1. Dor física *versus* dor psíquica — 33
   Elsa Rappoport de Aisemberg
2. Os deuses não conhecem o cansaço: os heróis, às vezes, mas as heroínas, nunca... — 47
   Marilia Aisenstein
3. A insustentável leveza do corpo da mãe — 59
   Marina Papageorgiou
4. Fibromialgia e fadiga crônica na sociedade atual e a modernidade líquida — 85
   Lydia Marticorena
5. Psicanálise: terror, vértice estético, linguagem poética — 95
   Antonio Sapienza
6. Frida Kahlo: a pintura como processo de busca de si mesmo — 105
   Gina Khafif Levinzon

7. Dor corporal e dor psíquica: discursos do corpo 121
   Victoria Regina Béjar

8. Da histeria às somatizações: o corpo em cena 147
   Adriana Cortelletti Uchôa

9. A dor de viver, a dor da vida... 161
   Glaucia Maria Ferreira Furtado

10. Doença de Crohn e retocolite: abordagem psicanalítica dos fenômenos somáticos 175
    Denise Aizemberg Steinwurz

11. Vida operatória, um ataque pulsional à capacidade de pensar: Mara, uma escrava da dor 199
    Diva Aparecida Cilurzo Neto

12. Construção do sonhar na transferência 213
    Silvia Joas Erdos

13. O que não se resolve pelo amor se resolve pela dor 237
    Helena Lopes Daltro Pontual

14. Dor e psicanálise contemporânea: atenção e representabilidade 253
    Milton Della Nina

15. Corpo-Dor-Psicanálise: a importância da contratransferência 271
    Eliana Riberti Nazareth

16. Entre a vida e a morte: as dores da melancolia 289
    Cristiana Rodrigues Rua
    Ana Maria Soares
    Rubens Marcelo Volich

17. A vertigem na neurose atual 315
    Ana Maria Baccari Kuhn

18. A doença de Crohn e a dor 343
Flavio Steinwurz

19. Fisiopatologia da dor 355
Manoel Jacobsen Teixeira
Daniel Ciampi de Andrade

20. Síndrome fibromiálgica (SFM) 403
Helena Hideko Seguchi Kaziyama

Sobre os autores 421

Introdução

O objetivo deste livro é abrir espaço a trabalhos médicos e psicanalíticos cujos temas sejam dor psíquica e dor corporal e seus entrelaçamentos. Trata-se de um grupo de profissionais, que de forma direta ou indireta, colaboraram e participaram da pesquisa psicanalítica sobre síndrome fibromiálgica, realizada pelo Grupo de Estudos e Investigação das Expressões Corporais da Dor Psíquica: Dor Crônica e Psicossomática Psicanalítica da Sociedade Brasileira de Psicanálise de São Paulo. A seguir, contaremos um pouco a respeito da experiência desse grupo ao longo de sua existência, desde 2003.

Em 2002, foi proposta pelo diretor do Centro de Dor da clínica neurológica do Hospital das Clínicas da Faculdade de Medicina da USP (HCFMUSP), prof. dr. Manoel Jacobsen Teixeira, a realização de uma pesquisa com pacientes portadores de síndrome fibromiálgica, a fim de observar se havia peculiaridades no funcionamento psíquico ou emocional dos pacientes que sofrem de dor crônica, utilizando como parâmetro a síndrome fibromiálgica. Esses achados são úteis para a compreensão geral e ampla dos aspectos emocionais que influenciam e até mesmo determinam a cronificação da dor corporal. A pesquisa psicanalítica foi intitulada "Intervenção psicanalítica nos pacientes portadores de síndrome fibromiálgica".

Esse projeto foi idealizado e coordenado pela dra. Victoria Regina Béjar, psicanalista colaboradora do Grupo Multidisciplinar de dor da clínica neurológica do HCFMUSP. Foram seguidos os trâmites da universidade para a realização da pesquisa, com a montagem do pré-projeto, composto dos objetivos, dos recursos e do consentimento dos pacientes. O projeto foi aprovado pelo comitê de pesquisa. Um dos critérios de seleção foi a escolha de pacientes fibromiálgicas do sexo feminino, que se tratavam no ambulatório de fibromialgia do Centro de Dor, coordenado pela dra. Helena Hideko Seguchi Kaziyama. Vale salientar que a proporção dos sintomas entre os gêneros é de um homem para cinco ou mais mulheres.

Era necessário criar um grupo de psicanalistas dispostos a participar do projeto e fazer o atendimento em seus consultórios, sem ônus para as pacientes. Foi realizado um convite ao corpo societário da SBPSP, e com os interessados criamos e iniciamos o grupo de estudos e investigação psicanalítica. Reuniamo-nos mensalmente para estudos teóricos e discussões clínicas. Os atendimentos psicanalíticos duraram em média de quatro a cinco anos. A pesquisa foi interrompida em 2009 devido ao impasse criado pela impossibilidade à época de obter dados quantitativos.

Como nosso interesse era realizar uma pesquisa psicanalítica, decidimos enviar o pré-projeto à Comissão de Pesquisa da Associação Internacional de Psicanálise (IPA) a fim de frequentar o curso de pesquisa psicanalítica, realizado na "London College", coordenado pelo dr. Peter Fonagy, com objetivo de que nosso projeto fosse elaborado a partir da abordagem psicanalítica. Em agosto de 2004, a dra. Victoria foi a Londres para o curso. Em 2006, a pesquisa recebeu um grant do Research Advisory Board da International Psychoanalytical Association (IPA).

Nosso grupo permanece em atividade até hoje. Na época, as pesquisas psicanalíticas ainda eram incipientes no nosso país e nos defrontamos com várias dificuldades, sendo a maior delas a impossibilidade de obter dados quantitativos, parâmetro essencial da universidade para concluir a pesquisa. A pesquisa foi então interrompida e encontra-se à espera da análise quantitativa e qualitativa do material clínico para ser finalizada. Porém, na realidade, houve enormes ganhos de aprendizado sobre os funcionamentos psíquicos difíceis, estruturas não neuróticas, a partir da experiência clínica adquirida com o atendimento dessas pacientes.

A seguir, vamos descrever alguns momentos importantes de como se deu esta investigação e pesquisa e seus resultados.

Inicialmente, foi realizado um levantamento bibliográfico sobre o tema DOR, tanto corporal quanto psíquica. Os trabalhos encontrados a respeito da dor crônica corporal versavam sobre a fisiopatologia da dor; poucos tratavam do funcionamento emocional dos doentes. Além disso, havia poucos trabalhos psicanalíticos que enfocassem a dor psíquica. O material teórico, além de escasso, não contemplava as observações e vivências clínicas dos analistas no contato com suas pacientes. Logo nos demos conta de que de fato estávamos diante de um tipo de funcionamento emocional particular. À medida que o material clínico era discutido, mais coincidiam as observações dos analistas. Porém, nos faltavam elementos que trouxessem contribuições para formularmos articulações teórico clínicas mais consistentes.

O percurso pelas obras psicanalíticas sobre o tema teve início com o levantamento das ideias de Freud ao longo de sua obra sobre a dor, além dos estudos sobre trauma, angústia, neuroses atuais, pulsões, compulsão à repetição e contratransferência.

Há contribuições significativas em autores argentinos, como Rodolfo D'Alvia, Elsa Rappoport de Aisemberg e Norberto Marucco, sobre um tipo de funcionamento mental diferente das psiconeuroses e das psicoses, nos quais predominam questões traumáticas infantis, compulsão à repetição e dores mentais profundas – as quais André Green classificou como organizações neuróticas e não neuróticas, resultado de sua experiência clínica com pacientes difíceis por volta dos anos 1970, publicada no livro *Sobre a loucura pessoal*. Foram fundamentais suas considerações sobre a clínica contemporânea, cujas apreensão e abordagem psicanalíticas demandavam a ampliação dos conceitos e da prática da psicanálise clássica. Dessa forma, Green questionava a divisão entre psicoterapia e psicanálise, ao apoiar que os pacientes com dificuldades significativas de capacidade simbólica seriam pouco acessíveis à abordagem clássica e necessitavam de adaptações técnicas no enquadre analítico. Além disso, ele se referiu à importância da utilização das reações emocionais e corporais do analista, questões de contraidentificações projetivas como instrumentos para construir malhas representacionais do paciente.

Os conceitos fundamentais do funcionamento mental infantil, formulados por Melanie Klein, Sandór Ferenczi, Wilfred R. Bion, Donald W. Winnicott e Masud Khan, a investigação e a obra de Frances Tustin sobre autismo e defesas autísticas, além das ideias de muitos outros autores, funcionaram como pano de fundo para as considerações teórico-clínicas das observações da prática clínica com as pacientes fibromiálgicas.

O contato com os diversos textos de André Green se deu nos grupos de estudo organizados há mais de vinte anos por Ana Maria Andrade de Azevedo, membro efetivo e didata da SBPSP, que promoveram o contato e aprofundamento dos conceitos da clínica psicanalítica contemporânea.

As peculiaridades emocionais observadas a partir da abordagem da psicossomática psicanalítica de Paris, introduzidas na Sociedade Brasileira de Psicanálise de São Paulo pela psicanalista francesa Marilia Aisenstein, por meio de seus trabalhos e supervisões, foram essenciais para estruturar nossas observações clínicas. O contato mais amplo com os conceitos da psicossomática psicanalítica, por meio do estudo do livro *La vida operatoria*, de Claude Smadja, no qual encontramos um estudo sistematizado dos conceitos de funcionamento operatório, depressão essencial e comportamentos autocalmantes, veio acrescentar e preencher lacunas na compreensão da clínica da dor psíquica e corporal, fundamentalmente o funcionamento operatório, que descreve tão bem o perfil de vida das pacientes fibromiálgicas.

O conceito de corpo pulsional ou erotizado, em contraste com o corpo fisiológico da medicina, é fundamental na abordagem psicanalítica das somatizações. Podemos considerar que há fundamentalmente dois tipos de sintomas corporais: os encontrados nas psiconeuroses, especialmente na histeria, são simbólicos e representam a solução de compromisso de fantasias sexuais edípicas infantis recalcadas. Porém, o que prevalece na clínica atual são os sintomas corporais resultantes do excesso de angústia, excesso este que se torna traumático à medida que não pode tramitar pelo aparelho psíquico, permanecendo estagnado no corpo. Esses sintomas corporais estão no lugar das defesas psíquicas que se encontram negativadas e têm como objetivo manter a organização da estrutura psicossomática e a sobrevivência psíquica. Esses sintomas corporais são considerados assimbólicos, desprovidos de significado, devido à sua origem – resultantes da estagnação do excesso de excitações.

A utilização das contraidentificações projetivas e das reações contratransferenciais, principalmente corporais do analista, seus sonhos e devaneios, surgidos no contato afetivo com pacientes que apresentam poucos recursos para simbolizar, torna-se um instrumento valioso para lidar com as comunicações pré-verbais, a fim de dar forma representacional e qualidade emocional às angústias sem nome e vivências catastróficas. Metaforicamente, poderíamos utilizar a expressão de Pierre Marty de que o analista empresta seu pré-consciente ao paciente, para que ele possa construir malhas representacionais e passe a ter condições de ressignificar suas memórias traumáticas e criar suas histórias, preenchendo lacunas e vazios. Os estudos sobre as reações da pessoa do analista são estudadas desde Bion e ampliadas por autores como os Botella e Ogden, que dissecaram o tema.

Havia concordância nas observações realizadas pelos analistas em relação a vários aspectos do funcionamento emocional das pacientes. Citaremos a seguir aqueles que jugamos mais relevantes e sobre os quais tecemos algumas considerações.

Situações traumáticas atuais

Chamava à atenção a existência da ligação entre uma circunstância atual ligada à perda da pessoa amada ou de algum aspecto relevante da vida, vivenciados como traumáticos, com a instalação ou a piora do quadro doloroso corporal. Suas histórias de vida eram dramáticas e recheadas de fatos traumáticos. As pacientes apresentavam um tipo peculiar de comportamento, constituído pela necessidade de estarem constantemente desempenhando tarefas, que mais tarde foram entendidos como comportamentos autocalmantes (Smadja, C. & Zsweg, 1993), segundo a escola de psicossomática de Paris. A busca por excelência que balizava suas vidas, evidenciada na profunda idealização com que realizavam suas funções e atividades, assim como regiam seus relacionamentos, com a busca de metas impossíveis de serem alcançadas, foram identificadas como perfeccionismo do ego ideal. A alta exigência dessas pacientes consigo mesmas e com o ambiente pessoal e profissional era acompanhada por sentimentos de culpa inconsciente, com predomínio de angústias persecutórias, principalmente aquelas cujas mães foram deprimidas e melancólicas. A autoestima era bastante comprometida, provável resultado das falhas na constituição do narcisismo primário. As dores generalizadas e a fadiga estavam presentes todo o tempo, o que paulatinamente as impedia de viver. Observava-se a falência do sistema instituído de viver a vida, desorganização emocional expressão da violência da pulsão de morte. Os sintomas de angústia e depressão eram desencadeados ou se intensificam. Eram relevantes as peculiaridades da relação afetiva estabelecida com o analista e a importância da contra-identificação projetiva e das reações contratransferenciais.

Tipo de contato afetivo

A possibilidade de as pacientes se referirem a vários episódios traumáticos da infância criava, inicialmente, a impressão de que se tratava de pessoas que podiam estabelecer associações de ideias e contato consigo mesmas. Porém, esta aparente colaboração se revelava equivocada, uma vez que os assuntos repetitivos e enfadonhos, se referiam às atividades do dia a dia e às suas insatisfações. Na realidade, o contato afetivo com o analista era mantido distante desde o início da análise, devido, entre outros fatores, à verborragia, à repetição compulsiva dos mesmos fragmentos traumáticos infantis e às questões traumáticas atuais. A relação afetiva distante era sugestiva de que havia sérias dificuldades de estabelecer os limites "eu - não eu", que constantemente se diluíam, criando no analista a vivência de deixar de existir. Dava a impressão de que a paciente se fechava numa concha ou cápsula, lembrando uma defesa autista, que mantinha a analista excluída ou até mesmo inexistente. Esse funcionamento durava um período longo de tempo, para ceder lugar a algum início de ligação. Era evidente que tinham procurado análise como um recurso que lhes ofereceria a fórmula mágica a fim de melhorar das dores e não necessariamente para entrar em contato consigo mesmas. Lentamente, uma relação afetiva se construía e se alternava com os distanciamentos, sempre mantidos a mão para evitar qualquer situação perigosa de aproximação que suscitasse angústia e dor.

Contraidentificações introjetivas e reações contratransferenciais

No decorrer das sessões, o analista é tomado por intensas reações corporais e vários tipos de vivências como mal-estar, impotência, sonolência, sensação de que o tempo não passa, pensamentos de que não poderá ajudar aquele paciente e sua mente fica invadida por imagens e lembranças de pessoas e situações que aparentemente não estão relacionadas ao paciente. Esses podem ser entendidos como indicadores de que se está diante de uma pessoa com capacidade de simbolização prejudicada e que estabelece contato predominantemente por outras vias que não a verbal. É praticamente impossível utilizar o divã com esses pacientes. Torna-se fundamental uma adaptação do *setting* analítico: o vis-à-vis, a troca de olhares, o acolhimento daquela pessoa com funcionamento predominantemente não neurótico. A capacidade de continência negativa do analista deve ser ampliada e nela devem ser incluídas todas suas reações, sejam emocionais e corporais, como comunicações não verbais do paciente, que permitirão que o analista nomeie essas emoções que se encontram em estado bruto e possibilitem a criação de uma rede simbólica para o analisando. Essa abordagem analítica cria condições para os pacientes escreverem, reescreverem e ressignificarem suas histórias de vida. Isso pode deter a compulsão a repetição e fazer com que o paciente caminhe de um funcionamento predominantemente não neurótico a um neurótico, graças a ampliação de sua capacidade simbólica.

Histórias de vida dramáticas recheadas de fatos traumáticos

Com frequência, muitas pacientes sofreram abuso sexual quando crianças, são filhas de mães deprimidas ou distantes por uma variedade de circunstâncias e pertencem a famílias malconstituídas – pais separados e/ou alcoólatras. O relacionamento com os pais é muito ressentido e repleto de mágoas. São pessoas que cresceram abandonadas e desamparadas e precisaram se tornar adultas muito cedo. Na maioria dos casos, as mães eram fisicamente frágeis, e a paciente precisava tomar conta delas em uma quase inversão de papéis, em que a filha desempenhava o papel materno.

Modo peculiar de lidar com as atividades da vida

São mulheres que tendem a ser perfeccionistas em todas as atividades, buscam a excelência e têm uma profunda idealização da vida e dos relacionamentos. Sentem uma necessidade imperiosa de executar tarefas – não conseguem parar, são proativas –, só elas sabem fazer de maneira correta, não descansam enquanto não cumprem todas as atividades que se propõem a fazer. Essa hiperatividade visa também a agradar e responder ao meio ambiente. São extremamente preocupadas com as normas sociais. Captam a maneira de funcionar do meio ambiente de modo a serem solícitas e agradar os demais. São extremamente exigentes consigo mesmas e têm um sentimento de culpa constante. Mesmo com intensas dores e insuportável fadiga, continuam executando tarefas. Essa atividade constante e repetitiva é característica dos comportamentos autocalmantes, por meio dos quais o indivíduo busca aliviar a angústia intensa, ao criar um mecanismo paradoxal, no qual o alívio é alcançado graças ao aumento das excitações, como observamos nos exercícios físicos exagerados.

Na maioria das vezes, o fator traumático atual desencadeador da desorganização psíquica e somática diz respeito a perdas significativas, a separações conjugais, à demissão no emprego ou ao não recebimento da tão esperada promoção, ao trauma ou à doença corporal grave.

A título de esclarecimento, vamos situar a que estaremos nos referindo quando falarmos de síndrome fibromiálgica. Frequentemente, as dores e a fadiga são secundárias a outras patologias e desaparecem quando ocorre a cura da patologia de base. Neste livro, nosso objetivo é investigar os casos em que havia a cronificação das dores corporais generalizadas ou seu surgimento na ausência de patologias concomitantes. A cronicidade dos sintomas determina diversos graus de incapacidade, chegando à total incapacidade para qualquer área da vida pessoal e profissional. Portanto, observam-se um empobrecimento generalizado, fenômenos de perda de identidade, sintomas depressivos, apatia e indicadores de ação destrutiva da pulsão de morte.

Como comentário final, gostaria de, rapidamente, me referir às atividades atuais do grupo. De modo geral, o grupo mantém o mesmo funcionamento, com as leituras e discussões de casos clínicos com outros tipos de dores crônicas e comportamentos violentos.

Vale acrescentar que a compreensão metapsicológica contemporânea dos funcionamentos não neurótico, não psicótico e não perverso é extremamente útil na abordagem e no manejo da psicopatologia psicanalítica atual, herdeira das neuroses narcísicas e traumáticas de Freud. Fundamentalmente, estamos diante do predomínio de vivências inomináveis de desamparo, de dificuldades constitucionais narcísicas primitivas e de *deficits* significativos da capacidade de simbolização, da possibilidade de subjetivação do ser humano e pela imposição do corpo como veículo de expressão da dor psíquica e da busca pela sobrevivência psíquica, mesmo à custa do sacrifício do adoecimento das funções fisiológicas que, uma vez patológicas, privam o indivíduo da vida saudável do corpo e da alma.

As contribuições dos diversos autores, que aceitaram o convite para construir este livro, são ricas e permitem que entremos em contato com considerações de psicanalistas consagrados, nos diversos capítulos. Gostaríamos de expressar nossa profunda gratidão por terem generosamente compartilhado conosco suas experiências clínicas e conjecturas teóricas.

Em seu trabalho "Dor física *versus* dor psíquica", no Capítulo 1, Elsa Rappoport de Aisemberg aborda as vicissitudes das dores física e psíquica que ocorrem no luto. Ela sustenta o inevitável aparecimento da dor corporal, dada sua origem na relação com o objeto. A dor psíquica pela perda objetal vem acompanhada da angústia produzida devido à ausência de proteção que esse objeto proporcionava e que remete ao desamparo inicial e à necessidade do objeto perdido.

Marilia Aisenstein, no Capítulo 2, apresenta, em seu trabalho, "Os deuses não conhecem o cansaço: os heróis, às vezes, mas as heroínas, nunca...", interessantes ideias sobre a constituição emocional das pacientes com dores generalizadas, como a síndrome fibromiálgica. Ela formula a hipótese da fibromialgia como resultado do uso indevido da bissexualidade psíquica feminina, consequência da relação conflituosa entre mãe e filha, a qual é traumática desde seus primórdios e prejudica, principalmente, a constituição do narcisismo primário criando graves consequências na constituição da subjetividade.

Com o título "A insustentável leveza do corpo da mãe", Marina Papageorgiou apresenta, no Capítulo 3, vastas considerações sobre as peculiaridades do funcionamento emocional das pacientes fibromiálgicas, que oscilam entre a hiperatividade sensório-motora e o esgotamento, questionando as relações com a histeria e, principalmente, a importância dos deletérios comprometimentos da relação mãe-filha e a noção de criança-terapeuta na história dessas pacientes.

No Capítulo 4, "Fibromialgia e fadiga crônica na sociedade atual e a modernidade líquida", Lydia Marticorena estabelece analogias entre as ideias de Freud, sobre o mal-estar na civilização e as de Bauman, sobre a fragilidade dos vínculos humanos. Conjectura que tanto a fibromialgia quanto a fadiga crônica são expressões do masoquismo erógeno, aspecto da agressividade que perdura no interior do indivíduo como resíduo próprio, em um mundo no qual as identidades não se sustentam em ideais fortes, mas na capacidade de conquistas e triunfos sociais, o que costuma ser, coincidentemente, de mais alto custo.

No Capítulo 5, Antonio Sapienza nos proporciona uma leitura agradável de suas profundas propostas desenvolvidas no trabalho "Psicanálise: terror, vértice estético, linguagem poética". Conjectura que talvez se encontrem concisas chaves epistemológicas nas formulações freudianas a respeito do Princípio do Nirvana, bem como da atividade dos Impulsos de Morte em conflito com os Impulsos de Vida, que nos ajudam a mapear vivências emocionais e que estão ligados aos movimentos de imigração e possíveis dinamismos de adaptação e assimilação sedimentada; desse modo, também podermos diferenciá-los de experiências emocionais vivenciadas com estranhezas, desconfianças e desesperos ligados a exílios, fanatismos, guerras e rejeições. Nesse caso, o registro e o exercício de capacidade negativa da personalidade irão nos expor ao consentimento de podermos "sofrer" a renovação de redenção expressa na formulação cifrada por Bion em *at-one-ment*, visando à integridade de dimensões do *self* em voltar a casar-se consigo mesmo. Até certo ponto, estarão implicados os vínculos e as paixões de conhecer, amar e odiar em suas vertentes positivas e negativas e, quando desvelados, poderão ser integrados ou não em nossa consciência. Nesse caso, encontra-se uma direção da encruzilhada entre "sentir" a dor mental e suportar "sofrer" a dor mental. A recompensa, valoroso ato de fé, será a de revitalização por travessia de mudança catastrófica e reencontro com camadas arqueológicas até então fortemente suprimidas de nossa consciência.

O Capítulo 6, "Frida Kahlo: a pintura como processo de busca de si mesmo", é o trabalho com que Gina Levinzon nos brinda, com suas reflexões sobre a natureza das forças que impeliam a renomada pintora Frida Kahlo ao retratar seus estados emocionais de forma tão pungente por meio da arte. São examinadas as consequências das falhas da maternagem, na relação de Frida com seu corpo, seus relacionamentos afetivos e sua feminilidade. Sua arte denotava um intenso processo de busca de integração e de encontro consigo mesma.

Victoria Regina Béjar, no Capítulo 7, apresenta o percurso da dor, da angústia e do trauma na teoria psicanalítica de Freud aos autores contemporâneos, que se aprofundaram no estudo das relações intersubjetivas para a constituição da subjetividade, enfatizando a importância da qualidade do relacionamento precoce mãe-bebê, da função materna de escudo protetor e do investimento narcísico na constituição do aparelho psíquico que desabrocha do corpo pulsional. As experiências de satisfação e dor devem ser contrabalançadas, a fim de que as pulsões de vida e de morte se mantenham fusionadas, a fim de que a malha representacional se constitua, sustentando a estrutura somatopsíquica. Caso as experiências dolorosas sejam excessivas, darão lugar a matrizes traumáticas que comprometerão a constituição da subjetividade, dando lugar a organizações não neuróticas, configuradas nos comportamentos destrutivos, nas adições, nas doenças somáticas graves e assim por diante. Ilustra as vicissitudes da experiência clínica.

Com base no relato da experiência clínica com uma paciente, Adriana Cortelletti Uchôa, no Capítulo 8, "Da histeria às somatizações: o corpo em cena", procura demonstrar que os fenômenos histéricos podem ser compreendidos como decorrentes do recalcamento dentro do quadro das psiconeuroses, enquanto os fenômenos psicossomáticos podem ser analisados dentro do quadro das neuroses atuais, da ordem do traumático, constituindo-se como um impedimento à representação mental, por um desvio das pulsões eróticas, o que caracteriza o trabalho do negativo, segundo Green (1993), a serviço da pulsão de morte.

No Capítulo 9, "A dor de viver, a dor da vida...", Glaucia Maria Ferreira Furtado compartilha sua experiência psicanalítica com uma paciente fibromiálgica, cuja principal queixa era a dor psíquica camuflada pela dor corporal. Na descrição da relação analítica, ilustra na prática clínica os conceitos da Escola de Psicossomática de Paris sobre funcionamento operatório e depressão essencial. Enfoca também a abordagem contemporânea da compulsão à repetição e o manejo das reações transferenciais e contratransferenciais da dupla analista/analisando, grande contribuição para a compreensão e o manejo clínico dos pacientes que somatizam de uma forma geral.

Com sua vasta experiência na abordagem psicanalítica dos transtornos gastrointestinais, especialmente a doença de Crohn, Denise Aizemberg Steinwurz nos apresenta, no Capítulo 10, "Doença de Crohn e retocolite: abordagem psicanalítica dos fenômenos somáticos", sua abordagem analítica dos fenômenos somáticos, construindo correlações teórico-clínicas com conceitos da Escola de Psicossomática de Paris e de D. W. Winnicott. Sublinha que a configuração psíquica de pacientes psicossomáticos caracteriza-se pela precariedade do processo de simbolização, que nos remete a pensar em experiências traumáticas precoces. As vinhetas clínicas enriquecem sua contribuição.

Diva Aparecida Cilurzo Neto compartilha, no Capítulo 11, sua experiência clínica com "Vida operatória, um ataque pulsional à capacidade de pensar: Mara, uma escrava da dor", no qual ficam evidentes o cotejamento de camadas psíquicas arcaicas, a paralisação da capacidade simbólica e a instalação do funcionamento operatório como forma de sobrevivência psíquica. Denota-se o encontro da analisanda com angústias avassaladoras, bem como a forma como estas são evacuadas no corpo, inundando-o de dor e de agressividade mortífera.

Encontramos no trabalho "Construção do sonhar na transferência", apresentado no Capítulo 12, a proposta de Silvia Joas Erdos, segundo a qual, para estabelecer uma relação com pacientes que não possuem capacidade elaborativa de formar vínculos e de sonhar, o analista deve trabalhar utilizando uma espécie de zoom, cujo foco pode ser, frequentemente, ajustado em um conjunto diverso de "lentes". O sonho é o ponto de partida e percorre esse processo sempre, infinitamente. A proposta é negociar com o paciente esse sonhar como início de uma nova história. A construção é uma via de mão dupla. Para isso, o analista "empresta" ao paciente seu acervo psíquico representativo pessoal, cabendo a ele estar atento às particularidades desse encontro, a fim de fornecer, com o tempo, a possibilidade de o paciente construir sua própria história.

Em "O que não se resolve pelo amor se resolve pela dor", no Capítulo 13, Helena Lopes Daltro Pontual destaca questões relacionadas ao *setting* diante de estados mentais regredidos e a utilização da contratransferência do analista como meio de ir ao encontro das necessidades do paciente sem perder o viés analítico. Apresenta sua experiência analítica com uma paciente diabética e relaciona o aparecimento da doença aos traumas e às frustrações intensos vivenciados pela analisanda em determinado momento e que se sobrepuseram a sentimentos de rejeição e carências precoces.

Milton Della Nina, médico de formação e psicanalista, procura, no Capítulo 14, "Dor e psicanálise contemporânea: atenção e representabilidade", aproximar e diferenciar os conceitos de dor física e dor mental por meio da perspectiva da representabilidade. Considera a dor um fenômeno privilegiado, de acordo com uma visão integrativa psicossomática, de interesse tanto médico quanto psicanalítico. Abordada a questão da representação da dor, passa a relacioná-la com o processo da atenção e leva também em conta o aspecto vincular na percepção da dor, conduzindo aos vértices da figurabilidade e da empatia no decorrer dos processos de observação desenvolvidos clinicamente.

No Capítulo 15, Eliana Riberti Nazareth traz, em seu trabalho "Corpo-Dor-Psicanálise: a importância da contratransferência", reflexões sobre a importância da contratransferência como instrumento essencial, e às vezes único, de acesso a ansiedades silenciosas e não visíveis dos conflitos pré-verbais ou infraverbais, que só podem ser compreendidos na sessão analítica pela bússola da contratransferência do analista.

No Capítulo 16, "Entre a vida e a morte: as dores da melancolia", Cristiana Rodrigues Rua, Ana Maria Soares e Rubens Marcelo Volich se referem, com base no caso clínico de uma paciente com queixas dolorosas e um fundo melancólico, ao reconhecimento de diferentes hierarquias funcionais, dinâmicas e transferenciais da dor, do sofrimento e da angústia, que evidenciam uma verdadeira semiologia da economia psicossomática. Na clínica, é possível acompanhar os movimentos de integração e desintegração dessa economia e modular o trabalho transferencial e o enquadre terapêutico, a fim de lidar com suas manifestações mais primitivas.

No Capítulo 17, "A vertigem na neurose atual", Ana Maria Baccari Kuhn descreve a posição da vertigem no contexto da neurose de angústia nos primórdios das construções freudianas do aparelho psíquico e traça o percurso das ideias iniciais de Freud sobre os sintomas corporais.

Flavio Steinwurz, gastroenterologista e um dos maiores especialistas em doença de Crohn, descreve, no Capítulo 18, "A doença de Crohn e a dor", o histórico da doença e sua epidemiologia e esclarece seus sintomas. Trata-se de uma doença crônica que pode acometer qualquer parte do trato gastrointestinal, em que a faixa jovem da população é a mais frequentemente afetada. Isso significa que o indivíduo doente terá de conviver com a enfermidade durante a maior parte da vida. Um de seus principais sintomas é a dor, mas aspectos emocionais muitas vezes podem estar envolvidos, já que a doença pode causar grande impacto na qualidade de vida.

Manoel Jacobsen Teixeira e Daniel Ciampi de Andrade, no Capítulo 19, "Fisiopatologia da dor", apresentam detalhadamente os mecanismos da dor aguda e da dor crônica, o metabolismo dos circuitos da dor no sistema nervoso central, sua expressão e inibição dentro da normalidade e, principalmente, as distorções que tornam a dor crônica. Trata-se de um texto denso, complexo, repleto de informações úteis para todos os profissionais da área da saúde que se interessem pelo tema.

Helena Hideko Seguchi Kaziyama, experiente especialista em fibromialgia, descreve detalhadamente no Capítulo 20, "Síndrome fibromiálgica (SFM)", as características dessa patologia do ponto de vista médico, suas causas, suas consequências e seu complexo metabolismo, mas deixa claro que estamos diante de uma patologia repleta de mistérios.

1. Dor física *versus* dor psíquica[1]

Elsa Rappoport de Aisemberg

Neste trabalho, construir conjecturas a respeito do surgimento de um fenômeno somático devido ao *deficit* de representação e de simbolização da dor.

Inicialmente, serão tecidas algumas considerações sobre a dor física e a dor psíquica e o trabalho será concluído com vinhetas clínicas que ilustram minhas ideias.

A dor física remete ao corpo biológico, à sensorialidade, embora seja também inevitável pensar na reação mental tão particular de cada pessoa diante dessa experiência, devido à sua série complementar. A dor psíquica, por sua vez, remete-nos às ideias freudianas do *Projeto para uma psicologia científica* (1895 /1977a) sobre a vivência da dor, vivência que dará lugar a defesas primitivas, desinvestimento, cisão e facilitação de descarga, uma vez que se

---

[1] Trabalho apresentado no painel de mesmo título durante o Congresso Internacional de Psicanálise da Associação Internacional de Psicanálise (IPA – International Psychoanalytical Association), Praga, 2013.

trata de uma quantidade de excitações impossível de lidar, que não é possível ligar. Essa experiência deixaria uma inscrição sensorial primária, uma marca traumática ou traumatogênica, sem tradução psíquica. Estamos no campo do trauma precoce, pré-psíquico, do trauma perdido, segundo Roussillon (1991), o qual, diferentemente do trauma sexual estruturante que organiza fantasias edípicas, permanece em estado de latência ou congelamento e pode ser a origem das patologias não neuróticas, entre as quais as somatoses, quando um fato atual o coloca em movimento.

Temos também que incluir outro destino da vivência da dor: refiro-me ao masoquismo guardião da vida, descrito por Benno Rosenberg (1991), como o investimento erótico da experiência da dor que origina uma espécie de tecido psíquico para a sobrevivência mental.

Dessa maneira, vale a pena recordar que é a repetição da experiência dolorosa que conduziu Freud à mudança de 1920, em *Além do princípio do prazer*. Em 1923, em *O ego e o id*, descreveu a dor como uma experiência que, teria um destino estruturante, ao assinalar que, na base da percepção das sensações e enfermidades corporais dolorosas, chega-se à representação do próprio corpo.

Em 1926, em *Inibição, sintoma e angústia*, o criador da psicanálise retoma ao tema da dor em sua dimensão psíquica. Trata-se de uma quantidade de dor que transborda o aparelho psíquico na situação de desamparo, na falta do objeto que o proteja. No adendo, parte C do texto citado, Freud nos relembra que sucessivas experiências de satisfação vão construindo o objeto, que, por sua vez, protege do desamparo e da angústia automática. Por isso, advém o temor de sua perda.

André Green (2003), seguindo Freud, enfatiza as diferenças entre a dor pela perda do objeto e a angústia gerada pelo desamparo que essa perda produz.

Dor física e dor psíquica

É importante assinalar que, quando lidamos com pessoas com traumas ou lutos importantes, observamos que costumam coexistir, em diferentes graus, tanto a dor psíquica quanto a dor corporal, dependendo das singularidades. Conforme opinião da autora, a dor corporal é coerente com a ideia da origem corporal das excitações endossomáticas, que, em seguida, podem ser traduzidas no aparelho psíquico como pulsões. São derivadas da percepção intero e exteroceptiva da relação com o objeto.

Ao nos recordarmos do modelo de aparelho psíquico que Freud desenhou em 1933, na *Conferência 31*, onde assinala que o id está aberto ao soma e que é proporcionalmente mais importante e maior que o ego e que, portanto, deveríamos modificar mentalmente seu esquema original. Se forem acrescentadas a isso as ideias que enuncia em *Moisés*, em 1939, quando descreve que além do inconsciente reprimido há um inconsciente propriamente dito ou genuíno que jamais foi consciente, torna-se, então, possível pensar que essas marcas sensoriais que nunca tiveram tradução psíquica encontram-se no inconsciente propriamente dito ou genuíno. Assim, a partir de uma situação dolorosa ou traumática atual, tais marcas serão investidas, o que torna inevitável, entre outros, a dimensão física da dor no luto.

É importante se referir aqui a outros destinos, já que é possível fazer, além do curto-circuito ao soma, também ao ato ou à alucinação.

Luto e desamparo

O desamparo atual pela perda do objeto produz uma regressão a situações equivalentes ou que evocam o desamparo original.

Se a perda do objeto é a perda de uma parte de si mesmo, por tratar-se de um objeto que contribuiu com a estruturação do sujeito, devido à importância do processo do luto, o mesmo adquire neste contexto dimensão traumática, já que produz excesso de quantidade de emoções não ligadas, decorrentes da destruição ou da perda de parte das representações do objeto que estruturavam o psiquismo. Isso conduzirá a estado equivalente ao desamparo inicial, não somente a dor pela perda do objeto, mas também a angústia pela perda da proteção que se obtinha ou que se supunha obter na presença do objeto.

Isso envolve a necessidade de um outro, de um semelhante que de fato sustente, como ocorreu nos primórdios. A meu ver, o processo do luto progride quando a representação do objeto pode se reinstalar, analogamente, ao mecanismo original da construção do objeto, com lembranças positivas do objeto perdido ou ausente e, além disso, com a representação de novos objetos que, em parte, suprem o mesmo papel.

Sobre a psicanálise contemporânea

Gostaria de recordar aqui algumas formulações minhas a respeito da construção do psiquismo (Aisemberg, 1994; Aisemberg et al., 2000, 2001, 2003, 2004, 2005, 2007, 2008, 2010, 2013). Uma delas é sobre a existência de dois inconscientes, como assinalei anteriormente: um inconsciente reprimido e um inconsciente propriamente dito ou genuíno. O primeiro corresponde ao funcionamento psiconeurótico, que deriva da experiência de satisfação e seus avatares, enquanto o segundo deriva da vivência de dor. Trata-se, neste último caso, do funcionamento não neurótico.

Quando as emoções dolorosas invadem o psiquismo em momentos especiais, como é o caso de luto e/ou trauma, é gerada uma quantidade excedente de excitações que transborda e costuma produzir, como mencionei antes, curtos-circuitos ao soma, ao ato ou à alucinação, produto dos investimentos das marcas sensoriais primitivas, não investidas, não transformadas em estrutura psíquica.

Essas expressões do funcionamento não neurótico, que coexistem com o funcionamento psiconeurótico, podem ser objeto da psicanálise contemporânea, mas exigem o trabalho da contratransferência e a proposta de hipóteses com o objetivo de tentar construir representações, dar sentido ao que ainda não tem, oferecer ligações e produzir tecido psíquico onde falta.

Como foi assinalado pela autora em trabalhos anteriores, vale a pena relembrar que o objetivo na clínica é a instalação da transferência, o funcionamento dessa regra fundamental que permite a busca ou o desenvolvimento dos derivados do Inconsciente.

Minha experiência com pacientes com predomínio de estruturas não neuróticas que iniciam uma psicoterapia psicanalítica me ensinou que deve haver certa flexibilidade ou criatividade no enquadre, sem deixar de levar em conta a matriz ativa – denominação criada por André Green (2003), ao se referir ao enquadre interno ou ao pensamento analítico do psicanalista. Dessa maneira, muitas vezes torna-se possível a instalação da transferência e o desenvolvimento de um tratamento analítico mais clássico, de onde emergem transferência, sonhos, Édipo, sexualidade infantil e o relato de uma violência que não está suprimida, como ocorria quando se encontrava no soma.

A seguir, essas ideias serão ilustradas com material clínico.

Inês

Inês é uma paciente que tinha aproximadamente 35 anos de idade quando me procurou para consulta. Apresentava ataques de pânico, angústia generalizada e hipocondria. Seu médico ginecologista recomendou que me procurasse. A princípio, optamos por um tratamento face a face duas vezes por semana, porque foi o que aceitou, foi o enquadre possível.

Imediatamente, emergiu a causa atual de sua angústia: a morte de um de seus filhos, Pedro; era o terceiro menino, tinha 6 anos de idade. Faleceu de um câncer linfático depois de uma longa batalha para salvá-lo.

Inês era casada, tinha outros dois filhos mais velhos e, logo após a morte de Pedro, teve outro filho do sexo masculino. Vivia com medo de que ela mesma ou algum de seus filhos viessem a morrer de câncer.

Apesar de pequena e não muito alta, pesava somente 38 quilos e se alimentava mal na época da consulta. Encaminhei-a a uma médica clínica para tratar da anorexia.

Além disso, somatizava. Desenvolveu cistos benignos sucessivos nos ovário, mama e tireoide. Submetia-se a estudos exploratórios que culminavam em tratamentos médicos exitosos.

Enquanto isso, temia que o filho caçula, nascido após o falecimento de Pedro, desenvolvesse a mesma enfermidade do irmão. Em dado momento, entrou em um quase delírio compartilhado com a pediatra, que confirmava essa hipótese. Aceitou minha sugestão de procurar outro profissional e, por sorte, isso a ajudou a se desfazer dessa certeza.

Inês não conseguia aceitar a morte de seu filho Pedro. Em todos os filhos, mas especialmente no caçula, via o objeto doente moribundo, o objeto morto-vivo, como dizia Willy Baranger (1961-62/1969, 2004). Levava para sessão, a meu pedido, fotos da criança internada para a quimioterapia na clínica oncológica. Pôde chorar e, ao conversar comigo a respeito disso, iniciar o luto, que estava detido em um presente traumático. Bastante magra, Inês era a viva presença de Pedro. Identificava-se com o filho enfermo e, assim, o mantinha vivo, não podia enterrá-lo. Sabemos que o luto pela morte de um filho é o mais difícil de ser processado para uma mulher.

Esse trabalho de luto, que ocorreu ao longo de vários anos, levou a uma melhoria em seu estado clínico: ela começou a se alimentar de maneira satisfatória e chegou a 40, 42 quilos, embora sempre mantivesse o mínimo.

Ao mergulhar em seu histórico familiar, descobri que Inês era a terceira filha de quatro irmãos e que, por coincidência, sua avó materna também teve quatro filhos. Sua mãe era a segunda; a terceira e a quarta morreram em decorrência de doenças infecciosas na infância.

Fiz conjecturas a respeito disso. Formulei que havia sido criada por uma mãe que temia que morresse, como havia acontecido com suas irmãs. Com isso, Inês reconheceu que tinha medo da morte desde que era pequena.

A partir dessa etapa, houve melhora no nível de ansiedades hipocondríacas e em seu estado físico e, dessa forma, Inês chegou a pesar entre 43 e 45 quilos graças ao acompanhamento médico.

Dormia melhor, sonhava, iniciou atividades sublimatórias como estudos universitários, entre outras. Voltou a ter prazer por seu corpo: passou a vestir-se de forma atraente, a fazer aulas de dança, assim como a ter prazer nas viagens com a família.

Enquanto isso, ainda se preocupava – entre o que era real e hipocondríaco – com seus filhos e seus pais. Esses últimos lhe geravam compreensível ansiedade, já que também adoeceram com câncer.

Ao longo do tratamento, Inês desenvolveu uma transferência positiva e idealizada, mas havia um limite nessa relação objetal. Como profissional, eu era um objeto que a acalmava e a protegia e que a ajudava a processar sofrimentos. As resistências ao tratamento surgiram quando iniciamos o tema sexualidade, tanto a atual com seu marido, quanto a sexualidade infantil em relação a seus pais, que, apesar de separados, ainda compartilhavam os eventos familiares, ou a relação com a mãe, correta, porém fria e distante. Após sete anos de trabalho, pouco a pouco Inês abandonou o tratamento, mas de vez em quando marcava consulta comigo e me visitava, suponho que para mantermos contato, o que, a meu ver, envolve uma dimensão mágica de nosso vínculo.

Algumas reflexões

A meu ver, esse limite da sexualidade é semelhante ao que encontramos em somáticos graves, como em superadaptados. Embora tenham um Édipo em seu interior, esses pacientes têm um *deficit* do prazer erótico com o corpo e com o objeto, que remete à relação precoce, quando se constrói a sexualidade e o prazer, apoiado na experiência de satisfação com o objeto da necessidade.

A partir da clínica, esses pacientes têm um "leito de rocha" ou uma "cicatriz" difícil de modificar e constituem, sem dúvida, um desafio para futuras explorações analíticas.

Uma peculiar patologia do luto

Com base nesse título, referi-me, em 1994, aos casos clínicos nos quais a tramitação somática do luto dominava a cena. Trata-se de pacientes com grandes *deficits* de processamento das emoções, especialmente da dor. Geralmente, remetem a uma identificação com pais que não conseguem processar lutos. O conceito de telescopagem de Haydee Faimberg (2005) trata disso. Um exemplo paradigmático desse funcionamento foi o caso de Joana, que descreverei a seguir.

Joana

Joana era uma mulher de 34 anos de idade, divorciada, mãe de uma filha e, ela mesma, filha única. Era psicóloga, porém tinha sérios problemas no exercício da profissão e dificuldade para manter um parceiro estável.

Não desejava utilizar o divã mas fazer terapia face a face, como a que realizava em sua clínica. Com isso, iniciamos as entrevistas de acordo com sua demanda.

Joana relatava fatos muito dolorosos de sua vida com um sorriso no rosto: contou-me da doença e da deterioração física e mental do pai, de sua morte em circunstâncias muito sofridas, além de seus problemas com o parceiro e de seus mal-estares físicos cada vez mais intensos, dolorosos e diferentes.

Assinalei a dissociação entre seu discurso e suas dores corporais quase diárias. Como esse quadro não se modificava depois de vários meses, com base em minhas preocupações contratransferenciais, fiz uma intervenção "selvagem": prognostiquei-lhe o risco de uma doença grave no corpo se não se conscientizasse de sua dor psíquica.

O que emergiu, *en passant*, como se não tivesse importância, se referiu a um grande nódulo em uma das mamas havia dois anos.

Para continuar o tratamento, sugeri que Joana marcasse uma consulta com um mastologista. Era um câncer de mama. Passou por uma cirurgia e recebeu tratamento com cobalto, utilizado na época. Além disso, propus-lhe um tratamento psicanalítico, divã três vezes por semana, que ela seguiu por cinco anos. Depois da alta médica, também se deu alta da análise.

No decorrer da cura, enfrentou seus lutos não processados pela doença e morte do pai e devido às dificuldades de sua infância ligadas a carências maternas. Sua mãe era uma mulher infantil, deprimida e pouco continente, que invertia os papéis com ela. Seu pai fora imigrante sem história e, mediante telescopagem, reconstruímos os lutos não processados por ele. Joana viajou ao país de origem do pai para recuperar o histórico familiar, uma história muito dolorosa e violenta da qual o pai havia fugido e tratado de apagar da memória.

Essa desidentificação permitiu que as emoções, como a dor psíquica e a violência, não ficassem suprimidas, mas que circulassem e pudessem ser elaboradas, o que deu lugar à mudança psíquica. A meu ver, os traumas e os lutos atuais ressignificaram os traumas primitivos transmitidos inconscientemente pelo pai. Na pós-análise, dez anos depois, Joana escreveu um livro de grande impacto estético e emocional, no qual descreveu toda essa experiência.

Para concluir

Na psicanálise contemporânea, não somente temos de descobrir as representações reprimidas e os afetos sufocados do conflito edípico, mas também temos de nos ocupar da dimensão não neurótica que implica, às vezes, como nos casos descritos, criar no campo analítico, um espaço interno-externo que dê lugar à transformação da dor física em dor psíquica para que adquira simbolização.

Referências

Aisemberg, E. R. de (1994). *Modelos teóricos en psicosomática*. Painel do I Diálogo Psicoanalítico sobre Psicosomática, Buenos Aires.

Aisemberg, E. R. de et al. (2000). El autorretrato. *Revista de Psicoanálisis, LVII*, 3-4.

Aisemberg, E. R. de et al. (2001). Revisión crítica de las teorías y los abordajes de los estados psicosomáticos, *Revista de Psicoanálisis, LVIII*, 2.

Aisemberg, E. R. de et al. (2003). Abordaje teórico-clínico a los trastornos somáticos: ¿Trabajo en las fronteras o trabajo psicoanalítico? *Revista de Psicoanálisis, LX*, 3.

Aisemberg, E. R. de et al. (2004). Theoretical approach to somatic conditions: work at the frontiers of psychoanalysis or psychoanalytical work? *International Journal of Psychoanalysis, 85*.

Aisemberg, E. R. de et al. (2005). Trauma, pulsión y somatosis. *Revista de Psicoanálisis, LXII*, 2.

Aisemberg, E. R. de et al. (2007). Repetición, transferencia y somatosis. *Revista de Psicoanálisis, LXIV*, 2.

Aisemberg, E. R. de et al. (2008). The shadow of heritage in contemporary psychoanalysis. *European Psychoanalytical Federation Bulletin, 62*, 93-103.

Aisemberg, E. R. de et al. (2010). Psychosomatic conditions in contemporary psychoanalysis. In M. Aisenstein, & E. R. de Aisemberg. (Eds.). *Psychosomatics today*. London: Karnac.

Aisemberg, E. R. de et al. (2013). *El cuerpo en escena* (Más allá de la representación: los afectos). Buenos Aires: Lumen.

Baranger, W. (1961-62). El muerto-vivo: estructura de los objetos en el duelo y en los estados depresivos. In M. Baranger & W. Baranger (1969). *Problemas del campo psicoanalítico* (pp. 217--229). Buenos Aires: Kargieman.

Baranger, W. (2004). *El otro en la trama intersubjetiva* (La teoría del campo). Buenos Aires: Lugar-APA.

Faimberg, H. (2005). *The telescoping of generations*. London: Routledge.

Freud, S. (1977a). *Projeto para uma psicologia científica*. (Edição Standard Brasileira das Obras Psicológicas Completas de Sigmund Freud, vol. 1, Jaime Salomão, Trad.). Rio de Janeiro: Imago. (Obra original publicada em 1895).

Freud, S. (1977b). *Além do princípio do prazer*. (Edição Standard Brasileira das Obras Psicológicas Completas de Sigmund Freud, vol. 18, Jaime Salomão, Trad.). Rio de Janeiro: Imago. (Obra original publicada em 1920).

Freud, S. (1977c). *Inibição, sintoma e angústia*. (Edição Standard Brasileira das Obras Psicológicas Completas de Sigmund Freud, vol. 20, Jaime Salomão, Trad.). Rio de Janeiro: Imago. (Obra original publicada em 1926).

Freud, S. (1977d). *Novas conferências introdutórias sobre psicanálise*. Conferência 31. (Edição Standard Brasileira das Obras Psicológicas Completas de Sigmund Freud, vol 22, Jaime Salomão, Trad). Rio de Janeiro. Imago. (Obra original publicada em 1933/1932).

Freud, S. (1977e). *Construções em análise*. (Edição Standard Brasileira das Obras Psicológicas Completas de Sigmund Freud, vol 23, Jaime Salomão, Trad). Rio de Janeiro. Imago. (Obra original publicada em 1937).

Freud, S. (1977f). *Moisés e o Monoteísmo*. (Edição Standard Brasileira das Obras Psicológicas Completas de Sigmund Freud, vol 23, Jaime Salomão, Trad). Rio de Janeiro. Imago. (Obra original publicada em 1937).

Freud, S. (2007). O eu e o id. *Escritos sobre a psicologia do inconsciente*. Rio de Janeiro: Imago. (Texto original publicado em 1923).

Green, A. (2003). *Idées directrices pour une psychanalyse contemporaine*. Paris: PUF.

Rosenberg, B. (1991). Masochisme mortifére et masochisme gardien de la vie. *Revue Française de Psychanalyse, LXII*, 5.

Rousillon, R. (1991). *Paradoxes et situations limites de la psychanalyse*. Paris: PUF.

2. Os deuses não conhecem o cansaço: os heróis, às vezes, mas as heroínas, nunca...[1]

Marilia Aisenstein

Bate papo entre mulheres: "Como vai você?" "Eu estou acabada, e você?" "Morta... mas o que vamos fazer à noite?" "Vamos ao cinema? Antes podemos dar uma volta em Chantilly, há um antiquário maravilhoso...".

Em grego, em vez de dizer morta, diz-se *ptoma*... Sou um "cadáver", mas é o mesmo sentido em inglês, *I am dead*, *muerta* em espanhol...

Observamos, por esse tipo de conversa comum entre as mulheres, a existência da fadiga como uma companheira. Mudam rapidamente de assunto como se não estivessem cansadas. Costuma ser assim na vida. Na minha clínica, raramente ouvi um homem falar desse modo. Se disser deitado em meu divã: "Estou morto", fico alarmada, porém, se for uma mulher, aguardo o que vem a seguir.

---

[1] Título original: "Les dieux ne connaissent pas la fatigue, les héros parfois, mais les héroïnes jamais". Publicado originalmente na *Revue Française de Psychosomatique*, pp. 55-63, nov. 2004.

Quando mais jovem, trabalhei em um centro de atendimento psiquiátrico de pacientes menos comprometidos. Costumava ficar confusa ao ouvir o relato de uma mulher simples, comum, sobre sua rotina: levantar-se às seis horas, vestir três crianças de idades diferentes, uma das quais um bebê. Em primeiro lugar a creche, em seguida a escola, o trem, o metrô, o trabalho; o mesmo percurso em sentido inverso, lanche, jantar, finalmente... o passar roupa "tranquilo", quando todos já estão deitados.

"Mas você deve ficar cansada!", comentava. "Normalmente", era a resposta habitual. Mas o motivo da consulta de tais mulheres era outro: lutos, fobias, angústias, decepções amorosas. Desde logo, passei a considerar a questão da resistência feminina.

Entre as depressões, a fadiga é considerada fenômeno "anormal" e combatida como doença em si, enquanto no quadro das diversas desordens psicopatológicas não passa de uma vivência clássica. Perguntei-me se o modo de falar da sua fadiga e de vivê-la como "companheira", não seria uma maneira de colocá-la como queixa e, consequentemente, como masoquismo.

Considero difícil abordar a questão de um "cansaço feminino" sem evocar o masoquismo erógeno primário como "guardião da vida", de acordo com Benno Rosenberg (1991). Essa qualidade do masoquismo tem a dimensão existencial de manter e investir na vida, mesmo quando esta se torna insuportável.

Não vou lhes impor longo desvio nos meandros do cruel problema do masoquismo, o qual, de acordo com Ferenczi (2012), é questão vital para a teoria psicanalítica. Se prazer e sofrimento se misturam e coincidem, o que acontece com o princípio do prazer até então guardião da vida psíquica?

Ao investigar a psicossexualidade infantil desde 1905, Freud, nos *Três ensaios sobre a teoria da sexualidade*, se refere ao masoquismo como fato clínico, mas se opõe ao seu reconhecimento como fenômeno originário. Obviamente, não desejava transformá-lo em um dos elementos estruturais do psiquismo. Somente vinte anos mais tarde, em 1924, em *O problema econômico do masoquismo*, aceitará a ideia de um masoquismo originário, o que o conduz ao reexame radical da teoria até então esboçada.

De fato, até 1920, seguindo Fechner (1801-1887), Freud faz do princípio do prazer o alicerce e o regulador do funcionamento mental. Toda atividade psíquica visava evitar o desprazer e procurar o prazer. Freud associava o desprazer à tensão provinda da excitação, e o prazer à redução dessa mesma tensão. É uma definição estritamente econômica, que questiona em 1920: "Existem tensões agradáveis" (dores refinadas).

Aqui, situo a questão do feminino. Freud não se preocupou com isso e, se descreveu o masoquismo feminino, tratava-o como outro fenômeno. Proponho a ideia de uma diferença psicossexual, ao pensar que a anatomia e o complexo de Édipo feminino favorecem a erotização da tensão da excitação como nas pré-adolescentes, enquanto a descarga (prazer da redução de tensões) é mais investida nos homens.

É possível pensar, se quiserem me acompanhar nessa hipótese, que o investimento da tensão dolorosa é mais comum entre mulheres, de acordo com a teoria do masoquismo originário como guardião da vida, de B. Rosenberg (1991). É admissível pensar na fadiga como uma tensão dolorosa, daí a possibilidade de investi-la, sem visar evacuá-la.

"Oh! minha fadiga acalme-se e me faça companhia"

Evoquei a anatomia e o complexo de Édipo feminino. Segundo Julia Kristeva (2011), a menina se desvia de seu primeiro objeto de amor (a mãe) e escolhe o pai, ao qual precisará renunciar eroticamente para apropriar-se dele por identificação. Freud descrevia esse movimento somente no menino. Creio que na menina seja um movimento muito importante, uma vez que essa identificação a coloca ao lado da ação, do simbólico em termos lacanianos.

Parece-me que é assim que Julia Kristeva (2011) compreende o Édipo duplo ou biface, como o fator que conduz à intensificação da bissexualidade psíquica feminina, uma vez que o Édipo primário é duplicado pelo Édipo biface.

Além disso, o superego feminino é arduamente constituído. O pai é o objeto sedutor mas, ao mesmo tempo, é o portador da lei. Trata-se de um superego mais complexo e que se dissolve no amor. Todos esses aspectos contribuem para que a bissexualidade psíquica seja mais assertiva e as passagens de uma posição identificatória à outra sejam frequentes, como testemunha a maior plasticidade do corpo feminino.

As mulheres são hermafroditas psíquicas, portanto é possível considerar que essa flexibilidade leve à resistência feminina. Porém, existem mulheres fatigadas... assim como as fadigas patológicas. A síndrome da fadiga crônica acomete também as mulheres, enquanto que a fibromialgia é quase exclusivamente feminina.

Fibromialgia: nova doença difícil de tratar, constituída por tensões dolorosas na qual predomina a fadiga[2]

Sem causa orgânica tangível a sintomatologia fibromiálgica permanece misteriosa e embaraçosa para o corpo médico. Suscita controvérsias nosográficas entre vários especialistas, alguns psiquiatras consideram-na uma manifestação histérica. Às dores e fadiga somam-se sintomas funcionais e vegetativos, muitas vezes superpostos, que afetam todos os sistemas. Enfim, irritabilidade, ansiedade e angústia difusa, problemas de concentração e memória somados à insônia, conduzem, frequentemente, à incapacidade para trabalhar e até mesmo à solicitação de invalidez. Os tratamentos medicamentosos (ansiolíticos e antidepressivos) não levam à melhora. Sentem-se melhores quando as dores diminuem, em compensação, a fadiga persiste e a tendência é que as pacientes se queixem cada vez mais.

A fibromialgia é considerada uma entidade à parte, resultado da disfunção central do sistema inibidor da dor. Estudos demonstram que nas mulheres fibromiálgicas o limiar da dor é diminuído. A sensibilidade periférica – que implica não só os músculos, mas tendões, ligamentos e pele – é ampliada e generalizada, em decorrência da disfunção central. Pesquisas assinalam a dificuldade epistemológica decorrente da mistura da dor com a fadiga, na medida em que uma pode desencadear a outra. A ligação entre ambas estaria relacionada às desordens do sono, evidentes nessas pacientes.

---

2   Veja o interessantíssimo trabalho de Marina Papageorgiou no Capítulo 3, "A insustentável leveza do corpo da mãe".

Na consulta com pacientes fibromiálgicas observam-se duas características peculiares. As dores surgem logo após um acontecimento traumático, que instala uma mudança de vida. Trata-se frequentemente de um luto, especialmente materno, de uma ruptura afetiva, do fracasso sentimental ou profissional. Como o início das crises situa-se geralmente depois dos 40 anos, é possível estabelecer uma correlação com o remanejamento libidinal e identificatório, acentuado pelas modificações biológicas evidentes nessa fase da vida das mulheres. A segunda característica baseia-se no fato de se tratarem de mulheres hiperativas, que privilegiam as defesas de comportamento e, principalmente, o recurso à motricidade. Essa hipertonicidade se manifesta numa vida profissional hiperinvestida e opressora, envolvida pelas exigências de um ego ideal feroz e insatisfeito. As tarefas cotidianas são, por exemplo, descritas como desafios, até mesmo como competições.

Essas mulheres consumidas pelo trabalho são confrontadas pela própria injunção interna, segundo a qual é preciso fazer sempre mais e melhor. Em busca de valorização e reasseguramento narcísicos, descrevem constantes resultados. Essa hipertonia leva ao esgotamento. Aprisionadas na cilada dos próprios mecanismos defensivos, por meio dos quais procuram apaziguamento na ação e na excitação, instalam-se os procedimentos autocalmantes, descritos pelos psicossomatistas M. Fain, C. Smadja, G. Szwec (1993).

M. Papageorgiou (2004), especialista nessas pacientes, descreve certo tipo de configuração particularmente central na história das mulheres fibromiálgicas. Durante a infância, ocuparam a função de criança "terapeuta" junto às mães, gerando distorção peculiar da ligação mãe-filha. Foram de uma ou outra maneira, levadas a se ocupar da mãe sofredora psiquicamente, mas, por vezes, também atingida fisicamente, doente ou deficiente física. Embora se trate de uma mãe dependente fisicamente, é descrita como corajosa, insubmissa e hiperativa dentro e fora de casa e apesar das capacidades sensório-motoras limitadas, são muito exigentes e perfeccionistas. É dominante na figura materna o excesso da presença física, da vontade e de iniciativa. Em todos os casos, essas mulheres se sentiram na infância moral e fisicamente responsáveis pela integridade psíquica e física de suas mães.

Uma doença do repouso devido à impossibilidade de relaxamento

Segundo Pierre Marty (1988), as relações de objeto são precocemente fixadas a partir dos investimentos ancorados na esfera sensório-motora, os quais dependem diretamente das respostas maternas, da capacidade de assegurar a integração pulsional somatopsíquica da criança e de apoiar o encaminhamento das excitações à esfera da vida de fantasia. Às vezes, a mãe não consegue se desvincular do corpo do bebê, devido à falta mínima da capacidade de *rêverie*. Então, sua ansiedade e narcisismo impedem o desabrochar da criança, por exemplo, nos jogos e nas brincadeiras. É possível comparar o sono não reparador e a hipervigilância muscular observada nas fibromiálgicas à teorização de Michel Fain (1975), a respeito da necessidade de um ritmo por parte da mãe, que alterne investimento e desinvestimento do bebê, para que o sono guardião do soma possa se instalar como corolário do sonho guardião do sono.

Essa qualidade da mãe está relacionada à "censura da amante" (Fain, 1999), que coloca em jogo a descontinuidade entre a libido materna e a libido feminina da mãe-amante, que desinveste o bebê para reencontrar a intimidade erótica com seu homem. Quando tudo corre bem, a censura da amante reforça o olhar narcísico da função materna descrita por Marty.

Além do sono fatigante, nessas pacientes a atividade onírica é reduzida e os sonhos permanecem relacionados às atividades diárias e não comportam nenhum prazer ou satisfação.

A história de Paulette

Paulette vem me ver aos 58 anos. É uma mulher grande, mestiça, porém sem ser obesa ou sem graça. Está triste, abatida, mas, às vezes, um sorriso ilumina seu rosto. Sofre de fibromialgia há três anos e licenciou-se do trabalho devido à doença prolongada. Era trabalhadora obstinada, enfermeira num serviço pediátrico.

A doença surgiu depois da aposentadoria do patrão, do qual foi o "braço direito" durante trinta e cinco anos, admirava-o muito. Tinha igualmente perdido o irmão, falecido num desastre de carro alguns meses antes. Sua história infantil é marcada por perdas e transtornos.

Nasceu no fim da guerra de pai desconhecido, foi deixada no berçário não sabe de onde. Aos cinco anos, foi recuperada pela mãe que havia se casado e passou a conviver com a família durante alguns anos. Cuida da casa e se ocupa do irmãozinho, filho do padrasto. Por motivo de mudança, é levada aos 12 anos para um orfanato. Suas lembranças são vagas, incompletas, cheias de vazios e incertezas.

Aos 20 anos reencontra a mãe em Paris, divorciada. Paulette trabalha como enfermeira auxiliar, estuda enfermagem e cuida da mãe, a qual assume psíquica e materialmente. Quando decide se casar, a mãe se deprime, fica doente, ameaça suicidar-se. O jovem casal decide então viver junto na mesma casa. Não terão filhos, não é uma decisão, mas também não procuram nenhum tipo de tratamento. E também "é talvez melhor assim... Um três cômodos seria pequeno para quatro", me diz Paulette. De fato, a mãe depressiva, amarga e que está envelhecendo, ocupa cada vez mais o lugar da criança mimada e caprichosa. Paulette e o marido não gostam da situação, se queixam quando estão a sós, mas não colocam nunca em questão a coabitação.

A morte brutal do irmão transtornou o precário equilíbrio. A relação dele com a mãe era tumultuada e difícil. Quase não a via, tratava-a como vampiro, criticava a fraqueza de Paulette, mas, era ele o objeto de adoração da mãe. Muito crítica e ciumenta desse irmão amado, Paulette contava que se entristeceu com seu desaparecimento, mas que ficava "arrasada" ao ver o sofrimento da mãe, que sentia "como se lhe tivessem arrancado uma parte do corpo".

Intrigada com essa imagem, retomei-a e relacionei a separação psíquica de seu patrão, de quem fora o "braço direito", às queimaduras dolorosas nos membros, devido a fibromialgia. Arrancamento, uma dor que Paulette lamenta.

Pouco depois, Paulette, ajudada igualmente por analgésicos, queixa-se amargamente da melhora da dor, a fadiga extrema não parece mais extenuá-la. Chamo sua atenção para o fato de que sua mãe, ao perder o filho, tornou-se fardo ainda mais penoso. Essa intervenção dá início a um período de cólera com críticas odiosas à sua mãe, que entra em decadência e exige atenção e cuidados cada vez maiores. Paulette encontra-se exausta, dorme pouco e mal, passa o aspirador ajoelhada, muito fatigada para ficar de pé.

No início a cabeça era oca, agora cheia demais. Tudo se mistura. Estaria Paulette tentando reconstruir sua história? Imaginava o pai do qual nada sabia, atribuía à mãe um passado de prostituta, acusava-a de tê-la impedido de ser mãe, ao se colocar no lugar de um filho. Paulette sentia-se um pouco melhor porque havia conseguido, enfim, perder peso.

Entretanto, um dia chega à sessão bem arrumada e levemente maquiada. "Quis estar elegante na nossa última sessão", me disse. "Interrompo, porque se continuar coloco minha mãe no asilo"... "Isso não quero".

Emociono-me violentamente e fico silenciosa pensando no "corpo a corpo" que precisará levar adiante com essa mãe pesada e no pai, com o qual começava a sonhar, sem ter podido apossar-se dele por identificação.

Pergunto-me como viverá a morte da mãe. Como se tivesse me ouvido, Paulette prossegue: "talvez volte um dia.... quando...", interrompe a frase.

Para concluir, proporei uma hipótese de valor essencialmente metafórico. Tomamos a identidade nosográfica, a misteriosa "fibromialgia", como ilustração de uma das figuras da fadiga no feminino. A doença seria aqui o destino do mau uso da bissexualidade, que obstrui os retornos identificatórios que permitem, classicamente, a resistência das mulheres. Nesse mau uso acrescentam-se, evidentemente, fenômenos clássicos que provocam nos dois sexos a impossibilidade de repousar: dificuldades de regressão, pela força dos contrainvestimentos contra qualquer passividade...

Tensas, as pacientes fibromiálgicas se esgotariam na procura inatingível de ser simultaneamente e não sucessivamente, mais atuantes que o modelo do homem viril e, ao mesmo tempo, a filha ideal da mãe estragada, a qual carregam e se sentem pressionadas a reparar sem descanso.

Referências

Fain, M. (2001). La fonction maternelle selon Pierre Marty. *Revue Française de Pychosomatique*, 2(20). Paris: PUF. (Texto original publicado em 1999).

Fain, M., & Braunschweig, D. (1975). La nuit le jour. *Essai psychanalytique sur le functionnement mental*. Paris: PUF.

Freud, S. (1905). *Trois essais de théorie de la sexualité* (Oeuvres complètes, vol. 7, pp. 213-237). Paris: PUF.

Freud, S. (1920). *Au-delà du principe de plaisir* (Oeuvres complètes, vol. 18, pp. 12-22). Paris: PUF.

Freud, S. (1924). *Le problème économique du masochisme* (Oeuvres complètes, vol. 19, pp. 161-176). Paris: PUF.

Marty, P. (1988). *L'ordre psychosomatique. Les mouvements individuels de vie et mort* (La fonction maternelle). Paris: Ed. Payot.

Papageorgiou, M. (2013). L'insoutenable légèreté du corps de la mère. *Revue Française de Psychosomatique*, 24, 127-144.

Rosenberg, B. (1991). Masochisme mortifère, masochisme guardian de la vie. *Revue Française de Psychosomatique*. Paris: PUF.

Smadja, C., & Szwec, G. (1993). Les procedés autocalmants. *Revue Française de Psychosomatique*, 4.

3. A insustentável leveza do corpo da mãe[1]

Marina Papageorgiou

Quando Perséfone[2] foi sequestrada por Hades, tio apaixonado e mestre dos infernos, Deméter, sua mãe, iniciou sua melancólica e cansativa busca pela filha. Deparou-se com Iambé, mulher ido-

---

1   Título original: "L'insoutenable légèreté du corps de la mère". Publicado originalmente na *Revue Française de Psychosomatique*, 24, pp. 127-144, 2013.
2   Na mitologia grega, Deméter (Ceres, na romana) é a deusa do trigo, da fertilidade da terra e das estações do ano. Segundo o mito, sua filha Perséfone foi raptada por Hades, seu tio, deus senhor dos infernos e do mundo dos mortos, e emitiu um grito quando levada ao reino subterrâneo. Deméter a escuta, angustiada e desesperada procura pela filha por todo o mundo. Enquanto ficou fora do Olimpo não comeu ou se lavou, a terra tornou-se estéril, o gado morreu, os grãos não germinaram. Enfurecida, Deméter recusou-se a retomar seu lugar no Olimpo, sem encontrar sua amada filha. Finalmente, foi levada à presença de Hélio, deus do Sol, que tudo vê e que lhe revelou a identidade do raptor. Zeus então interviu junto a Hades para que libertasse Perséfone a fim de aplacar a ira da mãe enfurecida. Perséfone, já apaixonada, casou-se com Hades e tornou-se a rainha dos mortos. Hades concordou que Perséfone voltasse à terra, mas para garantir que retornasse a Hades deu-lhe de comer um bago de romã, pois quem lá se alimenta, inevitavelmente retorna. Assim, Perséfone deixava Hades para se reunir com sua mãe no Olimpo a cada primavera, a fim de que a terra cultivada desse frutos (Grimal, P. *Diccionario de mitología griega y romana*. Barcelona: Paidos. 1981). [N.T.]

sa que exibia seu sexo e mostrava, segundo uma variante do mito, uma cabeça de bebê nascendo. A deusa achou graça da cena que lhe provocou risos e pôs fim à sua dor. Deméter retomou sua atividade sexual e procriadora, porém só aceitaria ocupar seu lugar entre os deuses, se reencontrasse sua filha, mesmo sob pena de a terra se tornar estéril. Perséfone foi então autorizada a alternar sua jornada entre a morada subterrânea de Hades e a morada da Terra-Mãe, que, desse modo, reencontra a fertilidade. Essa alternância representa a ritmicidade das estações e poderia evocar o duplo enraizamento da sexualidade e da identidade feminina, segundo a expressão de Florence Guignard (2000), em "báscula" entre o maternal e o feminino.

Pensei nesse mito para ilustrar meu encontro com pacientes que sofrem da "nova" doença, essencialmente feminina, a fibromialgia. Minhas reflexões são inspiradas no tratamento analítico, assim como em investigações e acompanhamentos psicoterápicos realizados no centro de tratamento de dor crônica.[3]

Denomina-se fibromialgia primitiva ou síndrome poliálgica idiopática difusa, antes conhecida como polientesopatia ou fibrosite, uma síndrome dolorosa do aparelho locomotor de etiologia desconhecida, na qual a fadiga está associada a dores difusas (Kahn, 2003). Diferentemente da fadiga crônica, associada às doenças sistêmicas e às síndromes miofaciais, nas quais as dores de origem orgânica são localizadas e respondem ao tratamento, o diagnóstico da fibromialgia é (exclusivamente) clínico, na ausência de qualquer lesão orgânica ou alteração biológica.

Dois critérios da síndrome fibromiálgica são importantes: persistência de dores difusas pelo menos durante três meses e a presença de pelo menos onze pontos dolorosos à palpação dentre

---

3   Hôpital Avicenne, Bobigny.

os dezoito relacionados (*tender points*), que correspondem às inserções tendinosas ou às zonas de transição músculo-tendinosas. A frequência e intensidade das dores podem variar, aumentar aos esforços, ao frio e ao *stress*, diminuir com calor e repouso, porém a fadiga encontra-se sempre presente.

Associada aos fatores orgânicos reumatismais, endocrinológicos etc., a fibromialgia secundária é mais bem aceita, tanto pelos pacientes, quanto pelos médicos.

Uma doença desgastante para cuidar

Na ausência de causa orgânica tangível, a sintomatologia fibromiálgica é enigmática e embaraçosa para o corpo médico. Suscita reservas e controvérsias nosográficas entre numerosos médicos e psiquiatras e é, até mesmo, considerada manifestação histérica. Às dores e à fadiga acrescentam-se outros sintomas funcionais e vegetativos, muitas vezes concomitantes, que afetam todos os sistemas: musculoesquelético (lombalgias, espasmos, disfunção temporo-mandibular, síndrome do túnel do carpo), digestivo (refluxo gastroesofágico, disfagia, boca seca, doenças inflamatórias intestinais), cardiovasculares (palpitações e extra sístoles), respiratório (tosse, dispneia, broncoespasmo), genito-urinário (dismenorreia, incontinência), endócrino (hipoglicemia, pele seca, hiper-hidrose, perda de cabelos), nervoso (cefaleias, enxaquecas, visão dupla, perturbação do equilíbrio e tonturas), disestesias (sensação de queimação, edemas, sensação de picadas, tendência a deixar escapar os objetos, hipersensibilidade aos ruídos e aos odores). Enfim, irritabilidade, ansiedade, angústias difusas, problemas de concentração e de memória se somam à insônia e conduzem, muitas vezes, à incapacidade para o trabalho e podem até mesmo levar à invalidez. Esse quadro clínico cria nos médicos a impressão de estarem diante de "tudo ou de algo" de "origem psicogenética ou psicossomática" custoso, difícil e até mesmo cansativo de tratar.

Os tratamentos medicamentosos (ansiolíticos e antidepressivos) não trazem melhora significativa. A prescrição de exercícios físicos é questionável e as técnicas psicológicas mais utilizadas são de inspiração comportamental, ditas de "administração do *stress* e da dor". A evolução da doença é variável, as crises podem se estabilizar, diminuir, mas, raramente, desaparecer. O critério médico que prevalece é a melhora da qualidade de vida, mais do que propriamente diminuir os sintomas. Os doentes sentem-se melhor com a diminuição das dores porém, em compensação, a fadiga persiste. A despeito do cuidado suscitado pela abundância das somatizações, geralmente não são observadas doenças graves concomitantes com a fibromialgia.

Assim, a fibromialgia é considerada entidade nosográfica distinta das demais que atingem a economia orgânica, resultante da disfunção dos sistemas de controle inibidores da dor, segundo a única hipótese etiopatogênica válida. Numerosos estudos demonstraram que, nas mulheres com fibromialgia, o limiar da dor está diminuído e, assim, a sensibilização periférica atinge não só os músculos, mas igualmente tendões e ligamentos, a sensibilidade da pele é amplificada e generalizada, devido à disfunção central. No entanto, alterações dos mecanismos nociceptivos podem ser observadas em outras síndromes dolorosas, porém não na fibromialgia. Alguns pesquisadores ressaltam a dificuldade epistemológica na nosografia, a saber, a correlação entre dor e fadiga, as quais podem, indiferentemente, desencadear-se mutuamente. A ligação entre elas estaria relacionada às dificuldades do sono, evidenciadas nessas pacientes, e poderia ser o resultado da microisquemia muscular, a qual impediria o repouso durante a noite.

Corpo doloroso, corpo esvaziado

A investigação das pacientes fibromiálgicas ressalta duas características peculiares. Primeiramente, as dores sucedem um evento traumático marcante, o qual desencadeia mudanças na vida do indivíduo e impõe significativo remanejamento econômico. Frequentemente trata-se de um luto, notadamente materno, uma ruptura afetiva, um fracasso profissional. O início das crises se dá geralmente depois dos 40 anos, o que sugere estarem associadas ao rearranjo libidinal e identificatório, acentuado pelas modificações biológicas evidentes nas mulheres. Raramente é encontrada na adolescência.

A princípio localizadas, as dores se difundem progressivamente e o corpo é descrito como doloroso ou anestesiado, extinto, "fora de serviço", incapaz de responder às solicitações externas, as quais são percebidas como exigentes de muita energia e que causam o esvaziamento das forças. O indivíduo não sabe se está mal porque está fatigado ou se a fadiga acentuada se torna dolorosa. O esgotamento é descrito como um estado no qual não se pode mais lutar e que não é possível fazer nada mais.

A segunda observação é de que se trata geralmente de mulheres hiperativas, que privilegiam as defesas do comportamento e, principalmente, o recurso à motricidade. Essa hipertonia ocorre na vida profissional, muito investida e repleta de cobranças, que colocam em ação as demandas de um "ego ideal" feroz e insatisfeito. Fora do trabalho, as tarefas caseiras são tidas como "pesadelo" ou "provação inútil". A ocupação com o cuidado dos filhos, altamente investidos afetivamente, são posteriormente evitadas ou tidas como exaustivas, impossíveis. Essas mulheres parecem consumidas pelo trabalho e se confrontam com a injunção interna, segundo a qual é necessário fazer sempre mais e melhor para não correrem o risco de perder tudo. Relatam constante obrigação de obtenção de resultados, na busca de valorização e reasseguramento narcísico, permanentemente ameaçados.

Essa hiperatividade não parece obedecer à lógica da competição ou da rivalidade, como, por exemplo, aquela apoiada no conflito interno de natureza edípica e sustentado pela fantasia, mas, corresponde à necessidade de mobilizar uma carga energética extra, a fim de lutar contra tensões externas e internas muito ameaçadoras para o psiquismo. Essa hipertonia, que afeta igualmente as vias mentais, provoca o esgotamento e a pessoa permanece presa na armadilha dos próprios mecanismos defensivos, nos quais a tranquilidade é buscada por meio da ação e da excitação, como observado nos procedimentos autocalmantes tão bem descritos pelos psicossomaticistas Fain, Smadja e Szwec (1993), os quais apresentam a melhor explicação sobre a natureza do *stress* decorrente do trabalho. É interessante observar a facilidade com que essas atividades podem ser desinvestidas durante longos períodos de licença médica, quando se é considerado incapaz para o trabalho e o quanto isso traz alívio. "Pude então repousar e dormir", disse certa paciente que sofria de insônia e dores matinais.

A capacidade de "se desligar do trabalho" poderia ter a conotação do fraco valor sublimatório das atividades profissionais, assim como da labilidade do investimento. Investir nas ocupações, a fim de evitar pensar, faz com que deixem de ser vivenciadas como espaços de criatividade, prazer e enriquecimento pessoal. Em vez de ganhar independência, a pessoa se lança na busca permanente de amor e de reconhecimento, endereçados ao objeto materno cruel ou indisponível, mas que deve, simultaneamente, ser protegido de qualquer projeção das próprias moções destrutivas internas.

Isso explica o controle exercido sobre as vias motoras e a vida de fantasia, que impedem o desabrochar das pulsões epistemofílicas e o prazer de pensar.

Peso e falta de gravidade

As pacientes fibromiálgicas descrevem sensações de dor, queimação, frio, de estar em "carne viva" que se alternam com sensações de peso, rigidez, moleza, esgotamento, perda de consistência ou de força muscular. Apresentam problemas de orientação ou ainda a sensação de sensibilidade exagerada, como o fato de "sentirem os tendões presos", quando "mesmo sorrir é cansativo". As sensações parecem operar no lugar das emoções e dos afetos que não se encontram ausentes, mas sim desqualificados. Exceto pelas crises de choro não demonstram expressões entusiasmadas ou crises passionais. Raramente se mostram alegres ou tristes, agressivas ou encolerizadas. A vida sexual é mencionada apenas de modo sucinto: a vida conjugal é *como de todo mundo, sem nada de particular*, o que salienta o caráter obrigatório ou constrangedor da sexualidade. Frequentemente referem experiências sexuais dolorosas no plano físico ou afetivo e, frequentemente, descrevem uma sexualidade "incompleta", seja pela ausência de prazer ou pela falta de ternura.

As características difusas dessas experiências dão ao clínico a sensação de estar na presença de um corpo imperceptível, disforme ou sem silhueta. Diante de uma paciente que fazia uma lista dos afazeres impossíveis de desenvolver no dia a dia, uma imagem surgiu em minha mente, a silhueta de areia que se desfaz assim que tentamos pegá-la.

A criança terapeuta

A experiência clínica mostra que o superinvestimento do corpo doloroso tem relação com a ligação de natureza traumática com o objeto primário, o qual é vivido como um objeto interno permanentemente ameaçador e excitante, que não se encontra sequer seguramente presente, mas do qual é impossível assumir a ausência. Quando a mãe está de fato ausente, psiquicamente indisponível, caótica, imprevisível, erotizada ou intrusiva, incita a criança à hiperexcitabilidade motora e sensorial, com o intuito de recuperar o interesse materno, mas, simultaneamente, de atenuar a proximidade ameaçadora, que pode levar à explosão do sentimento de continuidade de si mesmo. Assim como na descrição freudiana, a queixa corporal, como zona de condensação narcísica, é protetora contra a neurose traumática, a dor corporal conserva o valor defensivo contra o risco do desmoronamento psíquico.

Uma configuração particular ocupa lugar central na história das mulheres fibromiálgicas. Durante a infância desempenharam a função de crianças terapeutas para suas mães, o que gera a distorção na relação mãe-filha. De alguma maneira foram levadas a se ocupar da mãe psiquicamente sofredora, mas igualmente atingida corporalmente, doente ou com algum tipo de deficiência. Trata-se da mãe dependente fisicamente, descrita, contudo, como muito independente, de caráter, corajosa, insubmissa, exigente, perfeccionista e hiperativa fora e dentro do lar, mesmo com suas capacidades sensório-motoras muitas vezes limitadas. Na maioria dos casos, as mulheres fibromiálgicas sentiram-se na infância, moral e psiquicamente, responsáveis pela integridade psíquica e física das mães. O que predomina na personagem materna é o excesso da presença física, atitude que lhe confere a ilusão de não precisar levar em conta tudo que necessita e deseja e, não obstante a evidência da fragilidade corporal negada, assim escapar da carência e, claro, da castração.

A personagem paterna está investida como uma fortaleza, ora terna, idealizada e corajosa, ora erotizada, até mesmo violenta, brutal, pulsional, mas raramente capaz de refrear o comportamento materno.

O relacionamento com os maridos reflete o compromisso entre as duas personagens: paterna e materna. As relações com as filhas são mais conflitivas, na medida em que reativam as exigências e os perigos que emanavam da própria mãe, ao passo que os filhos homens são descritos como mais fáceis de educar, até mesmo de "controlar", porém muito vulneráveis e frequentemente apresentam problemas de saúde.

Essas pacientes se descrevem como crianças comportadas, estudiosas, aplicadas, isentas de frivolidades, maduras e responsáveis, verdadeiros arrimos de família, "como os homens". O objetivo da hipermaturidade intelectual e corporal é conter a expansão motora e, desse modo, evitar que deixem de cuidar da mãe e se conformarem ao desejo materno de "controlar" a criança.

Durante a análise, certa paciente sentiu necessidade de me olhar bem antes de se levantar do divã e se desligar de mim, tendo em vista que sua mãe não permitia que relaxasse despreocupada e descuidadamente ao seu lado, obrigando-a a não se mexer, não se mover e até mesmo respirar. Depois de alguns anos, foi possível compreender que a contratura dolorosa se relacionava com o desejo de se enrijecer de maneira viril, a fim de se defender do estado de abandono físico e psíquico da própria mãe, acometida pela artrite reumatoide. O corpo dolorido era indicativo da identificação masculina paterna utilizada defensivamente, contra a promiscuidade homossexual materna. Toda circunstância que levasse à fantasia de afastamento do pai provocava angústia sob forma de "perda de consistência" e "pernas de algodão". Ao contrário, o sentimento de fadiga e esgotamento, que a impedia de trabalhar, pensar e associar livremente, estava relacionado à identificação histérica com a mãe enfraquecida e esgotada, toda vez que se recusava a partilhar das brincadeiras e alegrias com sua filha.

A severidade da criança terapeuta contrasta, muitas vezes, com o ambiente familiar caracterizado pela excitabilidade e sensualidade parentais, pelos castigos corporais e, às vezes, abusos sexuais. É evidente que o lugar da criança terapeuta no romance familiar é marcado por algum problema de filiação, seja mudança de nome, adoção ou uma mudança de estatuto, como, por exemplo, o nascimento de um irmão ou a perda de um dos pais, uma aliança transgressiva ou um segredo familiar que subverte a ordem estabelecida. Em todo caso, estamos diante de algum evento significativo dentro do registro simbólico ou de uma ruptura de transmissão.

O fato de se tratar essencialmente de mulheres é significativo no estabelecimento da relação terapêutica e no jogo das projeções-identificações que habitarão o espaço dessa relação, inclusive com os médicos. Despertam nos médicos homens atitude severa e reservada, enquanto as médicas adotam uma atitude hiperativa, toda poderosa e cúmplice. Assim, a conduta dos primeiros durante a consulta com a paciente com dor parece motivada pela necessidade de se livrar da relação terapêutica cansativa e pouco gratificante, uma vez que a subjetividade do contato arrisca estremecer o rigor do raciocínio clínico e falsear a capacidade de empatia. Ao contrário, as mesmas dificuldades e a persistência das queixas despertam nas médicas o desejo de fazer o máximo por essas pacientes, multiplicam investigações e tratamentos e instauram a proximidade sob a forma de relações superficiais ou de confidências *femininas*, de maneira semelhante às atitudes de sedução materna exercida sobre a filha, executadas por meio de um corpo marcado ora pelo excesso de excitação – *um corpo que não dorme jamais* –, ora pelo esgotamento da luta – em posição de retirada ou de renúncia.

Olhar psicossomático sobre a fadiga e a ligação primária mãe-filha

Segundo Marty (1988), as relações de objeto são fixadas precocemente a partir dos investimentos essencialmente ancorados na esfera sensório-motora ligados às respostas maternas e à sua capacidade de assegurar a integração somato-psíquica pulsional do bebê, ao diluir a quantidade de excitações por meio do encaminhamento dessas excitações à vida de fantasia. Num primeiro tempo, a mãe não pode desistir do cuidado com o corpo do bebê, devido à falta de suficiente capacidade de sonhar e, num segundo momento, sua ansiedade para atenuar suas próprias necessidades narcísicas pode impedir o desabrochar da criança, por exemplo, nas brincadeiras, freando as descargas motoras e a mobilidade das fantasias. Podemos correlacionar o sono não reparador e a hipervigilância muscular das pacientes fibromiálgicas, com a teorização de Michel Fain (1975) sobre a necessidade de um ritmo por parte da mãe que alterne investimento e desinvestimento do pequeno ser para que o sono guardião do soma possa se instalar o que terá como corolário o sonho guardião do sono, ambos garantidores do silêncio dos órgãos. Dizemos que esta qualidade da mãe está ligada à "censura da amante"[4] que põe em jogo a descontinuidade entre

---

4 Criado por Michel Fain a respeito dos movimentos internos da mãe que convida a criança a organizar o lugar de um terceiro no quadro de sua relação "real" a dois. Para a mãe, é igualmente esse movimento que permite contrainvestir a

a libido materna, a mãe seduzida pelo bebê e a libido feminina da mãe-amante que desinveste do bebê para recuperar a intimidade corporal com o pai do bebê. Assim, quando esses movimentos podem se dar, a censura da amante reforça as questões narcísicas da função materna, descrita por Marty (1988), em continuidade com a identificação histérica primária.

Além do sono fatigante, nessas pacientes a atividade onírica encontra-se reduzida e os sonhos que surgem gradativamente durante o tratamento estão relacionados a objetos ou animais que se movimentam perigosamente ou a continentes (quartos, casas, grutas), que a sonhadora se põe a explorar. Lanço a hipótese de que se trata da tentativa de elaboração, na fantasia, daquilo que é peculiar e singular ao destino psíquico e anatômico do corpo feminino, a saber, o conteúdo do corpo da mãe, no útero, antes de ser, no momento adequado, também continente. Essa aposta singular entre o idêntico e a alteridade é peculiar à identidade feminina e ao seu desenvolvimento da vida psíquica.

Olhar psicanalítico sobre a ligação mãe-filha

Em muitas ocasiões Freud estabeleceu a distinção entre a neurose de angústia e a histeria, pois muitas vezes se confundem. A insuficiência psíquica, característica da primeira, é a responsável pelo acúmulo da tensão sexual interna, que origina os processos somáticos anormais. Ao contrário, o fundamento dos sintomas histéricos, clinicamente semelhantes aos da neurose de angústia, é

---

agitação erótica que o contato com o corpo da criança faz nascer. Sua vida de amante assume, assim, valor de paraexcitação para a psique da criança e também para a sua, porquanto vem "censurar" uma parte das agitações suscitadas pelos cuidados maternos.

decorrente de um conflito psíquico. Assim, a neurose de angústia pode ser considerada o componente somático da histeria e a descarga da excitação a substituta da elaboração psíquica. Essa distinção percorre as diversas retomadas freudianas quanto à origem e à natureza da excitação que ultrapassa as capacidades do ego e que originam o trauma pré-sexual, o qual não deve, no caso da histeria, ser descarregado completa e imediatamente, mas deverá passar pela elaboração dos traços mnêmicos e que *après-coup* transformarão a quantidade exterior (o aumento de excitação) em qualidade (Freud, 1895). Essa capacidade transformadora está ligada à qualidade das trocas com o objeto materno primário que corresponde, na concepção freudiana, à identificação histérica primária, a qual fundamenta as premissas da vida de fantasia. Mas se a mãe é a primeira sedutora permanecerá no modelo freudiano essencialmente edipiana e não será considerada como objeto de sedução por parte da criança. Do mesmo modo, na clínica contemporânea as estruturas neuróticas e não neuróticas são confrontadas com os avatares dos investimentos e das identificações recíprocos durante o édipo precoce entre o bebê e a mãe. Assim, na censura da amante, conceituada por Fain e Braunchweig (1975), a tônica é colocada sobre o investimento que a mãe faz reciprocamente sobre dois objetos, a criança e o pai da criança (Green, 1997). Dessa triangulação precoce, que se constituiu como um sustentáculo, a mãe aparece dentro da singularidade assinalada por André Green, de ter relações carnais com dois parceiros ligados entre si.

No que diz respeito ao desenvolvimento edípico feminino, o édipo precoce se articulará com a troca de objeto da fase edípica, na qual a filha deverá, ao mesmo tempo, se identificar com a mãe e se confrontar com ela enquanto rival. Esses remanejamentos identificatórios e libidinais masculinos, femininos, maternos e paternos reatualizarão as identificações pré-edípicas maternas e paternas e seus alicerces na fantasia. A dissolução do complexo de

Édipo sexual coloca à prova a força e a qualidade da fusão pulsional precedente e questiona, também, a textura do masoquismo erógeno primário. Sabemos que a falha da identificação histérica primária constitui o berço da histeria, como também das eclosões somáticas. Como relembra Augustin Jeanneau (1985), no histérico a depressão é voltada para fora, em busca de um objeto de amor que remeta ao objeto pré-genital.

Na busca do objeto materno relacionado às bases da sua própria feminilidade, a mulher deve compor aquilo que Florence Guignard (2000) denomina materno primário e feminino primário. O primeiro se refere à capacidade de *rêverie* da mãe e ao espaço das introjeções projetivas, que reativa na relação mãe-filha o infantil da mãe, que vê na própria filha, a menina que foi um dia. Esse espaço vetoriza o conflito pulsional primário e remete a criança às fantasias do retorno ao útero e da castração. De sua textura dependem igualmente os processos do pensamento e as capacidades criativas, assim como a qualidade do pré-consciente. O feminino primário da mãe confronta a criança com a sexualidade materna e com o desejo do outro. O abandono da onipotência narcísica marca o advento à posição depressiva e às premissas da bissexualidade psíquica, a capacidade de se identificar com a mãe e, também, com o objeto do desejo da mãe (o pai).

Com a filha, a composição entre a identificação com a mãe como idêntica e, ao mesmo tempo, como objeto de desejo do pai, torna-se particularmente complexa e dolorosa em razão da identidade corporal. Assim, aceder ao desabrochar da maternidade criativa implica renunciar à fantasia de possuir e destruir o útero da mãe, a fim de dali roubar-lhe as riquezas depositadas pelo pai. Em um caso que descrevi em outro trabalho (Papageorgiou, 1999), a histerectomia que a mãe depressiva "exibia" à sua filha, durante a adolescência, selou a identificação histérica masoquista com a mãe, a fim de contrainvestir as pulsões de ódio geradoras de enorme culpa. Mãe e filha pertenciam à mesma seita, assim como o marido da última, de modo que seu marido deveria ser oferecido à sua mãe, a fim de iniciá-lo. O casal era estéril, mas esse fato não havia sido fonte de tristeza até a morte da mãe e o aparecimento da fibromialgia. Nesse caso, a interrupção da atividade profissional por causa da fadiga foi substituída, com sucesso, pela hiperatividade dedicada aos cuidados voluntários com pessoas idosas dependentes ou moribundas, o que minimizava, certamente, a sua pulsionalidade sádica.

Nas pacientes fibromiálgicas, a posição da criança terapeuta as confronta com a mescla entre o desejo de possuir o corpo da mãe, colocada como objeto no lugar do Outro, e a impossibilidade de se separar dela. A obrigação de carregar o corpo da mãe preenche a lacuna deixada pela ausência dos traços representacionais "daquilo que nos dá a certeza de que tivemos uma mãe e que fomos bem acalentados nos seus braços", como dizia uma paciente.

Carregar o fardo de uma mãe leve

Liliane é uma linda mulher roliça, de 57 anos. Suas dores começaram depois de duas perdas: a morte da mãe e o casamento da filha no mesmo ano, que representa "uma segunda perda", como relata no nosso primeiro encontro. A essas duas perdas, as quais não é capaz de diferenciar, é necessário acrescentar a morte de um irmão mais velho que, porém, só soube dois meses depois do ocorrido, como se "fosse uma desconhecida". Também havia sido informada do óbito da mãe no dia seguinte, o que a deixou com remorso por tê-la posto numa casa de repouso, onde terminou seus dias *desorientada*. Na sequência dessas perdas, Liliane seguiu durante alguns anos um tratamento antidepressivo e uma psicoterapia "contra" uma depressão severa, da qual se sente curada, mas que lhe deixou dores presentes dia e noite, sensações de queimação e frio, cansaço físico permanente e momentos de desequilíbrio e desorientação, como sonâmbula. Esforça-se para visualizar um corrimão ou uma corda imaginária ao qual deve "pegar" com "seus olhos e músculos", a fim de evitar cair, pois se sente tão fatigada e moloide que nada consegue lhe atingir. Nem mesmo a explosão de uma bomba a faria se mexer.

Dessa hipervigilância sensorial e motora é tecida, como um fio vermelho, a relação de Liliane à mãe. Caçula de uma prole de cinco crianças foi durante toda infância, nada mais que um simples suporte para a mãe meio surda, portadora de otosclerose e quase cega por conta do glaucoma. Liliane sempre estava colada nela, guiava-a para atravessar a rua, descrevia-lhe paisagens, repetia-lhe as conversas dos passantes que encontravam, porque "sua voz viva e aguda de menina soava bem" e deixava sua mãe feliz. Assim, mais que carregar sua mãe, Liliane tinha a sensação de, literalmente, ser o corpo dela, única maneira de poder controlar e assumir esse fardo tão pesado. Evocou duas lembranças que, sem dúvida, guardam brilho traumático. Na primeira, um médico levanta a pele dos olhos da mãe com a ajuda de uma pinça. Na segunda, com a idade de seis anos, cai num fosso ao se desviar das urtigas, quando de braços com a mãe atravessava um campo. No momento da queda, a menina ficou esmagada pelo peso da mãe corpulenta e aterrorizada pela ideia de que poderiam ficar presas ali durante a noite. Faziam esse *caminho de calvário* várias vezes por semana, para levar a mãe à casa da sua avó que vivia sozinha a muitos quilômetros da casa dos seus pais.

Na história familiar ocupava também uma situação singular. É a única a portar o nome do próprio pai, que se tornou o segundo marido da mãe, após ter sido seu amante durante o casamento com o pai biológico dos outros filhos, nascidos durante o primeiro casamento e reconhecidos pelo primeiro marido, de quem levavam o nome. Liliane nasceu após o falecimento dele e do casamento da mãe com seu "amor adúltero". Para Liliane seu nome "é um fardo", embora se esperasse que dele pudesse se orgulhar, pois lhe fazia valer o reconhecimento e os favores da mãe. Em vez disso, alimentava rivalidade e hostilidade com seus irmãos e irmãs que a tratavam como *petite merde*, uma vez que selara a união dos seus pais, o que cumpriu pagando integralmente o preço dos dois funerais. Aliás, na morte dos seus pais, que apresenta como uma cena primitiva última, descobre no livro de registro da família, que no seu nascimento foi declarada de mãe desconhecida. É cogitado que sua mãe a houvesse recuperado alguns meses depois.

À guisa de comentário sobre as diferentes prescrições que lhe são propostas (analgésicos, antidepressivos, relaxantes, fisioterapia e psicoterapia), Liliane me disse que nenhum medicamento a aliviava de fato ou tinha ação duradoura, mas que esperava ainda encontrar algum. Deveria tomar tudo que lhe davam, da mesma maneira que mordiscava as fatias de pão que sua mãe lhe oferecia, depois que os outros filhos haviam terminado o café da manhã.

Aceita assim *experimentar* a psicoterapia porque *não tem nada a perder* e, como a recebo muito longe do seu domicílio, tem a impressão que não lhe imponho uma terapia pesada, ao contrário do seu psiquiatra que era cansativo e a afundava num silêncio de chumbo. Vinha acompanhada do marido, irascível e mal-humorado, que a esperava no corredor, fato ao qual Liliane não fará nenhuma menção durante longo tempo.

As queixas corporais que descreve – *dorso em fogo e um corpo vencido pela fadiga, pisoteado por um elefante* – ocupam toda a sessão e são diretamente associadas ao *stress* permanente que vive no trabalho, e que permite que consiga afastamento. Ocupa posto administrativo na educação nacional, é encarregada das normas de segurança nas escolas maternais e primárias. Não pode assumir o *fardo das suas responsabilidades e as exigências que aumentam, em detrimento do reconhecimento e da valorização que estão em baixa*, da mesma maneira que não suporta os conflitos entre seus colegas e o superior hierárquico, uma mulher de caráter, mas sem consideração pela equipe. Liliane decide defendê-la ao não se solidarizar com uma petição que denuncia incompetência e abuso de poder. Seguiu-se um período de longo conflito que envenenou as relações no escritório e que terminou na partida agitada e amarga da chefe. Ficou muito desestabilizada. Habitualmente sente-se obrigada a aceitar tudo, mesmo coisas contraditórias ou insensatas, mas, neste conflito, pôde opor-se à massa, com grande desgaste. Sente-se só, mais cansada que nunca, embora desde que a chefe partiu, não houvesse mais tensão. Queria compreender porque não pode jamais dizer não ou colocar limites.

Essa situação me demandava uma ginástica mental peculiar já que me sentia solicitada a seguir as flutuações econômicas da paciente. Esforçava-me para preservar minha capacidade de sonhar, que me permitiria compreender e mostrar a Liliane a origem interna do *stress*. O que Liliane vivenciou com relação à sua chefe atacada, vontade de protegê-la e assim destacar-se da irmandade dos colegas, homens e mulheres, na esperança de ser reconhecida em seu devotamento, acompanhado do recrudescimento das dores e abatimento após a partida repudiada, penso eu, se parecia ponto por ponto com sua posição de criança terapeuta, mãe de sua própria mãe. O que a obrigava a manter elevado estado de excitação não estava tão ligado ao seu receio consciente de cometer negligência ou falta, de ser moralmente responsável por um acidente que pudesse ferir ou matar uma criança, mas à sua angústia inconsciente de avariar ou destruir sua mãe na época em que era encarregada de protegê-la, de velar por ela. Devo precisar que a alavanca transferencial que me permitiu formular essa ideia foi o fato de Liliane sempre fazer comentários sobre meu corpo, eventuais marcas de fadiga ou de contrariedade. Tornou-se muito vigilante a minhas expressões, assim como aos ruídos do seu serviço.

Procuro lhe mostrar que a angústia não é diretamente ligada ao trabalho, aliás, fonte de gratificação que subestima, mas ligada à energia considerável que deve desdobrar para lutar contra as próprias pulsões agressivas, até mesmo destrutivas, dirigidas contra seu objeto de amor, do qual procura reconhecimento.

Por outro lado, viso introduzir na sua vocação de terceiro a dimensão da função paterna e do desejo materno pelo pai, fazendo-a entender, implicitamente, que na sua provação de carregar o fardo da mãe doente, ao fazer tudo por ela, busca também ser um pai para sua mãe, mãe e pai, o homem pai que a protegeu, mas que também tem o *título de propriedade*[5] retomando uma das suas formulações a propósito do seu lugar no trabalho, que não lhe pertencia, mas sim ao chefe. Essa ideia pareceu difícil e se afasta por ficar doente.

No seu regresso, diz estar enjoada da fadiga, mas sente-se muito reconfortada com a ideia, que dei a entender, de que poderia se interessar por outra coisa além do dever profissional. Compara essa ideia à imagem da mãe que aceita que sua filha possa ter segredos que não lhe comunica. Evoca seu gosto pelas boas roupas, difíceis de encontrar no seu tamanho, e sua preocupação em

---

5   Na França, existe um documento como um diário familiar, no qual são inscritos os dados pessoais de cada membro da família desde o nascimento até a morte.

harmonizar, de maneira feminina e leve, a cor avermelhada do seu cabelo com sua maquiagem, mas *sem ser vulgar*.

Durante um período de calmaria em relação às dores, no qual Liliane me deu a estranha impressão de sonambulismo etéreo, o trabalho psicoterápico prosseguiu com o proveito do reforço das identificações femininas preferencialmente miméticas e da busca de cumplicidade comigo, que ilustraria as dificuldades da triangulação que a confrontavam com a provação da perda do objeto.

O remanejamento no seu trabalho criou uma equipe composta por um chefe homem e muitas jovens, descritas tanto como idiotas e incompetentes, quanto vulgares e provocantes, prontas a tudo para obter promoção. Liliane encontra-se agora num lugar, ora de filha colocada no armário, esquecida e inútil, que deve ceder seu lugar, ora no papel da mãe experiente, que deve ensinar às novatas os segredos do ofício. Novo período de recrudescimento das crises dolorosas correspondeu à rivalidade edípica e ao ciúme feminino, que recuperara a partir da fantasia da mãe iniciadora, assim como na alegria de ser avó. Por um lado, comparava-se às *meninas* lépidas do escritório, com as quais não tinha como se igualar, e, por outro, investia mais e mais nas nossas sessões que se tornaram mais frequentes, da mesma forma que nos momentos de divertimento, nos quais se ocupa com a neta de 4 anos e o neto de 18 meses. Salientei sua capacidade de adivinhar e prover-lhes as necessidades e os desejos (preparar bons pratos para o bebê, brincar de comidinha ou ler histórias). Poder se agitar e exagerar nas brincadeiras com eles com grande felicidade, diferenciava-a da própria filha, que se mostrava austera e seca com as crianças, proibia-os de correrem e fazerem algazarra sem cessar. Num ambiente de êxtase oral, sentia-se encantada pela sua neta maravilhosa e mágica e pelo menino que a olhava com paixão e a enchia de carícias.

É dentro desse contraste de perdas e reencontros que Liliane evocava pela primeira vez as crises de ciúmes que seu marido apresentava cada vez que fazia agrados ou comprava presentes para os netos. Mostra-se muito hostil e ciumento em relação às sessões comigo, mas procurava acompanhá-la para vigiá-la e estragar seu prazer.

A passividade frente às violências físicas e verbais do marido, que Liliane associava às brigas violentas entre seus pais e ao alcoolismo abominável de seu pai como se devesse carregar e suportar o peso do destino, corresponde a um reforço masoquista da identificação histérica com sua mãe diante do medo da perda, ameaça subjacente a toda mudança econômica e a toda oportunidade de criar novos objetos. Essa identificação masoquista com a mãe reativa uma das partes clivadas da criança terapeuta, aquela da passividade imposta pelas carências maternas, ao mesmo tempo em que outra parte se identifica com as necessidades e desejos da criança. Essa parte é posta em ação na capacidade de Liliane regredir, como diz, na presença de seus netos.

Nesse momento da terapia, a paciente evocará a fadiga sob outro ângulo. Aquele da lassitude de pensar no escritório, na sessão e em reuniões de família a propósito da herança. Deseja que a deixemos tranquila com a neta que bajula antes de dormir, enquanto tem medo de cuidar do menino toda a noite, porque ele poderia adoecer e até mesmo ter risco de vida.

Numa transferência positiva de base, Liliane procurava ter comigo contato semelhante àquele de quando estava próxima do corpo da neta, numa identificação imediata, próxima à identificação histérica primária. Toda solicitação, física ou intelectual, que rompe esse corpo a dois mobiliza forte carga pulsional motora, que poderia explicar a fadiga experimentada. Ao contrário, a posição masoquista frente ao marido, que Liliane associa ao despertar das dores das costas e dos braços, reaviva também as reminiscências da cena primitiva ardente, que corresponde à sexualização secundária, por meio de identificações maternas e paternas, femininas e masculinas subjacentes ao *feminino* da mãe, que colocam em cena a mãe sexual rival. Essa imagem é pavorosa e insuportável porque não pode ser articulada com traços que forneçam a segurança de uma mãe afetuosa que *assuma*, capaz de neutralizar a irrupção genital.

Liliane recordará a relação de ternura e afinidade com certo homem, muito sedutor e fino, que procurava se "introduzir cada vez mais no seu interior", o qual desejava, porém temia se "comportar com leviandade e perder tudo". A leveza da sedução feminina se opõe ao peso do corpo materno a ser carregado e suportado, esmagador, mas seguro. A leveza torna-se ameaçadora pela falta da despreocupação infantil e do peso que esvazia o corpo, porém que é indispensável para viver, em oposição à mãe sem consistência, que não suporta a criança, sem o peso da gravidade.

A identificação de Liliane com sua mãe oscila entre o peso doloroso da ligação primária, tingida tanto pela deficiência sensorial quanto pela depressão da figura materna que invertem a lógica da regressão dependência no sentido winnicotiano e a rivalidade edípica feminina e a troca de objeto, que ameaçam o pacto narcísico da não regressão selado com a mãe, a partir da posição da criança terapeuta. Essa inversão de gerações é utilizada também de maneira ambígua com relação à *censura da amante*, que faz com que a filha mantenha a ilusão de onipotência junto à mãe, de ocupar na fantasia o lugar do amante, que impede a verdadeira interiorização do superego paterno. A estrutura edipiana materna, marcada pela figura da própria mãe que descolore a cumplicidade real com a filha, desqualifica a função da censura da amante, que se torna assim, ressexualizada, com o acréscimo de excitações fixado sobre o corpo, que não podem seguir plenamente o destino na fantasia. Esse momento funciona como uma histeria de comportamento, ao invés de se desenvolver em direção à histeria completa. Qualquer troca de objeto ou remanejamento econômico a favor do pai, não é vivenciado como portador de novas riquezas e do desabrochar afetivo, mas reaviva o risco do rompimento do vínculo materno, da perda do lastro narcísico diante da leveza e acarreta o reforço masoquista da identificação histérica com a mãe sofredora e desamparada.

Ao fim de dois anos, as dores físicas de Liliane tornaram-se suportáveis, às vezes inexistentes, o que atribuía ao fato de poder me fazer confidências e manter seu marido de fora, mas sente-se muito incomodada pelo seu peso, o qual atribui a suas comilanças noturnas, quando é despertada pelos sonhos de angústia e sensação de fome. Acometida de forte emoção, se dá conta que faz exatamente como sua mãe, acordada pela irresistível fome noturna durante o período, no qual muito deprimida, havia enxotado seu pai do leito conjugal e colocado Liliane em seu lugar. Confidente da mãe durante a puberdade, Liliane deverá reconstruir a cena primária, ao descobrir na amante do pai, ligação que remonta ao seu nascimento, outra rival (e aliada?) edípica, que deverá compartilhar com a mãe. O surgimento dos seus próprios desejos sexuais e o enriquecimento psíquico a confrontam com esse triplo remanejamento identificatório, histérico por excelência. Poderíamos nos questionar se toda a histeria feminina não se distingue justamente por esse núcleo de ligação pulsional ao corpo da mãe que permanece como o corpo de rocha em torno da qual todo conflito psíquico se constitui.

Liliane então me pergunta: "*Preciso de uma força gigantesca para sobreviver à minha mãe, tão deteriorada, frágil e monstruosa. Como mulher, você deve saber me dizer, será que as mulheres precisam sempre carregar suas mães, arrastando-as como bola de chumbo, como se fôssemos condenadas à semelhante sentença? Não seria possível ser leve, alçar voo, sem ser escravizada por esse peso exaustivo?*".

Nesses termos, poderíamos pensar que a fadiga emana de dois investimentos dolorosos opostos, o dirigido ao narcisismo corporal, devido à falta de possibilidade de ser transformado em dor psíquica e o investimento dirigido à constituição do objeto edípico, destinado a ser carregado como fardo masoquista a fim de não ser perdido.

O objetivo final seria nunca se deixar exaurir pelos grilhões que a ligam à mãe.

Referências

Braunschweig, D., & Fain, M. (1975). *La Nuit, le Jour*. Paris: PUF.

Freud, S. (1895). *Esquisse d'une psychologie scientifique*. Paris: PUF.

Green A. (1997). *Les chaînes d'Éros*. Paris: Odile Jacob.

Guignard, F. (2000). Mère et fille; entre partage et clivage. In F. Guignard, *La relationmère-fille: entre partage et clivage*. Paris: SEPEA.

Jeanneau A. (1985). L'hystérie, unité et diversité. Rapport au 44e Congrès des pays de langue romane. *Revue Française de Psychanalyse*, 49(1), 107-326. Paris: PUF.

Kahn, M-F. (2003). Les critères de la fibromyalgie: une étude critique. *Revue Rhumatologue, 70*, 292-294.

Papageorgiou, M. (1999). Tu enfanteras dans la douleur ou tu n'accoucheras point. *Revue Française de Psychosomatique, 15*, 95-109.

Smadja, C., & Szwec, G. (1993). Les Procedés Autocalmants. *Revue Française de Psychosomatique, 4.*

4. Fibromialgia e fadiga crônica na sociedade atual e a modernidade líquida

Lydia Marticorena

Liquidez de Bauman: dissolução das grandes estruturas que dão solidez à ordem social

Na leitura de *Amor líquido: acerca de la fragilidad de los vínculos humanos* (2005) e em outras de suas obras de Zigmunt Bauman, percebe-se a relação do autor com a psicanálise de Freud, especialmente com *O mal-estar na cultura* (1930/1977b). Ambos os espíritos (Freud e Bauman) se caracterizam pelo ceticismo alerta e crítico diante de alguns dos valores máximos do Iluminismo: a crença na soberania da razão, a fé no progresso e a veneração incondicional ao saber científico. Ambos procuram indagar onde o logos constitui sintoma, dando passagem ao impensado do saber e mostrando os devastadores efeitos produzidos pelo retorno daquela parte da verdade que o paradigma científico-técnico ataca ou simplesmente escolhe desconhecer. O progresso histórico faz pensar mais em um pêndulo do que em uma linha reta. Nos tempos de Freud e de seus escritos, o mais comum era o *deficit* de liberdade; seus contemporâneos estavam dispostos a renunciar a uma porção considerável de sua segurança em troca da eliminação das restrições imposta às suas liberdades. E conseguiram. Agora, ao contrário, haveria mais pessoas cedendo parte de sua liberdade em troca da emancipação do aterrador espectro da insegurança existencial.

A ideia de liberdade se aplica inevitavelmente a um sujeito, individual ou coletivo, enquanto Freud (1923/1977c) concentra o problema da satisfação em um conceito que deve ser entendido em toda a sua complexidade – o conceito de PULSÃO, cujo caráter acéfalo é o traço que mais se sobressai. No funcionamento dessa força que não é comandada por ninguém, o sujeito primigênio é escravo de um impulso que o empurra a um prazer cuja natureza é paradoxal, uma vez que não se confunde com o bom e o agradável. Assim, essa renúncia à satisfação imposta pelo processo da cultura não provoca exatamente uma perda de liberdade nem um ganho de segurança. Todas as coisas as quais renunciamos retornam sob formas insuspeitas. E isso também ocorre no caso da segurança dos laços sociais, que são apenas uma miragem, fina capa de pó que o vento da história pode facilmente varrer.

Freud (1923/1977c) aponta três causas fundamentais do sofrimento: a que nos provoca a força invencível da natureza, a debilidade de nosso corpo e, logicamente, o caráter profundamente conflitivo das relações com nossos semelhantes e com as instituições que criamos. No entanto, há uma quarta fonte que permanece oculta em todos os argumentos da obra de Freud: o fato de que a mais intensa e incontrolável fonte de sofrimento está no próprio homem. "O homem é o lobo do homem" (Hobbes, 2003). Freud, em O mal-estar na cultura (1923/1977c), faz uma pequena correção: o homem é, antes de qualquer coisa, um lobo para si, isto é, ninguém pode se considerar a salvo de si mesmo, pois estamos sempre sob a ameaça de nossa própria traição.

O paradigma fundamental de *O mal-estar na cultura* é que, de que todos os medos que nos ameaçam, o mais temível é aquele que nos espreita a partir de nosso próprio interior, a pulsão de morte, a "aptidão" humana para a autodestruição.

O estado líquido da civilização nos deixa quase sem defesas. O inferno não são os outros, como dizia Sartre, somos nós mesmos, ou seja, o inferno que se esconde em nosso interior.

A fibromialgia consiste em um conjunto de dores corporais generalizadas frequentemente acompanhadas de cansaço ao despertar. A dor pode se estender por todo o corpo, embora as regiões variem de um paciente para outro. Os pacientes visitam uma série de médicos antes de tratá-la do ponto de vista emocional e, muitas vezes, hormonal.

A fibromialgia, assim como a fadiga crônica, é considerada uma doença na qual coexistem diversos fatores nocivos que afetam o sistema nervoso central: toxicidade, cirurgias, traumatismos, fortes impactos emocionais, infecções recentes, entre outros. Nos pacientes fibromiálgicos, detectaram-se baixos níveis de substâncias importantes na regulação da dor, especialmente a serotonina, a substância P, o cortisol, além de alterações dos receptores glutamatérgicos do tipo N-Metil D-Aspartato (NMDA) no cérebro e na medula espinal (Matos, 2002). Mas o que é anterior e o que é consequência? Nessas afecções, há fatores ou determinações específicos e pessoais do histórico do paciente.

Na atividade analítica e psicoterápica, para se falar do sofrer, na verdade, seria necessário falar do trabalho do sofrimento, da história do sofrimento, das condições atuais nas quais acontece, sobre quais sentimentos e pensamentos acompanham essas situações e como se associam.

Por que as situações traumáticas emocionais podem engendrar essas modificações? A relação mente-corpo é indissolúvel e as causas orgânicas não puderam ainda ser comprovadas. Como, em geral, há uma proporção considerável de mulheres que padecem de fibromialgia, as pesquisas se encaminharam para o campo dos fatores hormonais (Matos, 2002). No entanto, essa doença também é observada em homens, embora eles se consultem menos, de modo que não se trata de um tema encerrado, a discussão continua. De qualquer maneira, esses procedimentos que têm como cenário o corpo puderam ser singularmente analisados nos últimos anos ou décadas, o que nos leva a perguntar que outros fatores influenciariam essas doenças e esses sofrimentos silenciosos, mas torturantes. Seria mais uma das enfermidades modernas?

A nova síndrome da fadiga crônica (Matos, 2002) é o correlato do imperativo moderno de viver no limite, de extrair o máximo da vida, o que costuma ser, coincidentemente, o mais caro. A obrigação de ser feliz é exasperante, assim como a de ser um consumidor modelo ou um triunfador.

Bauman (2005), em seu paradigma, inverte o Freud de *O mal-estar na cultura*. Antes, havia uma renúncia à segurança em prol da obtenção de maior grau de liberdade, em um mundo no qual repressão, normas e pautas sobre as condutas sociais para pertença e proteção da cultura imperante foram substituídas por maior liberdade. Hoje, esses comportamentos sociais se modificaram. Assim, Freud (1924/1977) explicava como a renúncia ao princípio do prazer tinha como objetivo a adaptação a um princípio de realidade, em busca da pertença na cultura e da obtenção da segurança que esta oferecia. Para ele, o fato de que a dor e o desprazer possam deixar de ser um mero sinal de alarme e se constituir em um fim, pressupõe uma paralisação do princípio do prazer, o guardião de nossa vida anímica, que teria sido, assim, narcotizado.

A investigação do princípio do prazer com base nos instintos libidinosos e de morte possibilita-nos avançar na compreensão do masoquismo, no qual o princípio do prazer se acopla ao princípio da realidade correspondente à influência do mundo exterior. Não se trata do oposto ao princípio do prazer, mas de sua continuidade ou realocação na busca do prazer para torná-lo possível, apesar de modificado. Em geral, coexistem harmonicamente esses três princípios intrincados, embora às vezes surjam conflitos provocados pela diversidade de seus respectivos fins. Estes poderiam ser a diminuição quantitativa da carga de estímulo, a constituição de um caráter qualitativo, o adiamento temporário da descarga de estímulos e a aceitação provisória da tensão do desprazer. Quando a excitação sexual desses princípios ultrapassa determinados limites quantitativos, a excitação provocada pela dor e pelo desprazer há de ter suas consequências para que se constitua uma superestrutura psíquica, o masoquismo erógeno.

Uma parte fica disponível a serviço da função sexual, o sadismo propriamente dito; outra sobrevive no organismo e permanece fixada libidinalmente com ajuda da excitação sexual, perdurando no interior como resíduo próprio e tendo o indivíduo como objeto. O sadismo orientado para o exterior pode ser direcionado ao interior como masoquismo secundário. A terceira forma de masoquismo, o masoquismo moral a partir do superego, surge do masoquismo original, pulsão de destrutividade e conservação de "certa medida de dor", por meio de introjeções que atuam sobre o próprio ego e que são transformadas em masoquismo moral, seria a dimensão masoquista da existência. Para Freud (1924/1977), o superego chega a ser o representante do mundo exterior real e, assim, representante das aspirações do ego. Quanto mais o indivíduo renuncia à agressão dirigida aos outros, mais os sentimentos de culpa e da consciência moral se incrementam.

O que é, hoje, o princípio de realidade? Não se trata de um corretor do princípio do prazer nem um "domesticador". Freud, com certo cuidado, considerava-o a prolongação do princípio do prazer, mas por outros meios. Em síntese, o princípio de realidade assegura que a busca pela realização dos desejos siga uma rota mais distanciada da via "alucinatória", o que pressupõe maior esforço e maior gasto de significações individuais. Estas são impossíveis de universalizar, mesmo que contenha uma série de sentidos que admitem um simulacro de compreensão comum, que, em algumas circunstâncias, nos permite acreditar que compartilhamos algo parecido a uma objetivação do mundo. Esse princípio de realidade é dado por símbolos paternos e maternos, nos quais a imagem ordenadora, de localização das demandas do mundo externo, promove a autoridade paterna como representante da sociedade geral.

O símbolo paterno é, possivelmente, como representante da lei e da ordem, um dos alicerces civilizadores que mais se desgastaram e perderam sua legítima autoridade. Essa liquefação da função ou autoridade dos pais é uma inesgotável fonte de produção de sintomas. Invade o território da subjetividade e não se limita ao campo físico-matemático, ou, melhor ainda, quando os paradigmas técnico-científicos do mundo físico-matemático se extrapolam ao território da subjetividade e do laço social, descobrimos algo que ameaça a condição humana de um modo sem precedentes.

A pulsão de morte, longe de pertencer à categoria do instinto, mostra-se como o reverso devastador da razão humana. O pai de *Totem e tabu* (Freud, 1913/1977a), o pai originário, excetuado da lei, é quem funda a proibição, baseada no início da mais absoluta arbitrariedade. Sua morte não elimina essa proibição, mas a transforma em elemento interno. É o princípio subjetivo da lei, a partir do qual surge a lei em sentido jurídico. Somente uma imensa carência, uma ausência incurável, poderia nos explicar como deixar de reger "voluntariamente" a autoridade do "outro", isto é, da lei.

Hoje, não há certeza sobre a existência do progresso contínuo e inexorável. A incerteza, a não crença em valores, assim como a importância do trabalho e do conhecimento, além da não consideração do outro como parte do tecido social que somos, nos faz chegar a situações extremas de violência. Há ânsia por conquistas, ganhos e satisfação pessoal com urgência, sem ter de transitar por caminhos vigorosos de trabalho e compromisso. Esses parecem ser os valores que imperam e seduzem as gerações atuais.

Em um mundo em que as identidades não se sustentam em ideais fortes, o mais importante para os jovens não é tanto a configuração da identidade, mas a retenção da capacidade de conquistas e de sua reconfiguração sempre que necessário. E, convenhamos, diante da falta ou do abandono de funções paternas simbólicas, os jovens podem sonhar com a autoconstrução.

O caminho rumo ao sucesso deve ser assegurado desde o princípio, e, mesmo que se trate de uma aberração, esse objetivo deve manter sua vigência. Pais abastados preparam crianças com educadores e psicólogos para que possam passar pelas mais severas provas impostas por academias da elite.

É delirante impor o princípio de triunfo social. Fala-se muito de filhos hiperativos, porém cala-se sobre pais hiperativos que impõem às crianças uma agenda diária extraescolar tão repleta de atividades quanto a de um executivo: aulas de música, artes marciais, *squash*, entre outras.

Trata-se de uma questão cultural, em decorrência da qual pais são pressionados pelo imperativo do sucesso: é a crise do saber. É uma ideia que extrapola o senso comum, em que o desejo de saber indica o contrário, uma vez que o ser humano é ávido de saber. O fato de não se responder ao desejo de saber não implica que este ou mesmo a satisfação que o saber possa oferecer não existam.

Para Eros, o saber é imprescindível. Entretanto, a sociedade tecnológica não promove o saber, mas admite a pulsão de morte de forma liminar. Bauman (2005), em seu paradigma, cita Freud (1930/1977b), que adverte sobre essa questão. Em séculos anteriores, em busca de maior liberdade diante das restrições da sociedade, da moral e dos costumes, renunciava-se mais facilmente à segurança em prol da liberdade. Isso se inverteu, e subsistem na sociedade instrumentos de restrição da liberdade e da vida individual. A felicidade não é mais uma questão de sentimento e deixou de nos pertencer. Um motivo muito frequente que leva as pessoas ao consultório de psicanálise é a sensação de infelicidade.

A fadiga crônica é expressão da sobrecarga de exigências pelas conquistas e pelo sucesso, não importa a que custo; dessa sobrecarga sobrevém um mundo com excesso de tensões e, consequentemente, depressor.

O escravo de hoje se percebe livre e opta por se autoexplorar na submissão a si mesmo que o leva ao colapso. A depressão é uma enfermidade narcisista. Faz o sujeito perder a distância e a proximidade com o outro e comporta a perda do sentido de Eros. Deixamos de perceber o olhar do outro que, no virtual, desaparece. Diante do inimigo exterior, podem-se buscar anticorpos, mas estes não são encontrados contra nós mesmos.

O homem moderno é o explorador de si mesmo na busca do sucesso. Já não é livre para decidir se quer estar deprimido.

Compete consigo mesmo, explora-se de maneira voluntária. Interiorizou a repressão e se vê condenado a se cansar e se deprimir. É algoz e vítima de si mesmo. Na melancolia, que é a incapacidade de amar, é necessário recuperar o sentido de Eros, ou seja, a condição prévia à capacidade de pensar. A falta de relação com o outro é a causa da depressão. As redes sociais levam à solidão porque a vida social se transformou em mercadoria, imagem e aparência, e não na verdade do ser.

Referências

Bauman, Z. (2005). *Amor líquido: acerca de la fragilidad de los vínculos humanos* (Caps. 1, 2 e 3). Buenos Aires: Fondo de Cultura Económica.

Freud, S. (1977a). *Totem e tabu*. (Edição Standard Brasileira das Obras Psicológicas Completas de Sigmund Freud, vol. 13, Jaime Salomão, Trad.). Rio de Janeiro: Imago. (Obra original publicada em 1913).

Freud, S. (1977b). *O mal-estar na cultura*. (Edição Standard Brasileira das Obras Psicológicas Completas de Sigmund Freud, vol. 21, Jaime Salomão, Trad.). Rio de Janeiro: Imago. (Obra original publicada em 1930).

Freud, S. (1977c). *Dois verbetes de enciclopédia*. (Edição Standard Brasileira das Obras Psicológicas Completas de Sigmund Freud, vol. 18, Jaime Salomão, Trad.). Rio de Janeiro: Imago. (Obra original publicada em 1923).

Freud, S. (1977d). *O problema econômico do masoquismo*. (Edição Standard Brasileira das Obras Psicológicas Completas de

Sigmund Freud, vol. 19, Jaime Salomão, Trad.). Rio de Janeiro: Imago. (Obra original publicada em 1924).

Hobbes, T. (2003). *Leviatã*. São Paulo: Martins Fontes. (Obra original publicada em 1651).

Matos, A. L. (2002). *Psiconeuroinmunoendocrinología* (El síndrome de fatiga crónica). Buenos Aires: Polemos.

5. Psicanálise: terror, vértice estético, linguagem poética

Antonio Sapienza

> *Até onde?*
> *Não sei se meu corpo é alma*
> *Ou se minha alma é que é corpo.*
> *Eu sei que as coisas da alma*
> *Eu sinto é mesmo no corpo*
> *E sei que as coisas do corpo*
> *Vão até fundo na alma,*
> *Eu não conheço a fronteira*
> *Nem sei se ela existe.*
> *Fundiu-se a alma no corpo*
> *Viveu o corpo na alma.*
>
> Di Giorgi (2013)

O centro do furacão é a atual escrita e vem acompanhado de turbulência emocional que torna recente o sono de madrugada fragmentado por intensa cefaleia e bizarros pesadelos. Ao acordar, brevemente, resolvo tomar um analgésico; volto, então, a adormecer de modo suave até o amanhecer. Pela manhã, já bem desperto, sou tomado por uma breve inspiração que contém a seguinte ideia:

"Será que a abolição de memória, desejo, teoria, compreensão ou, em outras palavras, capacidade para conter pensamentos-sem-pensador, que foi reiteradamente formulada por Wilfred Ruprecht Bion (1897-1979), encontra correlação com fontes no budismo que propõe suportar experiência emocional com abolição de ego?".

No prefácio de *Freud along the Ganges* (2005), o psicanalista Salman Akhtar procura analisar as possíveis influências sofridas por Freud, desde elementos filosóficos do hinduísmo, em suas formulações a respeito do princípio do nirvana, até atividades dos impulsos de morte em conflito com os impulsos de vida. Talvez aí se encontrem concisas chaves epistemológicas que nos ajudem a mapear vivências emocionais, de momentos culturais em psicanálise ligados aos movimentos de imigração e possíveis dinamismos de adaptação e assimilação sedimentada. Desse modo, também poderíamos diferenciá-los de experiências emocionais vivenciadas com estranhezas, desconfianças e desesperos ligadas a exílios, fanatismos, guerras e rejeições.

Se assim puder ser, o registro e o exercício de capacidade negativa da personalidade irá nos expor ao consentimento de podermos "sofrer" a renovação de redenção expressa na formulação cifrada por Bion (1965/1977) em *at-one-ment*, visando à integridade das dimensões do *self* em voltar a casar-se consigo mesmo. Até certo ponto, estarão implicados os vínculos e as paixões de conhecer, amar e odiar em suas vertentes positivas e negativas e, quando desvelados, poderão ser integrados ou não em nossa consciência. A meu ver, encontra-se aí uma direção da encruzilhada entre "sentir" a dor mental e suportar "sofrer" essa dor. A recompensa, qual valoroso Ato de Fé, será a de revitalização por travessia de mudança catastrófica e reencontro com camadas arqueológicas até então fortemente suprimidas de nossa consciência.

Um bom modelo para lidar com esse inevitável conflito entre ativação de partes psicóticas e partes não psicóticas da personalidade assemelha-se a um jogo de xadrez com um inimigo até certo ponto invisível, como foi proposto inicialmente por Freud, em um combate permanente entre as peças do exército branco e as do exército negro, no tabuleiro real e imaginário das movimentações de peças em sessões de análise visando ao xeque-mate. O exercício da intuição psicanaliticamente bem treinada requer um estado de mente com reservas de atenção flutuante. Serve como alerta para práticas de treinamento que permitam a observação de gradiente, com a antevisão que antecipe o percurso de passagens suaves das funções de memória ↔ atenção ↔ indagação ↔ ação fora das sessões de análise. Esses jogos imaginários visam construir e preservar uma grade própria para cada psicanalista com suficiente familiaridade, como exercícios que proporcionem prontidão na preservação de seu ateliê com relativa flexibilidade e precisão, qual bom estado de mente no cotidiano, que poderão evitar precipitações e violências na interpretação no decorrer do diálogo analítico.

O escritor Umberto Eco (2013) oferece-nos, desde o primeiro capítulo do livro "Inventando o inimigo", valiosas anotações a respeito da continência com funções do pensar ao lidarmos com vivências de natureza infernal, elaborando-as sem negá-las, para libertarmos seletivamente o usufruto do que não é Inferno em nossas vidas. Com forte picardia e humor irônico, Eco narra jogos significativos sobre os impedimentos de parceria fértil em razão dos aprisionamentos paralisantes por fenômenos do duplo e dos gêmeos imaginários. Suas tiradas lembram as experiências de Harold Searles com pacientes esquizofrênicos descritas em *O esforço para tornar louco o outro* (1959/1965). O filme *Glaslight* (em português, *À meia luz*), romance de suspense policial produzido em 1944, oferece-nos um modelo clínico e estético de ligações humanas perigosas que correlacionam conjecturas imaginativas e realistas diante de manipulações psicóticas dos protagonistas em cena.

Em *A aurora do esquecimento* (1979/1996), terceiro volume da trilogia *Uma memória do futuro*, Bion nos conclama a tomar inevitáveis decisões no dia a dia: "Façam sua escolha: entre a luta por desenvolver sabedoria e crescimento mental, de um lado, ou a instalação do apocalipse já"; assim, dessa guerra ninguém é poupado. No Capítulo 2 de sua obra *Atenção e interpretação* (1970/1991a), "Medicina como um modelo", o leitor interessado no tema "dor mental e dor corporal" poderá penetrar nas configurações e transformações de violentas forças ligadas a evasões das dores por transformações em alucinose, que se relacionam à intensificação e à violência das paixões derivadas de impulsos primitivos sexuais e agressivos.

O modelo de cura é assim posto em questão, acompanhado por atenção e advertência cuidadosas ao risco de assassinatos a perguntas, tanto em cada um de nós quanto em nossas parcerias. O terror de invasão por células de um câncer mental ganha frequentemente o medo da loucura e de adição aos seus atrativos, quando poderá haver captura das dores mentais ativadas por jogos de sedução por meio de cânticos de deslumbrantes sereias e autoridades hipnóticas. Em *Odisseia* e *Ilíada*, Homero nos descreve valiosas incursões nesses meandros de aventuras, heroísmos, guerras e tragédias de nossa condição humana.

Passaram-se 25 séculos desde a publicação de *Édipo Rei*, de Sófocles, até que as dores mentais contidas nessa tragédia grega pudessem ser acolhidas e receber novos significados. Poder-se-ia conjecturar que Freud (1856-1936), até então ilustre médico psiquiatra, teria um encontro marcado visando à descoberta da psicanálise por meio de sonhos e pesadelos terríficos na cidade de Viena, aos inícios do século XX. Os custos para essa realização demandaram intensa atividade em suas capacidades de acolher e registrar a ampla produção de sonhos e sua respectiva elaboração, permitindo-lhe realizações e *insights* de impulsos incestuosos e parricidas. Assim, Freud pôde publicar o magnífico livro *A interpretação dos sonhos* (1900/1977) visando a uma dupla função: a elaboração do luto pela morte paterna e o crescente desfazimento da tutoria de natureza por ele denominada como "homossexual", cultivada até então por meio de intensa e persistente correspondência epistolar, acompanhada de submissão emocional na relação transferencial com o otorrinolaringologista de Berlim, dr. Willhelm Fliess. Desse modo, a peça teatral de Sófocles, *Édipo Rei*, composta no século V a.C., necessitou encontrar contexto histórico e cultural em Viena, bem como a mente privilegiada de Sigmund Freud, para a realização de cópula fértil da qual puderam nascer os primórdios estruturais e instrumentais como suportes para a investigação psicanalítica.

Focalizo, de um modo breve, as contribuições de Melanie Klein (1882-1960), que se tornaram enormemente valorosas por suas descobertas no atendimento psicanalítico de crianças e psicóticos. Ganham destaque suas incursões e proposições teóricas e clínicas ao focalizar as distinções entre as relações de objetos parciais e as relações de objetos totais, permitindo-nos focalizar com maior precisão as interações e os fatores das oscilações entre narcis-ismo ↔ social-ismo, ancoradas na vida de fantasias inconscientes relacionadas às posições esquizoparanoide e depressiva.

Os jogos analíticos ganharam sutis variantes no enfoque de Melanie Klein, que passou, então, a privilegiar os componentes da Guerra de Troia e seus avatares, com forte ênfase no valor da posição feminina, tanto na infância da menina quanto na do menino. Seus textos finais (publicados postumamente em 1963), *Sobre o sentimento de solidão* (1963/1991a) e *Algumas reflexões sobre a*

Oresteia (1963/1991b), trilogia composta por Ésquilo, evidenciam seu foco metapsicológico na penetrante abordagem psicanalítica das agonias infantis diante das cenas primárias do triângulo: bebê-seio-pênis. Há, portanto, uma ponte de natureza epistemológica valiosa entre Klein e Bion, enfatizada no texto "Metateoria" em *Cogitações* (2000).[1]

As contribuições de Bion mostrarão crescente criatividade em ritmo vertiginoso, desde abordagens e rupturas contidas em seu trabalho fortemente contestado pelo *establishment* psicanalítico oficial britânico em sua apresentação inicial *Uma teoria do pensar* (1963/2007). Assim, Bion decide também, por outras razões, sair de Londres e inicia um exílio voluntário ao mudar sua residência para Los Angeles, na Califórnia, com data presumível de dois anos e que irá se estender mais amplamente por aproximadamente doze anos. Desencadeia-se uma intensa produção escrita associada à vasta apresentação por meio de supervisões e conferências em diferentes centros de estudos interessados em psicanálise. Surgem, então, seus escritos fundamentais relacionados ao aprofundamento das infiltrações dos supostos básicos na dinâmica de grupo de trabalho: *Elementos de psicanálise* (1963/2005), *O aprender com a experiência* (1962/1991b), *Experiências com grupos* (1975).

Há suficiente ênfase na abordagem e evidências dos conflitos entre as partes psicóticas e as partes não psicóticas de nossas personalidades, ao estudar uma constante representada por *Ataques aos vínculos* (1965), tornando mítica e idealizada a noção de análise completa e total (Transformações, 1965). As dimensões de paixões ganham linguagem de realização nas contribuições finais contidas em "Cesuras", "Cemitério real de Ur", "Mito de Palinuro", "Torre de

---

[1] Consultem, a esse respeito, o artigo de minha autoria "Uma leitura psicanalítica de Bion: cinco tópicos clínicos" (1992).

Babel" e "Jardim do Éden", com sustentação pela valorização entre outros poetas da linguagem poética de John Milton (1667, 1671) e Samuel Coleridge (1795/2005). A leitura de *Cogitações* (2000) e da trilogia *Uma memória do futuro* (1979/1996) constituem manancial nutritivo revigorante e instigante para a abertura mental da prática reflexiva de nossa clínica cotidiana.

Frequentemente, diz-se que todo escrito é, em grande parte, também autobiográfico; dois dos textos de Bion, *Um longo fim de semana* (1897-1919) e *Todos os meus pecados recordados: outra parte de uma vida* (1985), nos dão uma amostra das incursões criativas e de alto poder heurístico, acompanhadas de refinado senso de humor, impregnadas por humildade e modéstia. O encontro de Bion em *Seminários Italianos* (Roma, 16 de julho de 1977) revela-nos como o conferencista capta a emanação e a aproximação de fantasias de cura grupal, pelo convite ao coordenador para que se torne um importante guru como incorporador de ideias messiânicas. Após agradecer por essa homenagem, recita de improviso dois trechos da poesia "Ozymandias" (1818) escrita por Percy B. Shelley: "Meu nome é Ozymandias, rei dos reis; perscrutem minhas obras, tão Poderoso, e desesperado! Nada disto permanece. Ao redor a decadência de colossal fracasso, ilimitado e vazio. Deserto e planícies arenosas em longa extensão".[2]

O livro de Bion publicado postumamente por Francesca Bion, *Domesticando pensamentos selvagens* (1997), oferece-nos interessantes pistas para a busca e o encontro de um lar que possa dar acolhimento a nossos sentimentos e pensamentos bizarros potencialmente violentos e ferozes. A meu ver, o valor da escrita do psicanalista será medido por sua capacidade de propor novas questões a partir da experiência clínica.

---

2   Tradução livre.

Referências

Akhtar, S. (2005). *Freud along the Ganges*. New York: Other Press.

Bion, W.R. (1975). *Experiências com grupos*. Rio de Janeiro: Imago.

Bion, W. R. (1977). *Transformations in Seven Servants*. New York. Jason Aronson. (Obra original publicada em 1965).

Bion, W. R. (1991a). Medicina como modelo. In *Atenção e Interpretação*. Rio de Janeiro: Imago. (Obra original publicada em 1970).

Bion, W.R. (1991b). *O aprender com a experiência*. Rio de Janeiro: Imago. (Obra original publicada em 1962).

Bion, W. R. (1996). *Uma memória do futuro*, livro III: *A aurora do esquecimento*. Rio de Janeiro: Imago. (Obra original publicada em 1979).

Bion, W. R. (2000). Metateoria. In *Cogitações*. Rio de Janeiro: Imago.

Bion, W.R. (2005). *Elements of psychoanalysis*. London: Karnak. (Obra original publicada em 1963).

Bion, W.R. (2007). A theory of thinking. In *Second thoughts*. London: Karnac. (Obra original publicada em 1963).

Coleridge, S. T. (2005). *A balada do velho marinheiro*. São Paulo: Ateliê Editorial. Tradução e notas de Alípio Correia de Franca Neto. (Obra original publicada em 1795).

Di Giorgi, M. E. A. G. (2013). *Sentimentos humanos: origens e sentidos* (p. 7). São Paulo: Fundação Stickel.

Doré, G. Paraíso Perdido (Lost Paradise pp. 115-414) In *The Poetic Works of John Milton*. London: Pantianos Classic (Obra original publicada em 1895-1899).

Doré, G. Paraíso reconquistado. (Lost Paradise p. 433) In *The Poetic Works of John Milton*. London: Pantianos Classic (Obra original publicada em 1895-1899).

Eco, Umberto. (2013). *Inventing the enemy: essays on everything*. London: Vintage Books.

Freud, S. (1977). *A interpretação dos sonhos*. (Edição Standard Brasileira das Obras Psicológicas Completas de Sigmund Freud, vol. 4, Jaime Salomão, Trad.). Rio de Janeiro: Imago. (Obra original publicada em 1900).

Klein, M. (1991a). Sobre o sentimento de solidão In *Inveja e Gratidão e outros trabalhos (1946-1963)*. Rio de Janeiro: Imago. (Obra original publicada em 1963).

Klein, M. (1991b). Algumas reflexões sobre a Oresteia. In *Inveja e Gratidão e outros trabalhos (1946-1963)*. Rio de Janeiro: Imago. (Obra original publicada em 1963).

Sapienza, A. (1992). Uma leitura psicanalítica de Bion: cinco tópicos clínicos. *Revista Brasileira de Psicanálise, 26*(3), 301-312.

Sapienza, A. (1995). *Fórum de psicanálise* (Sexualidade e psicanálise: mapeando vínculos emocionais primitivos através de um sonho, pp. 121-128). São Paulo: Editora 34.

Sapienza, A. (2012). *Dimensões psicanálise Brasil* (Reflexões psicanalíticas sobre Bion em São Paulo, pp. 91-101). São Paulo: Lis Gráfica e Editora.

Searles, H.F. (1965). The effort to drive the other person crazy - an element in the aethiology and psychotherapy of schizophrenia. In *Collected papers on schizophrenia and related subjects*. Great Britain: A. Wheaton & Co. Ltd, Exeter. (Obra original publicada em 1959).

6. Frida Kahlo: a pintura como processo de busca de si mesmo[1]

Gina Khafif Levinzon

As criações artísticas representam formas privilegiadas de expressão do interior humano, com seus diversos tons e matizes emocionais. Permitem-nos refletir sobre as emoções e nuanças que são comunicadas pelo seu autor, ao mesmo tempo que nos intrigam e nos inspiram.

A obra de Frida Kahlo, viva, pungente e, às vezes, chocante, nos convida ao estudo das forças que impelem a artista em direção a um objetivo permanentemente perseguido: o encontro consigo mesma. Compulsão, sublimação, criação? Será possível identificar o que está por trás das pinturas, especialmente autorretratos, que insistem em expor um mundo cheio de dor, feridas e depressão e, ao mesmo tempo, denotam esperança e inspiração e, em alguns momentos, até irreverência? Este trabalho tem como objetivo fazer conjecturas a respeito dessas questões com base na análise de dados de sua vida e de sua obra, considerados similares às associações livres produzidas no processo psicanalítico.

---

1 Publicado originalmente na *Revista Brasileira de Psicanálise*, 43(2), pp. 44-60, 2009.

A história de Frida

Frida Kahlo nasceu em 6 de julho de 1907, em Coyoacán, México. Era a terceira filha do segundo casamento de um imigrante alemão judeu e de uma mãe mestiça mexicana católica devota. Sua mãe, Matilde, ainda estava em processo de luto pela morte de seu único filho homem, falecido ao nascer. Não pôde dar o peito à filha por ter ficado doente após o parto e entregou-a aos cuidados de uma ama de leite índia, o que era uma prática comum no México. Há evidências de que Matilde sofreu de depressão pós-parto e de que essa condição depressiva aumentou em função de uma nova gravidez, dois meses depois do nascimento de Frida. A chegada precoce de uma irmã, uma rival na atenção e no afeto da mãe, parece ter alimentado em Frida a convicção de não ser amada e de ter sido abandonada pela mãe (Dosamantes-Beaudry, 2007).

A relação de Frida com a mãe parecia ser depressiva e inadequada. A profunda sensação de estar só em sua presença está documentada no quadro *Meu nascimento*.[2] A pintura é um retrato vívido de sua sensação de abandono materno. Na cama, a mãe morta e com o rosto totalmente coberto por um lençol, dá à luz um bebê. Sobre a cama, na parede, está um retrato da *Virgen de los Lamentos* em prantos. Frida parece estar nascendo por si só, lutando por sua sobrevivência, sem poder contar com a presença viva da mãe. Ao comentar esse quadro, a artista afirmou que essa era a forma como imaginava seu nascimento, o que sugere que seu profundo sentimento de desamparo e solidão surgiu muito precocemente em sua vida.

---

2   Os quadros de Frida Kahlo podem ser vistos no site http://www.fridakahlo fans.com/paintingsyear01.html, ou em vários livros sobre a pintora, como: Herrera, H. (2002). *Frida Kahlo: the paintings*. New York: Perennial.

O quadro *Minha ama e eu* retrata um grau similar de distanciamento entre a cuidadora e o bebê. A falta de vínculo emocional entre a ama de leite índia e a criança é evidente. Em contraste com a clássica imagem de um bebê e sua mãe, que expressaria carinho e intimidade, esse quadro mostra justamente o oposto. Não há contato visual entre a babá e Frida nem um sentimento de apego. A face da babá está coberta por uma máscara, o leite cai sobre os lábios do bebê, mas este não o suga e parece absorto em si mesmo. Pode-se ver claramente o sentimento de inadequação nos primeiros cuidados, que se inscreveram nas principais estruturas de sua personalidade.

Os quadros sugerem que houve uma falha na função da mãe de Frida como "escudo protetor", ocasionando o que Masud Khan (1963/1974) considerou "trauma cumulativo". O luto mal-elaborado da mãe pelo irmão morto, o desencontro entre mãe e filha nas etapas iniciais, primordiais ao desenvolvimento da criança, e o nascimento precoce da irmã funcionaram como traumas cumulativos, aos quais se somaram outros que foram amplificando essas fendas primordiais.

O pai de Frida, Guillermo Kahlo, teve uma profunda influência em sua vida e no desenvolvimento de suas aptidões artísticas. Era fotógrafo, epiléptico e compartilhava com ela seu *hobby*, a pintura. Sua presença na vida da filha possibilitou-lhe introjetar um objeto bom, acolhedor, um interlocutor que era buscado nas telas e nas tintas com que expressava seus sentimentos.

Um corpo engessado: a imaginação e a pintura como janelas da psique

Uma experiência que marcou Frida Kahlo foi a poliomielite que contraiu aos 6 anos de idade. Padeceu com a doença e com o intensivo tratamento de reabilitação que teve de realizar. Nessa época, criou um duplo imaginário de si mesma, uma menina alegre com quem adorava dançar, como um meio de lidar com os intensos sentimentos de vazio e de solidão. Recorria, dessa forma, à imagem de um corpo intacto que a tranquilizava quanto ao medo de não voltar a andar ou, ainda, quanto ao medo de morrer.

Em seu diário, Frida descreve essa experiência:

> Eu devia ter seis anos quando vivi intensamente a amizade imaginária com uma menina mais ou menos da mesma idade. Na janela daquele que era então meu quarto e que dava para a Rua Allende, sobre um dos primeiros vidros da janela. E com um dedo eu desenhei uma "porta"... Por essa "porta" eu saía na minha imaginação com uma grande alegria e urgência. Atravessava todo o campo que se via até chegar a uma leiteria que se chamava PINZÓN... pelo "O" em PINZÓN eu entrava e descia intempestivamente ao interior da terra, onde minha amiga imaginária "me esperava sempre". Não me lembro de sua imagem nem de sua cor. Mas sei que era alegre. Ela ria muito. Sem sons. Era ágil e dançava como se não tivesse peso algum. Eu a seguia em todos os seus movimentos e, enquanto ela dançava, eu lhe contava meus problemas secretos. Quais?

> *Não me lembro. Mas ela sabia pela minha voz todas as minhas coisas... Quando eu voltava para a janela entrava pela mesma porta desenhada no vidro. Quando? Por quanto tempo ficava com ela? Não sei. Podia ter sido um segundo ou milhares de anos... Eu era feliz. Apagava a "porta" com a mão e "desaparecia". Corria com meu "segredo" e minha alegria até o último canto do pátio de minha casa e, sempre no mesmo lugar, debaixo de um cedro, gritava e ria assombrada de estar só com minha grande felicidade e a lembrança tão viva da menina. Passaram-se trinta e quatro anos desde que vivi essa amizade mágica, e cada vez que a recordo ela se aviva e cresce mais e mais dentro de meu mundo (Kahlo, 2005, p. 82).*

Esse depoimento emocionante mostra como Frida sonhava com o encontro de um interlocutor vivo, criativo, com quem pudesse compartilhar suas fantasias, suas dores, seus medos e anseios. Era a parte de si mesma que a ajudaria a sobreviver a um momento de angústia, medo e solidão. Se tivesse contado mais profundamente com a presença materna, essa personagem seria a mãe viva e continente, diferentemente da mãe morta presente em seus quadros sobre nascimento e amamentação. É interessante observar que ela se imaginava "contando seus segredos", como se estivesse instaurando um processo de autoanálise, criando "um divã para si própria"...

Aos 18 anos de idade, Frida sofreu um acidente: o ônibus no qual estava colidiu com um trem. Ela sofreu muitos ferimentos graves, que lhe deixaram sequelas por toda a vida, obrigando-a a permanecer na cama, imobilizada, por mais de três meses. Para "vencer o tédio", começou a desenhar. A cama foi coberta por um dossel no qual foi fixado um espelho que permitia a Frida se ver e, dessa maneira, tornar-se seu próprio modelo. Ela começou, então, a longa série de autorretratos, que constituem a parte mais significativa e impressionante de sua obra.

Diego Rivera: paixão e sofrimento

O casamento de Frida com Diego Rivera, pintor mexicano vinte anos mais velho que ela, foi marcado por muita paixão, assim como por constantes sentimentos de traição e de abandono. Frida e Diego tinham muita coisa em comum: o amor pela pintura, os ideais mexicanos e comunistas, a curiosidade e o interesse pela vida. O relacionamento, no entanto, foi marcado pela infidelidade constante de Diego, que chegou até mesmo a ter um caso com a irmã mais nova de Frida. No quadro *O coração partido*, Frida retrata um enorme coração partido aos seus pés, simbolizando a intensidade de sua dor pelo romance do marido com a irmã. A falta de mãos expressa seus sentimentos de incapacidade e de desespero.

O casamento de Frida e Diego era uma sucessão de aproximações e separações, momentos de grande ternura e de intensa dor, raiva, dependência, construção e destruição. Até o fim de sua vida, Frida o amou com obsessão e sofreu com a mesma magnitude. Assim como o marido, Frida também teve relacionamentos extraconjugais, com homens e mulheres. Diego, no entanto, era o pivô de sua existência, seu ponto de referência. A maioria de seus quadros retrata o que sentia por ele e, especialmente, o modo como ele ocupava o lugar central em sua mente.

Em seu diário, Frida escreveu tudo o que ele representava para ela: "Princípio, construtor, minha criança, meu namorado, pintor, amante, 'meu marido', minha mãe, meu pai, meu filho, = a mim, Universo diversidade na unidade" (Kahlo, 2005, p. 60). Ao mesmo tempo, há um grande lamento: "DIEGO Estou só" (p. 79), ou ainda um momento de dura reflexão: "Por que eu o chamo meu Diego? Ele nunca foi ou será meu. Ele pertence a ele mesmo" (p. 61).

De que natureza era a força motivadora que impelia Frida em direção a Diego, apesar de tanto sofrimento que aquela relação lhe causava? Estados de paixão são inerentes à vida humana e são expressos em verso e prosa por poetas, artistas e cantores. Representam o combustível vivo que preenche as pessoas. Frida parecia buscar desesperadamente em Diego algo que lhe era imprescindível e que ela constantemente sentia lhe escapar.

Bollas (1992) se refere ao primeiro objeto materno como um *objeto transformacional*, o qual é identificado pelo bebê como o processo da alteração da experiência do *self*. Essa identificação surge de um modo de relação simbiótico, por meio do qual a mãe ajuda a integrar o ser do bebê, do ponto de vista instintivo, cognitivo, afetivo e ambiental. Certas formas de procura de objeto na vida adulta visam encontrar esse processo de transformação dos primeiros anos de vida, experimentado no contato com a mãe. Podemos imaginar que Frida buscava em Diego essas qualidades transformadoras de si mesma, e o que se repetia inexoravelmente era o fracasso dessa procura. A mãe inacessível, que ela procurava alcançar, era identificada em Diego, que parecia a sereia encantadora que escorregava e desaparecia a todo momento. Todas as vezes que se separava, Frida se deprimia cada vez mais, e recorria ao álcool de forma excessiva. Os pensamentos sobre suicídio também eram recorrentes e apareceram em várias de suas pinturas. Elas retratavam seu desespero diante da decepção que a assolava.

Dor física e dor psíquica

A experiência da dor caracterizou de modo marcante a vida e a obra de Frida Kahlo. Depois do acidente com o ônibus, ela passou por 39 cirurgias para corrigir a coluna e a perna direita. Muitas dessas operações eram voluntárias e coincidiram com o período em que Diego estava com outras mulheres. Em quase todas as suas pinturas há referências às dores, tanto físicas quanto psíquicas. São traços de sangue, flechas que indicam os lugares de dor, cicatrizes, lágrimas, pedaços soltos de si mesma, o rosto absorto na dor.

As cirurgias representavam um grito por atenção e aliviavam seus sentimentos de desconexão. Um de seus médicos afirmou que a saúde dela dependia de seus sentimentos por seu marido. Ao se sentir abandonada por ele ou em sua ausência, as crises ocorriam. Quando ele voltava a estar ao seu lado, ela se recuperava.

A história da vida de Frida e, especialmente, suas pinturas nos fazem pensar que não houve um ambiente suficientemente bom nos primórdios de sua vida para que ela pudesse ter desenvolvido uma integração psique-soma adequada (Winnicott, 1949/1988). Quando isso não ocorre, o bebê precisa desenvolver uma capacidade precoce de cuidar de si mesmo, substituindo a mãe e tornando-a desnecessária. O resultado é uma mente-psique patológica. Há, no entanto, um congelamento da situação traumática e a esperança de encontrar *outra pessoa* que apresente um meio ambiente *suficientemente bom*. O retorno ao psique-soma dependente é o ponto de partida para a conquista de um lugar para existir.

Podemos conjecturar que Diego representava para Frida o objeto em quem ela depositava a possibilidade de voltar ao estado de dependência inicial, do cuidado materno básico. Ela sentia os pedaços de seu corpo soltos, à espera de condições que lhe possibilitassem fazer a *elaboração imaginativa* de suas partes corporais. A poliomielite e o acidente com o ônibus agravaram enormemente essas fendas, e as cirurgias representavam apelos desesperados por essa costura psíquica, embora isso fosse vivido de modo concreto.

No quadro *Duas Fridas*, podemos ver as duas representações de si mesma de mãos dadas, talvez uma forma de expressar seu desejo de construir uma ponte entre as diferenças que sentia em torno de sua identidade cultural e afetiva. A Frida índia, à direita, tem um coração intacto, cheio e que bombeia sangue. A Frida "colonial europeia", à esquerda, é incapaz de deter a hemorragia de seu coração. Ao pintar esse quadro, Frida tentava encontrar uma maneira de poder integrar partes cindidas de si mesma com o objetivo de lidar com a dor. Esse quadro foi pintado quando Diego deu início ao processo de divórcio, o que gerou nela muito tumulto e desespero. Era um momento em que ela estava particularmente vulnerável à fragmentação de seu *self*, e vê-se claramente que a Frida Tehuana era aquela que parecia estar à parte de todo esse sofrimento, como se encarnasse uma espécie de manto de invulnerabilidade. A dualidade presente nos remete à sua amiga imaginária da infância, que dançava alegremente enquanto Frida sofria com as consequências da poliomielite.

Frida sofreu vários abortos que frustraram seu grande desejo de ser mãe. O sentimento de estar aos pedaços pode ser visto de modo claro em seu quadro *Henry Ford Hospital*, pintado em 1932, no qual ela se retrata nua, deitada em uma cama que parece flutuar no ar. Uma lágrima cai de seu olho, e sua mão está conectada com seis imagens, que representam fragmentos de associações e sentimentos que pairam em sua mente depois do aborto. As fitas que ligam as figuras parecem cordões umbilicais e têm a função de mantê-la atada às suas diversas partes e de integrar seus sentimentos dolorosos.

O fracasso da elaboração imaginativa das partes do corpo e de seu *self*, assim como da formação de um ser coeso, pode ser visto na pintura desesperada de seu diário: *Eu sou a desintegração*, na qual ela aparece como uma marionete sem vida, em cima de uma coluna clássica. Partes dela vão caindo – um olho, uma mão, uma cabeça –, retratando seu intenso sentimento de desintegração.

As falhas na identidade feminina

A sexualidade de Frida tinha um papel central em sua vida, assim como em sua obra. Há, na maioria de seus quadros, um clima sensual que coexiste com o sofrimento por suas feridas. As referências aos elementos masculinos e femininos, os corpos desnudos e as imagens sobre concepção mostram uma atmosfera de vigor e magnetismo. A ambivalência de Frida em relação à identidade feminina já podia ser vista na adolescência, quando se vestia como homem. Talvez sentisse que, se pudesse substituir o irmão morto nascido antes dela, ocuparia um lugar especial no coração dos pais.

No quadro *O veadinho ferido*, ela se representa no corpo de um veado macho com galhos na cabeça. Seu corpo está perfurado por flechas que localizam as múltiplas feridas físicas e afetivas, e seu rosto expressa uma profunda dor. A renúncia ao gênero feminino parecia associada a uma busca de mais forças para lidar com as dificuldades. Como resposta ao desespero que as infidelidades do marido provocavam nela, Frida cortou seus cabelos e se vestiu como homem. Mechas de cabelo são pintadas por toda a tela, demonstrando seu ódio e o sentimento de uma feminilidade despedaçada. Kettenmann (2006) sugere que as diversas representações do cabelo em seus quadros mostram as flutuações na aceitação ou na repulsa de ser mulher.

A urgência por um contato íntimo e sintônico parecia, em alguns momentos, abarcar os dois gêneros nos objetos amorosos de Frida. No fundo, ela procurava a si mesma na pele das mulheres com quem se relacionava, buscando restaurar aspectos narcísicos danificados em função de uma maternidade deficiente e de seguidas decepções nos relacionamentos objetais. Como afirma Zimerman (1998), a procura pelo outro do mesmo sexo pode indicar um distúrbio do narcisismo, uma busca pelo seu *duplo*, como um espelho ou suporte identificatório que indica que a pessoa *existe* de fato.

Autorretratos: espelhos do self

Do ponto de vista psicanalítico, o que mais chama a atenção na obra de Frida Kahlo é o predomínio absoluto de autorretratos. Seu tema central era ela mesma, que se expunha de modo profundo e dramático nos retratos que fazia de si mesma. Ela dizia não pintar símbolos e, sim, sua própria realidade. Seus autorretratos tinham uma função primordial em sua vida: a de ser um espelho vivo de sua alma.

Winnicott (1971/1975a) afirma que, no desenvolvimento emocional individual, o *precursor do espelho é o rosto da mãe*. Essas são condições adequadas para a integração do bebê e sua maturação e, quando não são encontradas, repercutem em distúrbios no desenvolvimento. Se, por algum motivo, a mãe não tem como ser esse *espelho especial* e o bebê não vê a si mesmo no rosto da mãe, mas um olhar fixo, distante ou uma preocupação desta consigo mesma, ele recorre a defesas que lhe permitam sobreviver e escapar ao sentimento de caos psíquico.

Frida criava por meio de seus autorretratos um espelho próprio, um olhar que tinha a função de autossustentação e reconhecimento de si mesma. Como mostra Doin (2014), a função especular humana permite o conhecimento de si mesmo, a aquisição e a consolidação da identidade e a integração mental por intermédio de outra pessoa.

Nos autorretratos de Frida, podemos notar que ela não está olhando para nós, mas para si mesma e para suas dores. Tentava, com isso, restaurar a imagem de si mesma, que lembrava um espelho quebrado, e construir a ilusão de que podia se converter no espelho materno que nunca teve. Ela criou um duplo imaginário de si mesma, cujas funções corretivas estavam relacionadas à depressão e à sustentação de si mesma.

A arte como forma de cura

A característica mais marcante da obra de Frida Kahlo é sua necessidade vital de expressar estados emocionais. Mesmo quando as pessoas lhe encomendavam quadros, ela não produzia necessariamente o que era pedido, mas aproveitava a oportunidade para transmitir seu desespero pessoal. No quadro *O suicídio de Dorothy Hale*, por exemplo, Frida transformou a homenagem que uma amiga faria à falecida Dorothy Hale na descrição minuciosa de seu suicídio, em uma época em que a própria Frida se via às voltas com intensos sentimentos depressivos. Ela dizia que não fazia arte, apenas pintava seus temas privados. Havia quase que uma compulsão para usar o espaço da tela como janela da psique, em uma busca desesperada por um sentimento de integração.

Mais do que um processo de sublimação, no qual as pulsões instintivas são desviadas de suas metas para objetivos socialmente valorizados, a pintura de Frida parece representar um movimento dramático e repetido, visando à contenção e à integração psíquica.

Para Frida Kahlo, a arte se converteu em uma busca de cura, ao lhe permitir representar aquilo que havia de mais genuíno dentro de si. Seu trabalho artístico lhe possibilitou expressar e elaborar pensamentos e emoções profundas. Isso pode ser visto, por exemplo, na pintura em seu diário *Pés para que te quero se tenho asas para voar*, por ocasião da amputação de seu pé, quando estava tomada por terríveis sentimentos de perda de partes de si mesma. De fato, por meio de seus quadros, Frida desenvolveu asas imaginárias que lhe permitiram sobreviver a intensos estados de dor. Seu sofrimento se tornou mais suportável ao pintar sua própria história.

Para Goldsmith (2006), pintar constitui um campo psicossomático unitário que inclui o artista, a tela e o meio. Os ritmos do corpo do pintor e suas pulsações e emoções preenchem a tela. Ao retratar suas imagens psíquicas, Frida era uma dançarina diante de uma tela, como sua amiga imaginária aos 6 anos de idade.

Segundo Winnicott (1971/1975b), o eu não pode ser encontrado apenas no que é construído com produtos do corpo ou da mente, por mais valiosas que essas construções possam ser em termos de beleza ou arte. A busca do eu depende de uma relação com o ambiente que propicie o desenvolvimento maturo e criativo do sujeito. Para esse autor, a criatividade está vinculada com o estar vivo, com o real, pessoal e original de cada um.

Encontramos na obra de Frida Kahlo, a meu ver, uma força imperiosa que a impelia de desenvolver um sentimento de existência própria que lhe permitisse suprir buracos psíquicos causadores de muita dor. Sua arte lhe servia como ponte para a sobrevivência psíquica. Além disso, contava com um desejo de viver e uma criatividade que podiam ser vistos nas cores vibrantes de suas obras e no humor e na ironia de suas cartas, assim como em seus momentos de irreverência. Nesses movimentos, pode-se identificar o viver criativo e único que caracterizou sua vida e a produção artística e que nos impressiona por seu impacto afetivo.

Suas palavras falam por si:

> *Não me permitiram preencher os desejos que a maioria das pessoas considera normal, e nada me pareceu mais natural do que pintar o que não foi preenchido... Minhas pinturas são... a mais franca expressão de mim mesma, sem levar em consideração julgamentos ou preconceitos de quem quer que seja... [...] Muitas vidas não seriam suficientes para pintar da forma como eu desejaria e tudo que eu gostaria (Herrera, 2002, p. 317).*

Referências

Bollas, C. (1992). *A sombra do objeto: psicanálise do conhecido não pensado*. Rio de Janeiro: Imago.

Doin, C. (2014). Reflexões sobre o espelho. *Trieb*, 13 (1), 29-76. Rio de Janeiro: SBPRJ.

Dosamantes-Beaudry, I. (2007). Frida Kahlo: representaciones *self*-outro y la auto-sanación a través del arte. *Revista Chilena de Psicoanálisis, 24*(1), 66-78.

Goldsmith, M. (2006). Frida Kahlo: abjection, psychic deadness, and the creative impulse. *Psychoanalytic Review, 91*(6), 723-758.

Herrera, H. (2002). *Frida, a biography of Frida Kahlo.* New York: Perennial Library.

Kahlo, F. (2005) *The diary of Frida Kahlo: an intimate self--portrait* (Introduction by Carlos Fuentes). New York: Harry N. Abrams.

Kettenmann, A. (2006). *Kahlo.* Köln: Taschen.

Khan, M. (1974). *Psicanálise: teoria, técnica e casos clínicos.* Rio de Janeiro: Francisco Alves. (Obra original publicada em 1963).

Winnicott, D. W. (1975a). *O brincar e a realidade* (O papel de espelho da mãe e da família no desenvolvimento infantil). Rio de Janeiro: Imago. (Obra original publicada em 1971).

Winnicott, D. W. (1975b). *O brincar e a realidade* (O brincar: a atividade criativa e a busca do eu (*self*)). Rio de Janeiro: Imago. (Obra original publicada em 1971).

Winnicott, D. W. (1988). *Textos selecionados: da pediatria à psicanálise* (A mente e sua relação com o psique-soma). Rio de Janeiro: Francisco Alves. (Obra original publicada em 1949).

Zimerman, D. E. (1998). A face narcisista da homossexualidade: implicações na técnica. In R. B. Graña. *Homossexualidade: formulações psicanalíticas atuais.* Porto Alegre: Artmed.

7. Dor corporal e dor psíquica: discursos do corpo

Victoria Regina Béjar

Introdução

Na intimidade da experiência psicanalítica, compartilhamos com nossos pacientes as vivências dolorosas da vida: desamparo, ameaça de abandono, solidão, finitude, perdas, lutos e tantas outras dores que abalam nosso orgulho, ferem nosso narcisismo e nos remetem a vivências de profundo desamparo. Além das possibilidades da perda real de pessoas que amamos, o transcorrer da vida nos remete a abandonar muitos de nossos sonhos, nossas fantasias e idealizações. Mas nisso consiste a vida criativa: abrir mão das antigas ilusões para colocar no lugar delas novas realizações e novos sonhos. Esse movimento de expansão e de crescimento requer que elaboremos os lutos. Tudo vai depender de nossa possibilidade de pensar e elaborar, e, caso isso não seja possível, poderemos nos tornar melancólicos e desenvolver patologias que se manifestam com sintomas psíquicos e corporais.

Há algum tempo, somos confrontados em nossos consultórios com pessoas que expressam a dor psíquica na esfera do sensorial e no corporal. Quando observamos manifestações corporais da dor psíquica, podemos estar ou diante dos sintomas resultantes das soluções de compromisso das organizações neuróticas ou de respostas somáticas, menos elaboradas, do corpo que não passou pelas transformações do investimento narcísico. São defesas somáticas que surgem no lugar das respostas defensivas psíquicas e que podem ter variados graus de gravidade, desde manifestações de alterações fisiológicas reversíveis até o adoecimento de órgãos e cronificação dos quadros patológicos.

Portanto, estamos diante de diferentes estruturas psíquicas, as mais elaboradas e bem constituídas, as organizações neuróticas e as que apresentam comprometimento da constituição do narcisismo primário e da configuração egoica, as organizações não neuróticas. No entanto, nada é tão estanque. Diferentes estruturas psicossomáticas, que variam de acordo com o grau de desenvolvimento, fazem parte de nossa constituição somatopsíquica, desde as menos desenvolvidas, encarceradas no corporal, até as mais sofisticadas, com psiquismo constituído por malhas representacionais amplas e que proporcionam rico acervo mental.

Neste texto, tento enfatizar a construção de alguns conceitos elaborados por Freud em sua obra e também a abordagem desses mesmos conceitos por autores contemporâneos. Refiro-me à dor, à angústia e ao trauma, vivências paradigmáticas do ser humano.

A dor

Nos extremos da obra de Freud, encontramos duas abordagens para compreender o fenômeno doloroso: quando constrói os funcionamentos quantitativo e qualitativo da dor em *Projeto para uma psicologia científica* (1895/1977a) e em *Inibição, sintoma e angústia*

(1926/1977g), no qual distingue a dor corporal da dor psíquica e elabora a segunda teoria da angústia.

No "*Esquema para uma psicologia científica*" (1895/1977a), Freud se refere à dor em dois tópicos: o sexto, "A dor", e o décimo segundo, "A experiência da dor". Naquele estágio ainda inicial de suas indagações, tomou como base para construir o psiquismo seus ricos conhecimentos neurológicos. Utilizou diferentes neurônios com diversas funções para esquematizar seu raciocínio: os permeáveis às quantidades de energia ou aos estímulos que o atravessam, que se encontram voltados para o exterior, os neurônios φ ("phi"); e os neurônios ψ ("psi"), que estão voltados para as excitações ou os estímulos internos e que opõem certa resistência quando seus limites são atravessados pela energia ou excitação, e é esta oposição que originaria a marca da memória. Uma terceira categoria de neurônios, Ω ("ômega"), é responsável pela consciência e pelas sensações de prazer, quando há diminuição da quantidade de energia e de desprazer, quando há aumento das excitações. Freud coloca a questão: "Existe algum fenômeno que possa ser interpretado como equivalente ao fracasso desses dispositivos?". E responde: "A meu ver existe: a dor" (1895/1977a, p. 408). Considera a dor "o mais imperativo de todos os processos" (1895/1977a, p. 409).

Freud enfatiza que "o sistema neuronal tende a fugir da dor e evitar, assim, todo aumento quantitativo de tensão. A dor consiste na irrupção de grandes quantidades de energia em ψ" (1895/1977a, p. 408). De acordo com a nota de rodapé na página 409 em *Projeto para uma psicologia científica* (1895/1977a), essa teoria sobre a dor é reapresentada em *Além do princípio do prazer* (1920/1977e) e em *Inibição, sintoma e angústia* (1926/1977g).

Portanto, a dor resulta da ruptura das barreiras pelo excesso de energia em ψ, que leva ao desprazer e à tendência à descarga.

Assim, deixa atrás de si *marcas*, a imagem do objeto hostil que provocou a dor e a tendência à descarga. Nesse caso, o excesso de estímulos encontra-se associado às lembranças e denomina de afeto à vivência de desprazer diante do reencontro com o objeto hostil. "Só nos resta, pois, pressupor que, devido ao alto investimento das lembranças, o desprazer é liberado do interior do corpo e de novo transmitido" (1895/1977a, p. 425). "Como a liberação do desprazer pode ser extremamente grande, mesmo quando a catexia da lembrança hostil é bastante insignificante, pode-se concluir que a dor deixa atrás de si facilitações especialmente abundantes." (1895/1977a, p. 426).

Em *Sobre o narcisismo: uma introdução* (1914/1977c), Freud demonstra os efeitos da dor corporal na dinâmica psíquica quando avalia a influência da doença orgânica sobre a distribuição da libido. "Enquanto sofre, deixa de amar, isto é, retira suas catexias libidinais de volta para seu próprio ego e as põe novamente para fora quando se recupera. Concentrada está sua alma, diz o poeta Wilhelm Bush, no estreito orifício do molar." (1914/1977c, p. 98). Aqui, a libido e o interesse do ego partilham o mesmo destino e são indistinguíveis entre si. Vemos, assim, como os sentimentos de quem ama, por mais fortes que sejam, são banidos pelos males corporais e, de súbito, substituídos por uma indiferença completa.

Em *O recalcamento* (1915/1977d), Freud traça uma analogia entre a dor e a pulsão. Denomina a dor de pseudopulsão em função de dois aspectos: ambas possuem o mesmo mecanismo de ação, isto é, agem como força constante, e ambas se localizam entre o somático e o psíquico.

Munido da ideia de que o regente da vida psíquica é o princípio do prazer, Freud se depara com a compulsão à repetição em *Além do princípio do prazer* (1920/1977e). Conclui que, além de a mente buscar o prazer pela diminuição das tensões, ela tem a tendência a repetir fenômenos desagradáveis ou a dor. Volta-se às neuroses traumáticas e às suas repercussões psíquicas e enfatiza que os fatores significativos não se referem mais à grande ruptura no escudo protetor corporal, mas às vivências de despreparo e de desamparo. "Isso pareceria restabelecer a antiga e ingênua teoria do choque, em aparente contraste com a teoria posterior e psicologicamente mais ambiciosa que atribuiu importância etiológica, não aos efeitos da violência mecânica, mas ao susto e à ameaça à vida" (Freud, 1920/1977e, p. 47).

Em *O problema econômico do masoquismo* (1924/1977f), Freud opera uma verdadeira revolução, pois é obrigado a reformular a dimensão econômica do princípio do prazer-desprazer e a admitir que o sistema sadomasoquista se alimenta do prazer advindo da dor. Desenvolve suas observações sobre o masoquismo, designando-o como moral, feminino, e sobre o masoquismo erógeno. As ideias sobre o tema foram ampliadas e aprofundadas por vários autores, entre os quais se destaca Benno Rosenberg (2003), que realça a importância do masoquismo primário como guardião da vida psíquica.

Mas é no apêndice C de *Inibição, sintoma e angústia* (1926/1977g) que Freud separa a dor da angústia e estabelece mais claramente a relação entre dor, angústia e luto. Conclui que a dor psíquica está relacionada à catexia objetal e a dor corporal, à catexia narcísica. Esclarece que a intensa catexia concentrada no objeto do qual se sente falta, ou que até mesmo foi perdido, cria as mesmas condições econômicas (quantidade excessiva de excitações) que as catexias da dor concentradas na parte danificada do corpo. Quanto ao luto, reação emocional diante da perda do objeto de amor, trata-se do imperativo de que a pessoa desolada se separe desse objeto, visto que ele não existe mais. "Que essa situação deva ser dolorosa ajusta-se ao que acabamos de dizer, devido à elevada concentração da catexia de anseio da pessoa desolada estar voltada para o objeto amado, é dolorosa a reprodução das situações nas quais ela deva desfazer os laços que a ligam ao objeto perdido" (Freud, 1926/1977g, p. 106).

Para Pontalis (1999), "na dor é como se o corpo se transformasse em psique e a psique em corpo". A relação continente-conteúdo prevalece em ambas.

Situações traumáticas

Em seus últimos dois escritos – *Análise terminável e interminável* (1937/1975a) e *A divisão do ego no processo de defesa* (1940/1975b) –, Freud focaliza as modificações sofridas pelo ego decorrentes de conflitos defensivos da primeira infância, assim como por meio de variações primárias congênitas e de distúrbios da função sintética do ego. As novas formulações têm implicações para avaliar a origem e a função do trauma. Portanto, Freud se volta para os primórdios da infância e aponta para as origens das possíveis distorções do desenvolvimento e dá início ao tema ao qual seus sucessores se dedicam. A nova ênfase é no relacionamento mãe-filho.

A importância do ambiente, da função materna como escudo protetor do bebê e de sua erotização, são questões fundamentalmente importantes nas fases iniciais da vida, que foram esmiuçadas por vários autores, entre os quais o mais relevante foi Winnicott (1896-1971), que, com base na sua experiência como pediatra, se dedicou à observação da relação mãe-bebê e a enfatizar a importância do meio ambiente no desenvolvimento psíquico. Portanto, relevantes são as questões que envolvem a insuficiência do papel da mãe como escudo protetor da mente do bebê e sua consequente ruptura em decorrência dos excessos de excitações internas ou externas, que geram, assim, a situação traumática.

As teorias sobre o trauma evoluíram passo a passo com as descobertas freudianas. Nos primórdios da psicanálise, o trauma era associado à sedução sexual, resultado da invasão do ego pelo ambiente externo, a qual o ego não consegue enfrentar mediante ab--reação ou elaboração associativa e do estado de energia libidinal estrangulada que o ego não consegue descarregar. Posteriormente, foi relacionado à força e à urgência das pulsões sexuais e à luta do ego contra elas.

Em termos de desenvolvimento sexual infantil e da teoria da libido, as situações traumáticas paradigmáticas são a ansiedade de separação, a ansiedade de castração (cena originária) e o complexo de Édipo. À época em que Freud apresentou sua primeira formulação sistemática da metapsicologia, os conceitos de libido do ego, narcisismo primário, ideal de ego e dos mecanismos de introjeção, identificação e projeção foram explorados. *Luto e melancolia* (1915/1917/1977h) assinala o fim dessa fase e amplia o debate sobre agressão e culpa.

A fase final do pensamento metapsicológico de Freud, de 1917 a 1926, atinge seu auge em *Inibição, sintoma e angústia* (1926/1977g). O conceito de trauma adquire um referencial exclusivamente intersistêmico e pulsional como resultado da hipótese da dualidade das pulsões, da compulsão à repetição e da segunda tópica. Em *Além do princípio do prazer* (1920/1977e), Freud, ao se voltar à compulsão à repetição, substitui a distinção anterior entre pulsões sexuais e pulsões do ego por dualidade das pulsões de vida e de morte. Nas pesquisas de Freud, essa fase atinge o auge em sua revisão do conceito de angústia em *Inibição, sintoma e angústia* e dá início à última fase, de 1926 a 1939.

Em *Inibições, sintomas e angústia* ele distingue claramente as situações traumáticas das situações de perigo, relativas aos dois tipos de ansiedade: ansiedade automática e ansiedade sinal (da aproximação do trauma). O determinante fundamental da ansiedade automática é a ocorrência de uma situação traumática, e a essência desta é uma experiência de desamparo por parte do ego diante de um acúmulo de excitação. Os diversos perigos específicos, capazes de precipitar uma situação traumática em diferentes períodos da vida, são: o nascimento, a perda da mãe como objeto, a perda do pênis, a perda do amor do objeto e a perda do amor do superego.

Com a modificação sofrida pelo conceito de angústia e pelas situações traumáticas, o papel do meio ambiente (mãe) e a necessidade de "auxílio externo" nas situações de desamparo se situam como centrais do conceito de trauma. Assim, as fontes intrapsíquicas, intersistêmicas e ambientais do trauma integram-se em um referencial unitário.

As experiências de satisfação e de dor nos primórdios da vida

A tradução das excitações somáticas em linguagem psíquica é um percurso intrasubjetivo que depende da qualidade das relações iniciais intersubjetivas ou da função materna. A organização mental estruturante é originária das experiências de satisfação e de dor. A necessidade ou o instinto de autoconservação põe em movimento o seguinte circuito: a percepção da experiência de satisfação enraizará o prazer e a sexualidade que se inscreverão como marca mnêmica, marca que, por sua vez, será investida pelo representante psíquico da pulsão, produzindo a representação-coisa. Inicialmente, as pulsões sexuais parciais se encontram apoiadas no funcionamento instintual autoconservativo, para, em seguida, se destacarem e se tornarem autoeróticas. Experiências sucessivas de satisfação com o objeto constroem a marca mnêmica e sua representação, que, por sua vez, formam uma malha de representações que permite ligar a quantidade. Por outro lado, as vivências de dor são ligadas pelo masoquismo guardião da vida (Rosenberg, 2003). Estamos no campo das psiconeuroses.

No entanto, a prevalência das vivências de dor dará lugar a desinvestimentos, cisões e curtos-circuitos. A excitação endossomática não terá acesso ao psíquico, não terá representação mental e se inscreverá somente como marca sensorial. Trata-se do inconsciente propriamente dito que nunca foi consciente. A situação traumática consiste na quantidade que não pode ser ligada, que transborda do aparelho psíquico, definição que se superpõe à da angústia automática e à dor psíquica intensa. Nos traumas precoces, estamos diante da função materna insuficiente tanto em relação ao escudo protetor quanto à libidinização ou ao investimento narcísico, que, ao não poder ligar as quantidades de excitação, expõe o bebê a vivências de profundo desamparo e dor. Por outro lado, as excessivas vivências de dor, resultado das situações traumáticas, originam outro tipo de funcionamento que produz marcas sensoriais que não são traduzidas em marcas mnêmicas nem em representações. Há desinvestimentos e cisões, e essas marcas primitivas, se forem investidas, levam a curtos-circuitos, ao corpo e ao ato. É o funcionamento predominante nas estruturas não neuróticas e não psicóticas.

Para Elsa Rappoport de Aisemberg (2005, p. 276), "essa 'zona traumática', essa organização psíquica desestruturante que leva a patologias graves, é também nosso reservatório de criatividade, o novo que podemos produzir na análise com nossos pacientes ou que os grandes artistas conseguem em seus trabalhos de criação".

Se a excitação endossomática se traduz em pulsão e em representante psíquico, estamos nos domínios de Eros, da sexualidade, da objetalização e da organização estruturante. No entanto, se a excitação endossomática não pode ser traduzida em pulsão, em representação psíquica pulsional, permanece entre o soma e a psique como marcas sensoriais que, ao serem investidas, resultarão em repetições indesejáveis, sob o domínio de Tânatos. O trauma é um caminho que nos conduz a refletir sobre Tânatos em suas dimensões masoquistas e sádicas, a pulsão de destruição dirigida ao exterior e ao interior.

Masud Khan (1963/1994) trata da dinâmica do trauma e o descreve como cumulativo. Considera as falhas observadas no papel da mãe como escudo protetor durante todo o curso do desenvolvimento da criança, desde a infância até a adolescência, isto é, em todas as áreas de experiência nas quais a criança precisa da mãe como um ego auxiliar para sustentar suas funções do ego, ainda imaturas e instáveis. Nesse contexto, seria mais exato dizer que essas fendas, repetidas no decorrer do tempo e entremeadas no processo de desenvolvimento, se acumulam de forma silenciosa e invisível. Pouco a pouco, vão se fixando até formarem traços específicos de determinada estrutura de caráter. Para Khan, o emprego da palavra "trauma" no conceito de trauma cumulativo não significa considerar essas fendas no papel da mãe como escudo protetor, como traumáticas à época ou no contexto em que ocorreram. Só adquirem o valor de trauma cumulativo e retrospectivamente.

Além disso, Khan salienta que os inevitáveis fracassos temporários da mãe como escudo protetor são corrigidos e sanados pelo desdobramento da complexidade e do ritmo dos processos de maturação. No entanto, nos pontos em que esses fracassos são significativamente frequentes, provocam invasões no psique-soma da criança, invasões que esta não tem como eliminar, e formam um núcleo de reação patogênica. Essas invasões iniciam um processo de interjogo com a mãe, bem distinto da adaptação da mãe às necessidades da criança, que pode levar a um prematuro e seletivo desenvolvimento do ego. Algumas funções autonômicas que despontam têm seu desenvolvimento acelerado e são usadas como ação defensiva para fazer frente às invasões desagradáveis. Essa solução diante da angústia de intrusão é proposta por Michel Fain, da Escola de Psicossomática de Paris.

É também possível dar início à organização de uma conformidade especial ao temperamento da mãe, que cria um desequilíbrio na integração dos impulsos agressivos. Essa situação tem como resultado mais específico as vicissitudes do desenvolvimento do ego corporal da criança e do bebê. As pesquisas de vários autores acentuaram a importância dos processos do cuidado materno (papel do escudo protetor) para o desenvolvimento do ego corporal no contexto dos estágios primitivos da diferenciação ego-id e para a gradual integração de um sentido de *self*.

A angústia

Para André Green (1982), Freud elaborou três teorias da angústia. Na primeira, denomina a angústia como não psíquica ou orgânica, elaborada no contexto das neuroses atuais. Trata-se de uma descarga automática que resulta do excesso da excitação sexual que, ao não ser metabolizada pelo ego, é descarregada no corpo e leva à desvitalização egoica. A segunda teoria, por sua vez, embora inscrita no corpo, se inscreve também na mente e seria fruto da libido recalcada e dela decorrente. É a teoria vigente na primeira tópica. A sede da angústia estaria no inconsciente. A terceira teoria é aquela exposta em *Inibição, sintoma e angústia* (1926/1977g). O mecanismo da angústia sofre uma inversão e a angústia passa a ser resultado dos conflitos do ego, com o id e com o superego, e levaria ao recalque. Logo, a sede da angústia passa para o ego.

No dicionário de A. Mijolla (2005), o item "angústia" se refere à importância da angústia de aniquilamento que se instala quando o perigo essencial envolve uma ameaça à sobrevivência física, sentida como ameaça real ou antecipação de uma catástrofe iminente. A experiência é acompanhada de fantasias ou de sentimentos de impotência em face dos perigos interiores ou exteriores contra os quais o indivíduo se sente incapaz de qualquer ação protetora ou construtiva.

Normalmente, esse tipo de angústia pode ser observado nas crianças pequenas, mas angústias de aniquilamento patológicas são correlatas de traumatismos psíquicos, da fraqueza do eu, da perda do objeto e de patologia do eu. Portanto, trata-se de um conceito muito importante em psicoses, casos limite, patologias narcísicas, traumatismos psíquicos, pesadelos, estados ansiosos e fobias, *deficits* do eu, regressão, hostilidade e depressão. Aparecem em diferentes conteúdos ideacionais, como em diversos tipos de medo: medo de se afogar, medo de fusão, de desintegração, de intrusão e de perder o sustento necessário, medo de não ser capaz de enfrentar e de não poder sobreviver, além do medo de reagir com mentalidade catastrofista. Na relação transferencial, apresenta-se como oposição sugestiva de reação terapêutica negativa, para a qual o analista deve estar atento, pois, na realidade, ele está diante da zona catastrófica que ameaça a sobrevivência psíquica. Sintomas, comportamentos e formas de pensamento revelam-se particularmente rebeldes quando se defendem contra essas angústias.

A clínica da dor

E é assim que as pacientes fibromiálgicas se apresentam. Geralmente, uma grande perda atual, traumática, desencadeia a desorganização somatopsíquica. A situação inesperada se configura traumática porque não há como o sujeito se preparar, a angústia sinal não funciona e a angústia automática invade e transborda.

Em pacientes portadoras de SFM, a dor corporal desempenha variadas funções de acordo com o nível de desenvolvimento atingido pela estrutura psicossomática do indivíduo. A dor pode fazer o papel de mecanismo defensivo corporal a fim de manter o mínimo de organização do funcionamento mental. A expressão somática está ligada à negativação do aparelho psíquico devido à sua incapacidade de lidar com o excesso de excitações desencadeado por um evento traumático atual. O excesso, então, é deslocado para o corpo. Essa é a regressão somática, comumente observada nas organizações psiconeuróticas. A desorganização psíquica é detida quando o movimento regressivo atinge um dos pontos de fixação do desenvolvimento psicossexual. Esses pontos funcionam como um platô, uma vez que são altamente investidos de libido narcísica, que fornece energia para que a pulsão de vida readquira condições de fazer a fusão com a pulsão de morte e, assim, deter o processo destrutivo (Smadja, 2003). O quadro doloroso é reversível e se manifesta cada vez que o indivíduo enfrenta uma situação com a qual não consegue lidar pela via psíquica elaborativa.

Outro tipo de manifestação da dor corporal nas estruturas neuróticas pode existir sob a forma de sintomas repletos de significados inconscientes. É a solução de compromisso dos conflitos inconscientes reprimidos, aquele que o ego luta para manter fora da consciência, como observamos muitas vezes na histeria. Portanto, nesse caso, o sintoma é mais sofisticado, decorrente de dinâmica psíquica, é portador de um significado que permanece inconsciente. Não está ligado a eventos traumáticos, mas é a expressão psíquica dos conflitos inconscientes.

No entanto, mais frequentemente, a dor corporal corresponde à condensação de experiências traumáticas precoces, que permanecem como marcas corporais no ego corporal e que desembocam em patologias narcísicas, de intensidades leves a severas. Essas marcas, quando reinvestidas por situações traumáticas, desencadeiam processos regressivos significativos. Há ausência de objeto interno acolhedor e o eu esgarçado sangra. Estamos lidando com organizações não neuróticas, nas quais o desenvolvimento egoico encontra-se comprometido e as estruturas narcísicas são frágeis. Geralmente, nesses casos, ocorre um processo de desorganização profunda da estrutura psicossomática, que evolui para quadros de cronicidade e incapacidades significativas na vida profissional e na vida pessoal do indivíduo, como ocorre, por exemplo, no caso da doença de Crohn e de outras patologias dolorosas.

Marilia Aisenstein e Marina Papageorgiou, em seus trabalhos apresentados neste livro (capítulos 2 e 3, respectivamente), descrevem a dinâmica do funcionamento mental nas mulheres fibromiálgicas. Enfatizam as questões em torno dos conflitos com a figura materna e a impossibilidade de atingirem a bissexualidade psíquica feminina, os funcionamentos psíquicos distorcidos recebidos por herança, transgeracionais, mães com sérias dificuldades emocionais que, por conseguinte, obrigam suas filhas ainda crianças a exercer o papel de mães das próprias mães, as crianças terapeutas.

Podemos observar a dor com base no referencial do espectro de complexidade do psiquismo, ou seja, da mentalização, segundo Pierre Marty (1996). Dentro de um contexto mental mais arcaico, a dor pode ser considerada uma manifestação somática, pois exerce uma função defensiva corporal diante da impossibilidade de representabilidade da dor psíquica. A dor desperta sensações físicas que conferem um esboço ao ego corporal, a noção de estar vivo. No sentido ascendente, em um contexto de maior complexidade psíquica, pode se manifestar como um sintoma, uma solução de compromisso do conflito inconsciente, como ocorre na histeria. A meu ver, a fibromialgia da paciente, no caso clínico apresentado a seguir, tinha função defensiva contra angustias de desmantelamento e de desmoronamento psíquico.

Nosso desafio atual é explorar as colocações em cena da "sombra" das marcas sensoriais primitivas, anteriores à palavra, arcaicas, do inconsciente genuíno, absoluto, enraizado no soma. Assim, a psicopatologia do não representável se refere aos pacientes que nos impõem desafios diferentes dos neuróticos tradicionais: uns severamente traumatizados, outros com funções do ego primitivo que não puderam se desenvolver e atingir adequada capacidade de comunicação e também pacientes que expressam dor mental por meio do sensorial, do corporal e do somático.

A abordagem analítica

O percurso analítico com pacientes que somatizam requer que, no início, o analista exerça certa flexibilidade técnica, pois adaptações são necessárias, como o encontro face a face e menor número de sessões semanais. Essas exceções técnicas nos confrontam com a questão: quem poderia exercitar, na prática clínica, essas adaptações, a não ser analistas com bagagem analítica acumulada ao longo dos anos, a qual é constituída de estudo contínuo, trocas profícuas de ideias com colegas lastreados pela análise pessoal, supervisões, enfim, todos os elementos necessários à formação analítica? Essa flexibilização inicial é necessária à organização de um ego frágil, pouco desenvolvido. No entanto, observa-se na prática clínica que, após um período considerado curto, o funcionamento neurótico adquire espaço e possibilita a abordagem psicanalítica mais próxima aos moldes da clássica.

A abordagem analítica desses pacientes envolve o desenvolvimento das ideias de Freud expostas em 1938 no texto *Construções em análise*, que nos permite abordar zonas de "sombra" na clínica e na teoria: todo o amplo campo das patologias não neuróticas, fronteiriça, psicossomática, entre outros.

Portanto, a repetição na transferência com o analista das vivências das situações traumáticas precoces propicia o *après-coup*, isto é, a ressignificação das situações traumáticas, libertando a pessoa da compulsão à repetição.

Quando trabalhamos com o funcionamento psiconeurótico de um paciente, tentamos, com a interpretação, recuperar as representações e os afetos ligados à problemática edípica que estruturaram o inconsciente reprimido. No funcionamento não neurótico, como nas somatoses, é necessário construir algo novo sobre as marcas primitivas, memórias sem lembranças alojadas no pré-psíquico (Green, 2001) ou trauma perdido de René Roussillon (1991), as marcas perceptivas ou memória sensorial dos Botella (2002), as marcas ingovernáveis em Norberto Marucco (1999).

Transformar um trauma pré-psíquico em psíquico, o funcionamento não neurótico originado na experiência da dor, por meio do encontro analítico da dupla, no qual o analista se dispõe a utilizar suas contraidentificações projetivas como instrumentos de ressonância dos afetos cindidos do paciente. Esta é a aposta pulsional do analista de Marucco, o empréstimo do pré-consciente do analista, de acordo com Marty. Dessa forma, será possível oferecer a experiência de satisfação e inaugurar um circuito estruturante que gere inscrições que construirão um inconsciente reprimido, onde havia o inconsciente propriamente dito. Nesse sentido, isso ocorre quando trabalhamos no limite, transformando os afetos cindidos em construções, representações e historizações. Nesse caso, é necessário cerzir as falhas da malha representacional do paciente.

Uma experiência clínica

Quando tiveram início as sessões de análise, Maria sofria de fortes dores corporais generalizadas e havia recebido o diagnóstico de fibromialgia. Ao longo de nossas sessões, a dor foi cedendo e se tornando menos intensa e frequente. Mas reaparecia quando Maria se defrontava com situações vivenciadas como devastadoras.

Durante um longo período, as sessões foram inundadas, saturadas de queixas: dor, desespero, angústia, ódio, mas, principalmente, amargura e revolta com sua história de vida. Queixava-se de desânimo, tristeza e pânico e sua vida era uma repetição sem fim. A fala incoercível era acompanhada de lágrimas sofridas. De repente, ela se dava conta de que eu estava com ela e se desesperava, comentando: "*Assim, a senhora não vai querer mais me atender, vai ficar brava comigo porque venho aqui e só choro*". Eu ficava como seus ouvidos, escutando o barulho estridente de suas histórias, enquanto ela permanecia surda aos meus comentários, que adquiriam conotação ameaçadora e pareciam invadi-la violentamente. Conscientizei-me de que provavelmente eu ficava com seu aspecto infantil, impotente diante do barulho estridente das brigas e dos xingamentos maternos.

As mesmas histórias em uma fala expulsiva, repetição compulsiva empobrecedora, começam a esgotar suas falas. Segundo Maria, não sabia mais o que dizer.

Com o decorrer do tempo, surgem silêncios, pausas em seu próprio discurso. Em uma atmosfera persecutória de silêncio, muitas vezes ela dizia: "*Não sei o que vim fazer aqui hoje, já contei tudo o que tinha para falar sobre mim...*". Passamos, então, a conversar. A atmosfera persecutória muda quando digo a ela que ficar em silêncio era uma nova experiência em nossa convivência e que eu considerava aquilo um progresso, pois ela não precisava mais repetir suas histórias para ficar na sessão. Com isso, Maria me compreende: fica surpresa com o que lhe digo, principalmente no que diz respeito ao fato de o silêncio ser uma situação nova, um progresso. A palavra "progresso" mobilizou-a e fez com que ela se emocionasse perguntando-me: "*A senhora quer dizer então que eu mudei e que eu tenho chance?*".

Até esse momento, o distanciamento defensivo, atuado na verborragia, que aparentemente poderia ser entendido como uma oposição ao processo analítico, serviu, ao contrário, para fazer com que ela continuasse com as sessões, e era como se defendia para lidar com a ameaça de estar diante de um Outro e da proximidade afetiva. Então, entrar em contato com seu silêncio a partir de outro vértice como uma mudança, um progresso, foi como um resgate da repetição compulsiva; deu-lhe um alento de confiança em si mesma, resultado de nosso contato, proporcionando-lhe esperança.

Dessa forma, teve início um movimento de saída da zona de penumbra, de negação do outro para o reconhecimento sujeito/objeto. Maria permitiu-se sair da confusão/fusão e começar a esboçar a possibilidade de separação: quando ela fazia pausas em sua fala, criava espaço para estabelecermos uma conversa, os movimentos de proximidade começaram a brotar e a criar em seu interior um território novo. Pareciam como brotos do processo de simbolização.

No entanto, a defesa de repetir sua "história" continuava à mão, uma "carta na manga" para se defender da dor mental insuportável.

Maria estava no terceiro ano de análise. Era verão, sua primeira sessão da semana, e o fim da tarde estava quente. Sentia-me um pouco cansada, tinha trabalhado o dia todo. Percebi-me com uma pressão interna enquanto a esperava. Embora muitas vezes me sentisse sobrecarregada por suas demandas, estava disposta a atendê-la. Ela chegou desanimada e triste. Perguntei o motivo do desânimo e ela me disse que progredia muito devagar, a passos lentos. Entendi que estava falando da paciente idealizada que gostaria de ser. Disse-lhe que o importante era progredir, e não a velocidade do progresso. Queixou-se do medo de andar nas ruas àquela hora do dia. Perguntei-lhe do que mais sentia medo. Respondeu-me que frequentemente se preocupava pensando que eu poderia me cansar dela e mandá-la embora.

Fiquei emocionada com sua profunda tristeza. Refleti sobre os importantes aspectos transferenciais surgidos em sua fala. Nosso relacionamento era intocável, o que fazia parte de sua idealização. Lidar com a transferência ainda era insuportável, pois se sentia extremamente envergonhada e perseguida se eu falasse sobre nossa relação. Mas ela mesma trazia o assunto à tona, denotando a constituição de um bom objeto em seu mundo interno e sua angústia diante da possibilidade de perdê-lo. Procurei abordar aquele momento conversando com ela sobre seus temores de que se repetisse na nossa relação as mesmas situações dolorosas que viveu na infância, o fato de ser rejeitada e abandonada. Mas minha tentativa era frustrada, ela se desviava do assunto e retornava para suas queixas repetitivas, que se instalavam naquele momento. Atribuí sua tristeza e seu sofrimento aos maus-tratos recebidos da mãe durante a infância.

Falou mal da mãe com muito ódio. Criou-se um clima de um *continuum* impenetrável que nos distanciava. Com seu falatório compulsivo, construiu uma concha na qual se abrigava e tentava se proteger da dor mental. Embora eu esteja a seu lado, ela me anulava, como se eu não existisse. Dava-me conta de que vivenciei, por identificação projetiva, o abandono e a rejeição, dos quais ela tanto se queixava. Era um discurso expulsivo, de ação, encobridor de aspectos que não puderam ainda ser nomeados e pensados e que se faziam presentes pelo negativo, confirmados pelas minhas vivências em negativo de não existir naquele momento da sessão. Como sair daquele círculo vicioso?

A vivência emocional da sessão aumentava meu cansaço e, quando me dou conta, estava voltando de um desligamento, como se em um *flash* surgissem em minha mente imagens muito nítidas. Parecia-me estranho o que se passava comigo e me questionei, com a impressão de haver me distanciado da paciente, fugido da sessão. Foi aquele tipo de situação que nos pega desprevenidos e ao qual tendíamos a tratar como ponto cego do analista, e não uma questão da relação. Segundo Ogden (1997), a perturbação emocional associada à *rêverie* é experimentada como se fosse um reflexo da maneira pela qual *não* somos analistas naquele momento. Era a dimensão de nossa experiência que se sentia mais como uma manifestação de nosso fracasso em ser receptivo e compreensivo, em ter compaixão, em observar, em ser atento, diligente, inteligente e assim por diante. Em vez disso, as perturbações emocionais associadas à *rêverie* eram sentidas como um produto que interferia em nossas próprias preocupações correntes, uma autoabsorção narcísica excessiva, como imaturidade, inexperiência, cansaço, uma formação não apropriada, conflitos emocionais não resolvidos. Nossa dificuldade de fazer uso de nossas *rêveries* a serviço da análise era facilmente compreensível pelo fato de que uma experiência era geralmente tão próxima, tão imediata, que era difícil de ver.

No entanto, a imagem, como uma foto, persistiu em minha mente: "*A moça chega à rodoviária da cidade grande e já se percebe a barriga crescida. Solitária, com duas trouxas: uma na mão e outra em seu corpo. Essa cena fica diante dos meus olhos, consigo vê-la em detalhes: lenço na cabeça, saia no joelho, muito medo em seu rosto abatido. Cai uma chuva fininha e ela precisa encontrar o ônibus que a leve à casa de sua irmã: é noite*". A imagem de alguém que nunca vi me deixou profundamente tocada. Ela se fixou em minha mente e me dou conta de que ela dizia respeito à paciente. A malfadada herança de desamparo, abandono, que passa de mãe para filha. Então, decidi lhe contar o que ocorria.

Comentei com ela até que ponto o relacionamento afetivo com sua mãe era doloroso e como ela devia se sentir culpada quando não conseguia entrar em contato com seus aspectos amorosos em relação a ela e que ficavam evidentes em nosso relacionamento.

Ela ficou um tanto perplexa. Com a voz embargada e com raiva, diz-me: "*Doutora, quem deixou a senhora falar disso? Eu tenho uma coisa aqui dentro de mim [bate no peito] que eu não sabia falar a respeito, e não é para ficar falando, porque dói, dói muito!*" Chorava copiosamente e falava da mãe de uma maneira que eu ainda não havia visto: amorosamente. No entanto, salientou que se encontrava triste e brava comigo porque toquei em um assunto que despertava muita dor, assustava e do qual ela não queria nem lembrar nem falar. Entramos em um terreno sagrado. Atravessei o sistema fechado, e a confirmação disso era a proliferação do negativo. Ideia de mágoa, ideia de mancha. Estamos desfazendo a fixação na mágoa. O trabalho de libertação do *splitting* prostituta/mãe tinha muito a ver com a cisão. Assustou-se quando me vi tratando-a com muito carinho.

Minha fala tocou na profunda dor mental que, ao receber significado, ampliou seu discurso e permitiu que surgisse o afeto amoroso mantido cindido. Até agora, eu era a mãe amada e sua própria mãe, a odiada. Nesse encontro, havia uma inversão da situação; ela podia sentir raiva de mim, na certeza de meu acolhimento e de meu amor, em contato com um objeto interno mais integrado. Assim, surgiu o esboço de amor pela mãe que era mantido cindido. Percebi que passamos ao nível mais próximo da realidade e que se abriu uma brecha em um território fechado, abafado, que passou a ser respirável, e o afeto amoroso podia surgir causando forte impacto, pois até aquele momento o vínculo afetivo amoroso foi tratado como se não existisse, apesar de sempre presente, deslocado para a pessoa da analista.

Referências

Aisemberg, E. R. (1998-99). Más allá de la representación: los afectos. *Revista de Psicoanálisis*, 6 (edição especial internacional). Buenos Aires: Asociación Psicoanalítica Argentina (APA).

Aisemberg, E. R. (2001). Revisión crítica de las teorias y los abordajes de los estados psicosomáticos *Revista de Psicoanálisis*,

58(2), 507-517. Buenos Aires: Asociación Psicoanalítica Argentina (APA).

Aisemberg, E. R. (2005). Trauma, pulsión y somatosis. *Revista de Psicoanálisis, 62*(2), 273-280. Buenos Aires: Asociación Psicoanalítica Argentina (APA).

Aisemberg, E. R., Bustamante, A., Calderón, H. A., Muscio, I. E., & O'Donnell, P. (1998). *La cura en psicoanálisis* (El autorretrato: la dimensión narcisista de la transferencia). Buenos Aires: Asociación Psicoanalítica Argentina (APA).

Aisenstein, M. (2004a). Doloroso enigma: enigma da dor. *Revista de Psicanálise, 11*(1). Porto Alegre: Sociedade Psicanalítica de Porto Alegre (SPPA).

Aisenstein, M. (2004b). Les dieux ne connaissent pas la fatigue, les héros parfois, mais les héroines jamais... *Revue Française de Psychosomatique*, n° hors-série.

Béjar, V. (2003). Dor crônica: possível interface entre a psicanálise e a medicina? *Revista IDE, 37* - Corpo.

Béjar, V. (2012). Dor psíquica na clínica contemporânea. In J. Alvares (Org.). *Encontros Psicanalíticos Regionais I e II* (pp. 217-225). São Paulo: Sociedade Brasileira de Psicanálise de São Paulo (SBPSP). (Obra original publicada em 2009).

Béjar, V. (2015). Contribuições da psicossomática psicanalítica à clínica contemporânea. *Revista de Psicanálise, 17*(2). Porto Alegre: SBPPA.

Botella, C. e S. (2002). *Irrepresentável*: mais além da representação. Porto Alegre: Criação Humana.

Freud, S. (1975a). *Análise terminável e interminável.* (Edição Standard Brasileira das Obras Psicológicas Completas de Sigmund Freud, vol. 23, Jaime Salomão, Trad.). Rio de Janeiro: Imago. (Obra original publicada em 1937).

Freud, S. (1975b). *A divisão do ego no processo de defesa.* (Edição Standard Brasileira das Obras Psicológicas Completas de Sigmund Freud, vol. 23, Jaime Salomão, Trad.). Rio de Janeiro: Imago. (Obra original publicada em 1940).

Freud, S. (1977a). *Projeto para uma psicologia científica.* (Edição Standard Brasileira das Obras Psicológicas Completas de Sigmund Freud, vol. 1, Jaime Salomão, Trad.). Rio de Janeiro: Imago. (Obra original publicada em 1895).

Freud, S. (1977b). *Três ensaios sobre a teoria da sexualidade.* (Edição Standard Brasileira das Obras Psicológicas Completas de Sigmund Freud, vol. 7, Jaime Salomão, Trad.). Rio de Janeiro: Imago. (Obra original publicada em 1905).

Freud, S. (1977c). *Introdução ao narcisismo.* (Edição Standard Brasileira das Obras Psicológicas Completas de Sigmund Freud, vol. 14, Jaime Salomão, Trad.). Rio de Janeiro: Imago. (Obra original publicada em 1914).

Freud, S. (1977d). *O recalcamento.* (Edição Standard Brasileira das Obras Psicológicas Completas de Sigmund Freud, vol. 14, Jaime Salomão, Trad.). Rio de Janeiro: Imago. (Obra original publicada em 1915).

Freud, S. (1977e). *Além do princípio do prazer.* (Edição Standard Brasileira das Obras Psicológicas Completas de Sigmund Freud, vol. 18, Jaime Salomão, Trad.). Rio de Janeiro: Imago. (Obra original publicada em 1920).

Freud, S. (1977f). *Problema econômico do masoquismo.* (Edição Standard Brasileira das Obras Psicológicas Completas de Sigmund Freud, vol. 19, Jaime Salomão, Trad.). Rio de Janeiro: Imago. (Obra original publicada em 1924).

Freud, S. (1977g). *Inibição, sintoma e angústia.* (Edição Standard Brasileira das Obras Psicológicas Completas de Sigmund Freud, vol. 20, Jaime Salomão, Trad.). Rio de Janeiro: Imago. (Obra original publicada em 1926).

Freud, S. (1977h). *Luto e melancolia.* (Edição Standard Brasileira das Obras Psicológicas Completas de Sigmund Freud, vol. 14, Jaime Salomão, Trad.). Rio de Janeiro: Imago. (Obra original publicada em 1915/1917).

Green, A. (1982). *O discurso vivo: uma teoria psicanalítica do afeto* (Evolução da concepção da angústia, pp. 73-87). Rio de Janeiro: Francisco Alves.

Green, A. (2001). *El tempo fragmentado* (Transferencia, repetición, ligación). Argentina: Amorrortu.

Khan, M. (1994). O conceito de trauma cumulativo. In Gregório Kohon (Org.). *A escola britânica de psicanálise:* the middle group, *a tradição independente* (pp. 88-100). Porto Alegre: Artmed. (Obra original publicada em 1963).

Marty, P. (1996). *Mentalisation et psychosomatique.* Paris: Synthelabo.

Marucco, N. (1999). *Cura analítica y transferência: de la represión a la desmentida* (Recordar, repetir y elaborar: um desafio para el psicoanálisis actual). Argentina: Amorrortu. (Obra original publicada em 1998).

Mijolla, A. (2005). Angústia de aniquilamento. *Dicionário Internacional de Psicanálise* (p. 122). Rio de Janeiro: Imago.

Ogden, T. (1997). Rêverie e interpretação. *The Psychoanalytic Quartely*, 66: 567-595.

Papageorgiou, M. (2003). La insoutenable légèreté du corps de la mère. *Revue Française de Psychosomatique*, 2(24), 127-144.

Pontalis, J.-B. (1999). *Entre o sonho e a dor* (Sobre a dor psíquica). Lisboa: Fenda.

Rosenberg, B. (2003). *Masoquismo mortífero e masoquismo guardião da vida*. São Paulo: Escuta.

Roussillon, R. (2006). *Paradoxos e situações limites da psicanálise*. Porto Alegre: Unisinos. (Obra original publicada em 1998).

Smadja, C. Psicoanálisis de los procesos de somatización. In *La vida operatória: estudios psicoanalíticos* (pp. 45-52). Madrid: Biblioteca Nueva, 2003.

8. Da histeria às somatizações: o corpo em cena

Adriana Cortelletti Uchôa

O campo psicanalítico, para Freud, com base em suas primeiras pacientes histéricas, está constituído pelas neuroses de transferência (histeria de conversão, fobia e neurose obsessiva), estendendo-se mais tarde a certas modificações do ego, às inibições e às formações de caráter. Ficam excluídas, nesse início, as neuroses traumáticas e as neuroses atuais, assim como as psicoses, pela impossibilidade de estabelecimento de transferência.

Observa-se, portanto, um abandono relativo em Freud quanto às neuroses atuais, o que será retomado mais tarde a partir de *Além do princípio do prazer* (1920/1977), com a introdução da ideia da pulsão de morte, que definirá as neuroses traumáticas com seu traço de repetição, que caracteriza a psicologia do traumático, do não representável.

Há uma volta, portanto, ao conceito inicial de neurose atual, caracterizada pelo tipo de angústia que se expressa como descarga, conhecida como angústia traumática, e se distingue da angústia sinal, ideia que Freud desenvolverá só mais tarde, em *Inibição, sintoma e angústia* (1926/1977).

Concomitantemente, observa-se um declínio em relação a seu interesse pela histeria, uma vez que o último artigo que trata do assunto data de 1909 ("Algumas observações gerais sobre os ataques histéricos").

Depois de Freud, há uma expansão das entidades clínicas por um aprofundamento do estudo do ego seguindo-se uma orientação estrutural e ampliando-se os limites do campo analítico: surgem as neuroses de caráter, as síndromes psicossomáticas, as perversões, os casos-limites e as psicoses.

Essas entidades definem a clínica atual, e retoma-se algo para o qual o próprio Freud já havia chamado a atenção: o fato de que "um sintoma de uma neurose atual é frequentemente o núcleo e o primeiro estágio de um sintoma psiconeurótico" (1917).

Dessa forma, a psicanálise volta-se novamente para o corpo – que era considerado um "resto" –, principalmente com base nas contribuições da Escola de Psicossomática de Paris, fundada por Pierre Marty e colegas em 1962, e de seus seguidores, Claude Smadja e Marilia Aisenstein, entre outros, que voltam sua atenção para as manifestações do corpo somático, que, ao contrário do corpo erógeno, ainda não alcançou representação.

Enquanto o processo de conversão nas histéricas recai sobre o corpo erógeno, representado, fruto da repressão, nas somatizações ele recairá sobre o corpo biológico, não representado, por não ter recebido investimento narcísico suficiente.

A passagem do corpo somático ao corpo erógeno se dá, primordialmente, por ação dos pais, em especial a partir dos cuidados iniciais da mãe. Quando há uma falha nesse processo, o sujeito tende a dar respostas automáticas, baseadas na filogênese, repetindo um padrão.

Podemos afirmar que, se por um lado, o corpo erógeno é resultado de um investimento libidinal – as histéricas sofrem por excesso –, o corpo somático, por outro, traduz um desinvestimento libidinal, de tal forma que a pulsão se volta ou para o exterior em forma de *actings*, compulsão à repetição, a serviço da pulsão de morte, ou diretamente para o soma, por meio de somatizações, levando o corpo muitas vezes à morte real.

É comum, na clínica, observar pacientes que, durante o processo de análise, ao virem se tratar de uma neurose que lhes acarreta algum tipo de impedimento em sua vida, acabam evoluindo para uma doença real.

Portanto, dependerá em parte da "aposta pulsional" do analista – termo utilizado por Marucco (2007) – a possibilidade de dar sentido ao que se expressa por meio de um sintoma, lembrando que, "*quando um sintoma surge no corpo, ele é resultado de uma simbolização que foi abortada*" (Ferraz, 2007).

É recorrente na clínica atual vermos pacientes que apresentam respostas somáticas diante do sofrimento psíquico, cabendo ao analista, por meio de sua escuta, até mesmo de sua pessoa, dar um novo sentido ao que, de alguma forma, escapou ao investimento libidinal.

Ilustrarei com uma vinheta clínica o modo de funcionamento mental desses pacientes, que, em sua maioria, apresentam um frágil equilíbrio psicossomático.

Carlos: entre a vida e a morte psíquica

Carlos é um paciente com distúrbio de ansiedade, que se queixa de insônia e recebeu o diagnóstico de doença de Crohn.

Sua análise caracteriza-se por uma série de interrupções ao longo desses últimos sete anos. A interrupção sempre ocorre de maneira abrupta, quando nos aproximamos de áreas de muita dor, o que o leva a se afastar; na sua volta, apresenta-se de forma muito desintegrada, refletindo um equilíbrio psicossomático bastante frágil.

No caso de Carlos, podemos destacar como um dos fatores de seu desequilíbrio psicossomático um superego cruel que faz exigências absurdas, sempre em busca de um ego ideal. Persegue uma *performance* de excelência no trabalho em detrimento de cuidados pessoais que o mantém em um frágil equilíbrio entre a vida e a morte psíquica.

Volich (2010) traz uma contribuição importante na compreensão da distinção entre essas duas instâncias: ego ideal e ideal de ego. Distinção esta, apontada por Freud em 1914, embora tenha sido utilizada muitas vezes, indistintamente. Enquanto o ego ideal seria oriundo das primeiras experiências de organização narcísica do ego por meio das identificações primárias, o ideal de ego seria uma evolução dessa instância, com base nas identificações secundárias, dando origem ao superego. Não são somente instâncias distintas do aparelho psíquico, mas, sobretudo, determinantes na regulação da economia psicossomática, como aponta Freud.

As características onipotentes e indiferenciadas do ego ideal e as dificuldades para a constituição do ideal de ego – que pressupõem a superação do complexo de Édipo com base na vivência da falta e, consequentemente, de aceitação da alteridade – colocam em risco a economia psicossomática do sujeito, trazendo consequências negativas.

As tiranias do superego são herdeiras diretas do ego ideal e correspondem ao núcleo narcísico dessa instância. Clinicamente, manifestam-se como um estado de exigência em relação a si mesmo, não admitindo negociações com o mundo externo. Os fracassos vividos como ferida narcísica podem provocar desorganizações graves na esfera somática ou descargas impulsivas, o que cria um risco para a própria vida do sujeito.

Carlos se coloca em situações de risco seríssimas, comprometendo as esferas física e pessoal, em que se observa uma carga de destrutividade voltada para o interior do corpo, expressão viva da pulsão de morte, manifestando-se como doença somática.

Logo no início da sessão antes de sua última interrupção, Carlos comenta que havia dormido bem naquela noite, depois de um período de insônia, e que sonhara com um urso polar que acordava após um longo período de hibernação. Não consegue fazer nenhuma associação, a não ser com um documentário que assistira há algum tempo, em que um urso polar, após um período de hibernação, morria no final por não ter encontrado alimento.

Acrescenta, depois de ficar um tempo em silêncio, que havia ficado com inveja do urso, que acordava mais magro, sem ter feito nenhum esforço. Carlos tem problemas com a balança. Faz o relato sem transmitir nenhum tipo de emoção. Fica em mim certa preocupação com seu descaso, e ficamos algum tempo em silêncio.

Vem à minha mente a figura de um primata ao qual ele se referira na sessão anterior, depois de se ausentar por duas semanas, em que chegara muito desanimado, querendo desistir de tudo. Esse é o movimento que se repete e do qual tem plena consciência.

Ele me contou que, estando sozinho em casa, deitado, mas acordado, imaginou-se um primata enfurecido e bateu no peito com força como se fosse um. Achei estranha sua atitude, por ele ser uma pessoa muito contida. Ele comenta logo a seguir: *"Achei que fosse enlouquecer! Estava me sentindo enjaulado, querendo arrebentar a cerca elétrica lá de casa e sair! Fiquei pensando se a faxineira entrasse e me visse naquele estado. Estava só de cueca".*

Comento que ele havia se imposto um isolamento insuportável, talvez com receio de sair por aí expressando sua raiva e seu descontentamento. Mas, ao mesmo tempo, sabia que, se não saísse de casa à procura de alimento, poderia morrer de fome! De alguma maneira, encontrara forças para voltar à análise. Percebo que se sente desconfortável por ter de recorrer à análise e não se sentir capaz de cuidar sozinho da situação.

Podemos pensar que ele talvez desista diante de um superego cruel que o humilha e o faz sentir-se pequenininho, ilustrado por um sonho recorrente que trazia no início de sua análise, no qual se via em uma sala de tribunal; ele a descrevia em toda a sua suntuosidade: o piso de madeira, as colunas brancas em mármore, quando, de repente, surgia o ministro do supremo tribunal, pessoa a quem admirava muito, que começava a lhe apontar uma série de erros com o dedo em riste, o que o fazia se sentir muito mal! Dirigia-se a ele para falar-lhe de sua admiração e, de repente, a figura imponente se transformava em uma pessoa doente, magra, malvestida e, ao seu lado, apareciam uma criança e um adolescente, aspectos seus que se encolhiam diante da figura de autoridade.

Vemos aqui uma dinâmica que pode ser analisada à luz da segunda tópica. A figura do primata surge como um lado seu mais primitivo (id), expressão de sua sexualidade, vivenciada como muito perigosa. Opta por encolher-se e submeter-se a um superego cruel, presente desde que era menino, repetindo nas relações interpessoais vivências que teve com o pai que sempre o humilhou por ser um menino frágil! Persegue um ego ideal, que aparece na figura de um juiz tirânico! Diante de ameaças tão intensas, prefere afastar-se e recolher-se por períodos que podem ser comparados ao do urso em hibernação, comprometendo seu próprio ego.

Lembremos que, em pacientes somáticos, nos deparamos com um ego que não se estruturou de maneira adequada. Estamos na área das não neuroses, do pré-genital.

Podemos identificar estruturas de violência superegoica que, como ressalta Sapienza (1999), ficam fortemente encravadas no inconsciente, alimentando a culpa persecutória, fator determinante do esvaziamento psíquico por expelir os suportes de elaboração da dor mental e dos conflitos intrapsíquicos. Há um predomínio do vértice da moralidade sobre o vértice científico, e isso se torna um obstáculo na busca da verdade.

Estamos no campo das patologias do superego que, de acordo com Green (2008), finca suas raízes no id (sexualidade e destrutividade) por um lado, e por outro, leva à divisão do ego como defesa a infiltrações pulsionais vividas como muito perigosas. Parece predominar um ódio por si mesmo, que o leva a um encerramento narcísico, próprio da compulsão à repetição, que o faz desistir do gozo que poderia ser obtido na relação.

São pacientes que teriam um *deficit* de prazer erótico com o corpo e com o objeto, que remete à relação precoce, quando se constrói a sexualidade e o prazer marcado na experiência e na satisfação com o objeto da necessidade (Aisemberg, 2007).

Após essa última sessão, Carlos começa a faltar e se distancia da análise, dizendo que precisa cuidar da mãe que está com câncer.

Manejo clínico

Em pacientes como Carlos, em que se observa uma carga de destrutividade que se volta para o próprio corpo, expressão vívida da pulsão de morte, e que desemboca em uma doença psicossomática, as repercussões do encontro analítico, da pessoa do analista e de sua capacidade de *rêverie* se tornam fundamentais!

Destacamos aqui a capacidade de sonhar do analista para criar condições de figurabilidade às experiências do analisando, que não alcançaram uma representação mental (via progrediente) e que surgem no espaço analítico diretamente do inconsciente, um inconsciente não representado.

Ao dar figurabilidade ao irrepresentável do paciente, segundo Botella (2002), o analista terá de se alinhar ao inconsciente do paciente, para permitir que se dê uma regressão formal (via regrediente) para ajudá-lo a se confrontar com o desconhecido, aquilo que causa na dupla uma sensação de estranheza decorrente do "estado da sessão", que tem um caráter intermediário, nem diurno nem noturno, e permite ao analisando se aproximar de uma situação semelhante à neurose atual, inerente ao *hic et nunc* da sessão.

Se o analista se permitir, a partir de seu estado de *rêverie*, utilizar esse estado de estranheza como instrumento para fazer interpretações mais intuitivas, baseadas no modelo da formação dos sonhos, ele abrirá caminho ao irrepresentável do paciente – que, de outra maneira, fugiria de uma regressão formal com seu caráter alucinatório –, impedindo que ele permaneça na repetição como defesa contra a dor mental.

As somatizações são manifestações que provêm do campo pré-psíquico, do arcaico originado em traços perceptivos precoces, que estariam entre o soma e a psique e que ainda não possuem existência mental. É como se o paciente que somatiza não permitisse que se desenvolvessem nem os investimentos que vão para o inconsciente nem aqueles que vêm dele. Há um prejuízo tanto na quantidade como na qualidade do funcionamento pré-consciente, o que acarreta o empobrecimento da capacidade simbólica do indivíduo.

A forma de funcionamento mental presente nas somatoses teria um valor defensivo, que visa proteger o sujeito contra uma realização alucinatória do desejo. Há um sobreinvestimento no factual como forma de contrainvestimento em áreas traumáticas. Trata-se de manifestações do inconsciente propriamente dito, aquele que nunca foi representado, do campo do arcaico, da pulsão desorganizada, da excitação psicossomática, que se expressa em *actings*, ou no soma ou na alucinação.

Com base nessa visão, o analista passa a ser o interlocutor, dando consistência à palavra em contato com a corporeidade do sintoma, criando condições para que a capacidade simbólica do paciente passe a existir, o que lhe possibilitará elaborar suas dores em um nível mental.

Lembrando que, muitas vezes, é na dor, base do masoquismo primário, que o indivíduo se sente vivo: masoquismo como guardião da vida, que em oposição ao masoquismo mortífero, como propõe Rosenberg (2003), representa uma proteção principalmente contra a destrutividade interna podendo, no entanto, tornar-se seu instrumento privilegiado.

A tarefa analítica passa a ser, de acordo com Green (2008), a de "representar", levando-se em consideração o afeto que se manifesta no campo analítico na relação transferencial-contratransferencial. Isso demanda do analista uma postura mais ativa, de forma que incentive o paciente a contar sua história e envolvê-lo no processo analítico, estimulando o trabalho do pré-consciente, que se encontra insuficiente, sem condições de transmissão.

No entanto, essa postura não representa nenhum afastamento da prática analítica clássica; são mudanças que se fazem necessárias no *setting* e nas técnicas interpretativas para ajudar o paciente a descobrir e partilhar o prazer do funcionamento mental.

Ao considerar as patologias que se manifestam por via corporal, refiro-me às estruturas não neuróticas, em que houve falhas na constituição do eu no que diz respeito ao narcisismo primário, tanto por perturbações no investimento libidinal do *self* quanto nas fronteiras e nas funções do ego. As chamadas estruturas não neuróticas incluem todos os quadros denominados estados-limite aos quais Freud havia se referido como neuroses narcísicas e neuroses de caráter.

Partindo do pressuposto de que o sofrimento psíquico decorre de como cada indivíduo se organiza e desorganiza diante das demandas que a vida lhe propõe, podemos concluir que não estamos diante de novas patologias e, sim, de novas formas de ser e de sofrer no mundo atual.

> *Na medida em que o indivíduo é incapaz de sonhar sua experiência emocional, não consegue mudar, crescer nem se tornar diferente do que sempre foi. Reviver emocionalmente é sinônimo de ser cada vez mais capaz de sonhar a própria experiência, que é sonhar-se para vir a existir (Ogden, 2004/2006).*

Referências

Aisemberg, E. R. (2007). Repetición, transferencia y somatosis. *Revista de Psicoanálisis*, 64(2).

Aisemberg, E. R. (2008). *El cuerpo del analista y su participación en el trabajo clínico*. Trabalho apresentado no Congresso da Federación Latinoamericana de Psicoanálisis (FEPAL) em Santiago.

Aisenstein, M. & Smadja, C. (2003). A psicossomática como corrente essencial da psicanálise contemporânea. In A. Green (Org.). *Psicanálise contemporânea. Revista Francesa de Psicanálise*, número especial, São Paulo: Sociedade Brasileira de Psicanálise de São Paulo (SBPSP); Rio de Janeiro: Imago. (Obra original publicada em 2001).

Botella, C. (2002). *O irrepresentável*. Porto Alegre: Sociedade de Psicologia do Rio Grande do Sul.

Botella, C. (2007). Rêverie-reverie e o trabalho de figurabilidade. *Revista de Psicanálise*, I(1), 77-83.

Carvalho Ferraz, F. (2007). A tortuosa trajetória do corpo na psicanálise. *Revista Brasileira de Psicanálise*, 41(4), 66-76.

Freud, S. (1977a). *Algumas observações gerais sobre os ataques histéricos*. (Edição Standard Brasileira das Obras Psicológicas Completas de Sigmund Freud, vol. 9, Jaime Salomão, Trad.). Rio de Janeiro: Imago. (Obra original publicada em 1908).

Freud, S. (1977b). *Sobre o narcisismo: uma introdução*. (Edição Standard Brasileira das Obras Psicológicas Completas de Sigmund Freud, vol. 14, Jaime Salomão, Trad.). Rio de Janeiro: Imago. (Obra original publicada em 1914).

Freud, S. (1977c). *Conferências introdutórias sobre psicanálise*. (Edição Standard Brasileira das Obras Psicológicas Completas de Sigmund Freud, vol. 16, Jaime Salomão, Trad.). Rio de Janeiro: Imago. (Obra original publicada em 1917).

Freud, S. (1977d). *Além do princípio do prazer*. (Edição Standard Brasileira das Obras Psicológicas Completas de Sigmund Freud, vol. 18, Jaime Salomão, Trad.). Rio de Janeiro: Imago. (Obra original publicada em 1920).

Freud, S. (1977e). *Inibição, sintoma e angústia*. (Edição Standard Brasileira das Obras Psicológicas Completas de Sigmund Freud, vol. 20, Jaime Salomão, Trad.). Rio de Janeiro: Imago. (Obra original publicada em 1926).

Green, A. (1974). Neurosis obsessiva y histeria – sus relaciones en Freud y desde entonces. *Revista Argentina de Psicologia, 4*.

Green, A. (2008). *Orientações para uma psicanálise contemporânea*. Rio de Janeiro: Imago.

Marty, P. & M'Uzan, M. (1994). O pensamento operatório, *Revista Brasileira de Psicanálise*, 29(1), 165-174.

Marucco, N. (2007). *Entre el recuerdo y el destino*: la repetición. Trabalho apresentado no 45º Congresso da Associação Internacional de Psicanálise (IPA), Berlim, 25 a 28 jul.

Minerbo, M. (2009). *Neurose e não neurose* (Coleção Clínica Psicanalítica). São Paulo: Casa do Psicólogo.

Ogden, T. (2006). Esta arte da psicanálise: sonhando sonhos não sonhados e sonhos interrompidos. (T. M. Zalcberg, trad.). *Livro Anual de Psicanálise, 20*, 173-189. (Obra original publicada em 2004).

Rosenberg, B. (2003). *Masoquismo mortífero e masoquismo guardião da vida*. São Paulo: Escuta.

Sapienza, A. (1999). O trabalho do sonho alfa do psicanalista na sessão: intuição, atenção e interpretação. *Revista Brasileira de Psicanálise, 33*(3), 423-430.

Volich, R. M. (2010). *Psicossomática*. São Paulo: Casa do Psicólogo. (Obra original publicada em 2000).

9. A dor de viver, a dor da vida...

Glaucia Maria Ferreira Furtado

Introdução

Freud não chegou a se deter na exploração do campo que hoje é denominado prática psicossomática psicanalítica (isto é, abordagem psicanalítica dos pacientes que sofrem transtornos orgânicos), embora tenha deixado seus alicerces quando discute o poder de uma doença orgânica dolorosa na distribuição da libido.

> *Para ele, a violência do trauma libera uma quantidade de excitação cujos efeitos são violentamente desorganizadores porque não houve possibilidade de preparação, de antecipação pelo sinal da ansiedade. Mas já uma ferida orgânica (ou somatização) permite a incorporação do excesso de excitação por meio de uma hipercatexia narcísica do órgão afetado (Freud, 1920/1915/1917/1977c, p. 44).*

A psicanálise, ao transferir a dualidade psique/soma para a dualidade das pulsões, coloca a origem do processo do pensamento no corpo. O confronto, então, não é entre o corpo e suas necessidades e a psique e seus desejos e, sim, entre as pulsões. Forças contrárias podem entrar em conflito em uma mesma área somática.

A psicossomática era domínio da medicina até surgir, em 1962, a Escola de Psicossomática de Paris, fundada por Pierre Marty, Michel Fain, Michel de M'Uzan e Christian David e tendo como representantes atuais Claude Smadja e Marilia Aisenstein, que desenvolveram uma concepção original da psicossomática com base na psicanálise.

Essa abordagem vê o ser humano como uma unidade psicossomática em que o conflito não é entre o soma e a psique (psique/soma), mas, sim, entre as pulsões em uma mesma área somática. Os fenômenos psíquicos e somáticos são entendidos como uma soma de interações dinâmicas que são objeto de movimentos de organização e desorganização como um todo. O transtorno somático pode ser parte de uma economia geral, na qual a psique é tanto testemunha quanto reguladora e os impulsos instintuais tem sua fonte em excitações corporais.

Marty (1963/1995) e seus colaboradores observaram que a pouca expressividade afetiva, a pobreza do fantasiar e uma concretude de pensamento, característica do "funcionamento operatório", estava presente em pacientes que, geralmente, desenvolviam quadros de doenças somáticas. Observaram também o quadro de depressão essencial, que se caracteriza pela inexpressividade psíquica, considerada a "negatividade" dos sintomas depressivos clássicos. Em vez de tristeza, o sofrimento psíquico refere-se a uma fadiga tenaz que se transforma em desinteresse pela vida, mesmo pelas coisas simples do cotidiano. Apresentam, também, tensão constante, que os impede de se tranquilizar, e uma permanente angústia.

Fundamentalmente, na opinião de Marty (1963/1995), os pacientes que somatizam sofrem de feridas narcísicas precoces, como a decorrente da presença de uma mãe melancólica e desvitalizada no início da vida do bebê, vivência que provoca experiência de vazio existencial e gera muita dor.

Dor é a queixa que na maioria das vezes leva uma pessoa a procurar tratamento médico. Constantemente, os profissionais de saúde são chamados para fazer o diagnóstico diferencial entre uma dor "real" e uma dor "emocional". Na verdade, esse é um falso dilema; se o paciente se queixa de dor, há dor. Em uma situação dolorosa, os fatores psicológicos estão sempre presentes.

Tanto o vazio da vida afetiva quanto a falta de identidade do "eu" são suprimidos pelos sintomas psicossomáticos e pela dor. Embora à custa de sofrimento, dessa maneira o psiquismo do sujeito "percebe-se" como corpo e, portanto, como identidade.

Dor, fibromialgia, depressão, compulsão à repetição

A fibromialgia é uma manifestação psicossomática que se caracteriza pela ocorrência de dor musculoesquelética generalizada, com ausência de processos inflamatórios articulares ou musculares. Os sintomas característicos mais comuns são dores musculares generalizadas, dismenorreia e rigidez. Entre outros sintomas estão a síndrome do cólon irritável, a síndrome da bexiga irritável, a síndrome de pernas e braços inquietos e anormalidades no sono. Manifestam-se com períodos intermitentes de melhora e piora, que se tornam mais intensos durante alguns meses e depois se estabilizam.

O diagnóstico da SFM é clínico. Não há evidências de anormalidades laboratoriais ou radiológicas. Tem origem indeterminada e cura incerta, o que faz aumentar no doente os sentimentos de vulnerabilidade e de desamparo. É comum que os portadores de SFM também apresentem um quadro depressivo, mais especificamente melancólico.

Freud (1896/1977a), no *Rascunho G: melancolia*, faz uma explícita observação sobre a melancolia, a qual considerou agravamento de uma das neuroses atuais, a neurastenia, que surge em uma típica combinação com a ansiedade crônica. Freud descreveu dois quadros de melancolia: um em 1895, configurado por um estado depressivo devido à perda de energia ocasionada por um orifício na barreira de contato e, portanto, não relacionado à perda de um objeto – consequentemente, sem tristeza; e o outro, em 1917, configurado como um quadro relacionado à perda de objeto e, consequentemente, com tristeza (Costa, 2010).

No primeiro quadro, não existe matiz afetivo, mas apenas um vazio devido a uma hemorragia libidinal e, no segundo, existe vínculo afetivo com o objeto que foi perdido, e a tristeza é a expressão da falta, da saudade. No primeiro caso, a libido é intrassomática e, no segundo, objetal. Nas depressões com tristeza, os pacientes nos falam de sentimentos, que estão tristes. Nas depressões sem tristeza, falam de algo físico; geralmente, que estão cansados. É possível que as duas modalidades se encontrem no mesmo paciente.

O ponto de partida da depressão sem tristeza (depressão essencial) parece ser uma falha na captação de afetividade nas primeiras semanas de vida devido à falta de um outro empático capaz de senti-la. Segundo Costa (2010), para Freud, o ponto de partida do desenvolvimento do ego reside na consciência, e um dos conteúdos iniciais da consciência é o afeto, que surge primeiro, e depois a percepção, da qual derivam as marcas mnêmicas. Sentir afeto é requisito para que surja a consciência ligada à percepção. A falta dessa experiência emocional pode gerar vivências traumáticas precoces, pois ocorre em um momento no qual não se tem o aparelho psíquico para acolher, ficando os acontecimentos em questão inacessíveis à lembrança.

Na vivência atual, o fator traumático precoce, gerador de feridas narcísicas profundas, é reativado. O aparelho psíquico não possui condições para elaborar esse excesso de estímulo traumático, e a dor mental, em vez de ser representada com uma expressão psíquica, ou seja, ser significada, adquirir sentido, passa a se expressar como sintoma somático e compulsão à repetição.

A compulsão à repetição tem sua origem nas dificuldades encontradas nas primitivas relações, quando o excesso de excitações provenientes de vivências traumáticas não sofre as transformações necessárias para atingir a representação psíquica, levando, consequentemente, às angústias avassaladoras e ao vazio existencial do não representado e do irrepresentável.

Quando falamos do irrepresentável, estamos diante da dificuldade em detectar na clínica inscrições que não encontram representações em palavras e, sim, em repetições quase puras, que se apresentam desde uma fúria excessiva até uma extrema passividade, ou indiferença, ou somatizações e atuações.

Bion (1967/1969) preconiza que os analistas não devem procurar se lembrar nem compreender ou desejar. Essa postura implica um desinvestimento do trabalho pré-consciente, um relaxamento mais profundo da atenção no analista, que seria condição para alcançar um estado de escuta diferente, mais regrediente que o da atenção flutuante. "Parece que a única forma de compreender os traumas precoces é aproximar, o que for possível na sessão, as condições de regrediência e de simultaneidade, características de um trabalho de transformação que só o sonho é capaz" (Botella, 2005).

Manejo técnico

Quando tratamos esses casos em um *setting* psicanalítico, várias considerações técnicas devem ser levadas em conta. Frequentemente, é indicado que as sessões sejam face a face, uma vez que facilitam adaptações ao estado afetivo do paciente. A tarefa de interpretar pode ser muito difícil em um primeiro momento devido à falência narcísica, à fragilidade egoica e à falta de compromisso do paciente com o tratamento. No entanto, o uso de técnicas associativas favorece o desenvolvimento de diálogos com esses pacientes. O silêncio absoluto está definitivamente fora de questão.

"Utilizo o termo 'diálogo', já que acredito que nesse tratamento psicanalítico há um tipo de abordagem que denomino 'a arte do diálogo'; para que o paciente se interesse pelo processo do pensamento, deve-se pensar com ele e envolvê-lo no processo" (Aisenstein, 2004).

Uma característica marcante da psicanálise contemporânea é a preocupação com seu aspecto relacional ou vincular e, consequentemente, seu interesse pela interação entre o analista e o analisando. O encontro analítico passou a ser visto como uma relação que produz um impacto emocional mútuo, no qual ocorrem trocas de informações, ou seja, comunicações nas esferas verbal e não verbal, intencionais ou não.

Para Joseph (1985), o adulto, segundo a neurociência, retém na memória procedural a relação primária de objeto, e sua manifestação só é apreensível pelo analista por meio da ação da transferência, e não por meio da fala. O analista, por sua vez, só pode captar essa transferência pela contratransferência, isto é, pelo que é levado a sentir como ação do paciente sobre ele. Ou seja, não há palavras nessa comunicação, pois trata-se de vivências primitivas pré-verbais (o não representado e o irrepresentável). Apenas ao tornar consciente, isto é, pensar o que sentiu (captar pelo pensamento e passar, portanto, à memória explícita, verbal), o analista pode interpretar para o paciente o que está se passando entre os dois e chegar, então, à figurabilidade.

Segundo Barros (2006):

> *A contratransferência é um campo de articulação não discursivo, transmitindo, via identificação projetiva, a vida mental do paciente da forma como ela está operando no aqui e agora da transferência. Para que a contratransferência se transforme em uma interpretação, ela necessita percorrer um longo caminho, que inclui autoanálise, reflexão, familiaridade e relação com a teoria analítica etc. Ao interpretar, o analista parte de um campo não discursivo das vivências e imagens evocadas para o campo da interpretação formulada em linguagem discursiva descritiva de significados.*

Caso clínico

Desde os primeiros contatos com essa paciente, que apresenta um quadro misto de depressão e somatização, observei quanto ela se mostrava resistente ao contato analítico e, paradoxalmente, como manifestava o desejo de uma entrega cega e desesperada: "*Vim procurá-la porque não aguento mais tanta dor e tristeza. Você precisa me ajudar e dizer o que eu devo fazer...*".

Alice, quando me procurou, disse estar muito desanimada e, nas palavras dela, com a vida sem sentido. Não conseguia dormir bem e apresentava constantes episódios de dor generalizada. Sua mãe falecera recentemente e seu filho tinha se casado e mudado para outra cidade. Essas situações de perda foram vividas como experiências traumáticas e, desde então, seus sintomas se intensificaram.

Alice referiu que ficou mais próxima da mãe depois do nascimento de seu filho, quando pôde contar com sua ajuda e seu apoio. Em suas lembranças infantis, sua mãe estava sempre trabalhando. Era uma pessoa tarefeira, cuidadora, mas distante afetivamente.

Procurou-me na esperança de que eu pudesse oferecer-lhe respostas concretas, um manual que ensinasse como não sofrer com a realidade que estava enfrentando e, principalmente, como ajudá-la a recuperar o funcionamento operatório de antes, quando sua vida era dirigida e tomada pela ação. Ela não percebia como era frágil o contato consigo mesma e quanto sua vida não tinha sentido próprio.

Desde o início, a analista intuiu que o trabalho analítico com esta paciente seria muito difícil, com muita resistência, consciente e inconsciente, e principalmente percebia um esvaziamento emocional, um excesso de pragmatismo, ação mecânica e rigidez. Percebia também uma negatividade e muito ódio.

Alice só conseguia ter o registro da falta, do negativo e do ódio pela frustração de o mundo não ser como ela gostaria. Parecia que vivia com a certeza de que era injustiçada pela vida e que um dia isso obrigatoriamente mudaria. Mas seria uma mudança de fora, do mundo, e não uma mudança interna, sua.

Ali, comigo, ela se repetia em um constante relato muito triste, monótono e detalhista de suas dores, do medo de um diagnóstico de câncer ou de outra doença grave e da necessidade de buscar médicos e fazer exames ao menor sinal de mal-estar físico. Falava também das noites maldormidas, de seu desinteresse pela vida e de como vivia em constantes tensão e angústia.

Aos poucos, relatava sua história, mostrava como sempre foi muito ativa e controladora, levava seu trabalho e os cuidados com o filho, o marido e a casa com muita eficiência e organização. Percebia como o sentido de sua vida estava deslocado de si mesma. Vivia para cuidar dos outros e se ressentia por não ser tratada da mesma forma e por não ter o que esperava. Transferia, para mim, suas frustrações, apontava para o fato de que eu não a ajudava e que as dores continuavam.

Ela começou a perceber que sua vida nunca mais voltaria a ser como antes e, aos poucos, ansiou por mudanças. Não queria mais viver só "fazendo as coisas", sem sentir prazer e sem que elas tivessem um significado para ela. Essa mudança, na verdade, provocou mais dor. Foi um momento difícil da análise, quando percebeu como era difícil ter seus próprios objetivos, um planejamento de vida que lhe desse prazer e sentido.

Os sintomas fibromiálgicos e os ressentimentos contra os familiares e para comigo aumentaram, e ela precisou de mais medicação: *"Você não me ajuda, agora estou pior, nem consigo ser como era e não sei como tenho que ser... Sinto um vazio muito grande".*

Contratransferencialmente, a analista sentia a violência de seus ataques e se compadecia de sua dor, e o tempo todo procurava também se acalmar e suportar seus ataques para ajudá-la da melhor maneira possível.

Tem sido um processo doloroso constituir sua própria identidade. Ela tem uma conduta muito pragmática e rígida, mas, quanto ao *self* e à autoestima, observa-se uma extrema fragilidade, não sabe o que quer da vida.

Sempre me fazia perguntas diretas sobre o médico que eu indicaria para ela, o salão que eu frequentava, onde comprava objetos para decoração, móveis etc. Comecei a sentir, contratransferencialmente, que eram perguntas para se aproximar de mim como referência identificatória, em uma condição anterior à edípica, que pediria uma interpretação. Procurava um parâmetro para constituir uma identidade afetiva e chegar às suas próprias decisões. Percebi que, por meio de nossas conversas, pouco a pouco tomava posse de suas qualidades estéticas, de seu bom gosto e de sua capacidade afetiva para com a família, seu lado cuidador que existia e era exercido, mas não sentido como prazer e conquista pessoal, que pudessem deixá-la feliz por ser uma característica sua.

Por ocasião do Natal, trouxe-me uma lembrança, e percebi quão criativa e cuidadosa tinham sido sua escolha e sua apresentação. Na hora em que recebi o presente, evocou em mim uma sensação de que ela novamente cumpria uma obrigação, sem usufruir do prazer do ato; não era um ato libidinizado, e, sim, politicamente correto, ou seja, era educado presentear as pessoas naquela data festiva.

Senti que precisava falar com ela sobre seu ato e falei que percebia quão criativa e cuidadosa ela tinha sido ao procurar e embalar o presente. Ela disse que era uma coisa de que gostava muito de fazer, mas que não percebia que poderia ser um ato prazeroso e significativo. A meu ver, em seu início de vida e na infância foi privada de alguém que tivesse um olhar mais lúdico e afetivo, com mais leveza, e que permitisse a erotização da vida, para que, então, pudesse ter significado emocional.

As recaídas no sentimento de vitimização e de ressentimento pelas frustrações vividas e pela falta da atenção desejada diminuíram e, pouco a pouco, conseguiu se desvencilhar da relação simbiótica com os seus. Diminuiu bastante a quantidade de medicação e, principalmente, temos enfrentado juntas o terrível sentimento de vazio e buscado dar sentido à sua vida.

Com estes pacientes sinto que é como se precisássemos num primeiro momento "alfabetizá-los emocionalmente". Apontar cada comportamento e associá-lo a um significado emocional, muitas vezes, de uma forma clara e objetiva. Observo mudanças lentas, cheias de altos e baixos, percebo que está diminuindo a necessidade de somatização ou de ressentimento para se sentir viva, se perceber. Começa aparecer busca por realização, por prazer e não ação pela ação sem sentido emocional.

Conclusão

Os pacientes que, como Alice, apresentam um quadro misto de depressão e de somatização costumam se manifestar de forma melancólica, ressentida e narcísica, facilmente se desorganizam quando contrariados ou encontram dificuldades e necessitam de um tempo maior para se reorganizar. Ficam aprisionados no passado e se repetem na mesmice dos próprios conflitos. Utilizam as somatizações como meios de se defenderem da dor pela percepção do vazio existencial e por reconhecerem que se constituem pela dor e negatividade.

São remetidos a situações traumáticas precoces diante de vivências atuais penosas, e passa, então, a predominar o funcionamento calcado na compulsão à repetição. São essas vivências que precisam ser construídas e reconstruídas na relação analítica por meio do trabalho de figurabilidade, desenvolvido pela mente do analista e do analisando, na relação transferencial/contratransferencial, de maneira que dê sentido a essas experiências.

A pouca expressividade afetiva, a pobreza do fantasiar e a concretude do pensamento, característicos do "funcionamento operatório" e presentes nos pacientes que desenvolvem quadros de doenças somáticas, estavam presentes no funcionamento mental de Alice. Outro ponto importante no entendimento dessa sintomatologia apontada, pela psicossomática psicanalítica, é a depressão essencial (depressão sem tristeza).

Percebia em Alice a existência dos dois tipos de depressão. Observava uma postura ressentida, chorosa e melancólica pela dificuldade em fazer o luto pela perda do objeto (demorou muito para elaborar o luto pela morte da mãe): depressão com tristeza. Percebia também que havia uma falta de referência emocional, uma apatia e, principalmente, falta de interesse pela vida e falta de libido, como ocorre na depressão sem tristeza. A vida não tinha sentido emocional quando ela se percebeu sem a automatização de seus atos, no momento em que sua vida mudou e não cabia mais a defesa pela ação. Ela precisava não só lidar com seus lutos, mas também desenvolver um "repertório" emocional do qual não tinha registro devido a situações traumáticas que geraram uma falta de libidinização, necessária para dar sentido à vida.

O processo analítico com esses pacientes inclui permanentes idas e vindas, melhoras e pioras intensas e intermináveis. São análises longas que exigem desprendimento e vitalidade por parte do analista. É na relação transferencial/contratransferencial que novas qualidades de vínculo serão desenvolvidas.

Referências

Aisenstein, M. (2004). Aspectos técnicos e teóricos sobre a psicossomática e a ação terapêutica da psicanálise. *Revista de Psicanálise da Sociedade Psicanalítica de Porto Alegre* (SPPA), 11(2), 269-281.

Barros, E. M. R. (2006). Contratransferência e interpretação das relações de objeto. In J. Zaslavsky & M. Santos. *Contratransferência, teoria e prática.* Porto Alegre: Artmed.

Béjar, V., & Teixeira, M. J. (2007). Observações psicanalíticas sobre aspectos emocionais fibromiálgicas. *VI Diálogo Latino-Americano Intergeracional entre Homens e Mulheres – Corpo e Subjetividade.* Rio de Janeiro, RJ, Brasil.

Bion, W. (1969). Notas sobre memória e desejo. *Revista de psicoanalisis de Buenos Aires, 26,* 679-692. (Obra original publicada em 1967).

Botella, C. (2005). Trauma e rememoração, realidade ou convicção. *Congresso Internacional de Psicanálise da International Psychoanalytical Association.* Rio de Janeiro, RJ, Brasil.

Costa, G. (2010). *A clínica psicanalítica das psicopatologias contemporâneas* (Depressão sem tristeza (caso Isolda)). Porto Alegre: Artmed.

Eizirik, C. L., Aguiar, R. W., Schestatsky, S. S. et al. (Orgs.). (2005). *Psicoterapia de orientação psicanalítica: fundamentos teóricos e clínicos.* Porto Alegre: Artmed.

Freud, S. (1977a). *Rascunho G: melancolia.* (Edição Standard Brasileira das Obras Psicológicas Completas de Sigmund Freud, vol. 1, Jaime Salomão, Trad.). Rio de Janeiro: Imago. (Obra original publicada em 1896).

Freud, S. (1977b). *Além do princípio do prazer*. (Edição Standard Brasileira das Obras Psicológicas Completas de Sigmund Freud, vol. 18, Jaime Salomão, Trad.). Rio de Janeiro: Imago. (Obra original publicada em 1920).

Freud, S. (1977c). *Luto e melancolia*. (Edição Standard Brasileira das Obras Psicológicas Completas de Sigmund Freud, vol. 14, Jaime Salomão, Trad.). Rio de Janeiro: Imago. (Obra original publicada em 1915/1917).

Green, A. (2007). *Orientações para uma psicanálise contemporânea*. Rio de Janeiro: Imago.

Joseph, B. (1985). Transference: the total situation, *International Journal of Psychoanalysis*, 66, 447-454, citado por E. M. R. Barros (2006). Contratransferência e interpretação das relações de objeto. In J. Zaslavsky & M. Santos. *Contratransferência: teoria e prática*. Porto Alegre: Artmed.

Maldavsky, D. (1995). *Pesadillas em vigilia: sobre neuroses tóxicas y traumáticas*. Buenos Aires: Amorrortu.

Marty, P. (1995). *El orden psicosomatico* (La vida operatoria). Valencia: Promolibro. (Obra original publicada em 1963).

Minerbo, M. (2009). *Neurose e não neurose: clínica psicanalítica*. São Paulo: Casa do Psicólogo.

Smadja, C. (2005). *La vida operatoria: estudos psicanalíticos*. Madrid: Biblioteca Nueva.

10. Doença de Crohn e retocolite: abordagem psicanalítica dos fenômenos somáticos[1]

Denise Aizemberg Steinwurz

Introdução

Ao longo da vida, com frequência, enfrentamos situações inesperadas, geradoras de intensas angústias. Se, por um excesso, essas angústias não podem ser digeridas, elas transbordam para o corpo, que adoece.

Na vida adulta, uma doença física pode ser desencadeada por situações de perda, como a morte de um ser amado, a perda do emprego, condição financeira precária, separações ou momentos de impasse. Essas situações remetem à profunda dor mental, e a dificuldade de tolerar a dor leva o indivíduo, muitas vezes, a utilizar seu corpo para se defender dela. Contudo, essas situações só são consideradas traumáticas porque se ligaram, *a posteriori*, a um trauma anterior, relacionado a perdas significativas na infância.

---

1   Este capítulo é uma versão revisada do artigo de mesmo nome publicado em 2016 pela Revista *Psicanálise*, 18(1), da Sociedade Brasileira de Psicanálise de Porto Alegre.

Uma das importantes aquisições do desenvolvimento psíquico é a capacidade de simbolização. A capacidade de elaborar conflitos por meio de processos psíquicos depende do grau de complexidade que alcançou um indivíduo em sua estruturação emocional. A abordagem psicanalítica dos fenômenos somáticos compreende as doenças físicas e as afecções corporais como medidas defensivas para manter o equilíbrio dessa organização emocional. Quando há falhas nesse processo, porém, isso pode resultar na somatização dos sofrimentos psíquicos. Na ausência do símbolo e da palavra, é no corpo que eles se manifestarão.

Os fenômenos somáticos podem ser considerados uma modalidade de descarga de angústias que não podem ser pensadas e que são provenientes de experiências traumáticas sofridas em estágios precoces do desenvolvimento da pessoa. Essas vivências precisarão ser nomeadas para, então, serem pensadas e elaboradas, em vez de seguirem sendo *derramadas* sobre o soma.

Quadros de hipertensão arterial grave, diabetes, dermatites, fibromialgia, doenças autoimunes – como lúpus e vitiligo –, doenças gastrointestinais – como gastrite, retocolite ulcerativa ou doença de Crohn –, entre outras doenças, podem se manifestar em épocas de conflito e depois desaparecer. No entanto, elas podem se instalar como doenças crônicas que geram graus diversos de incapacidade na vida pessoal e profissional do indivíduo, colocando sua vida em risco.

Nessas circunstâncias, o objetivo de um atendimento psicoterápico ou psicanalítico será, por meio do encontro entre analista e analisando, criar condições favoráveis e necessárias para ampliarmos o repertório psíquico do paciente, de modo que ele possa pensar em seus conflitos em vez de depositá-los em seu corpo. Esse é o campo da psicossomática psicanalítica; ela promove uma abordagem voltada para as patologias decorrentes de falhas do processo de simbolização e da construção de um sólido narcisismo primário.

Concepção da psicossomática para a Escola de Psicossomática de Paris

Até a década de 1960, a psicossomática estava sob o domínio da medicina, até que, paralelamente a uma corrente psicopatológica mais ou menos bem definida, nasceu a Escola de Psicossomática de Paris, dirigida por Pierre Marty e com a colaboração de colegas. Ao trabalharem como clínicos em hospitais gerais, os membros do grupo observaram, com base na óptica psicanalítica, uma precária expressividade afetiva e uma pobreza do fantasiar nos pacientes que desenvolviam doenças somáticas.

A Escola de Psicossomática de Paris propiciou uma revolução conceitual com base no estudo do funcionamento mental de pessoas acometidas por uma afecção no corpo. Assim, foi possível descrever com mais precisão a gravidade e o significado dos sintomas de um paciente somático em sua economia psíquica. Segundo esse modelo, há uma relação inversamente proporcional entre o valor funcional da atividade mental e a alteração somática: quanto menos rica e evoluída é a atividade mental do sujeito, mais séria é sua alteração somática (Smadja, 2005).

Estudando mais detidamente o funcionamento mental desses pacientes, Marty (1993) descreve configurações peculiares, como o conceito de funcionamento operatório. Este se caracteriza pela superadaptação às normas e aos valores sociais, além da necessidade de estar em atividade o tempo todo; ele também apresenta falhas na ordem das representações e das fantasias inconscientes. Há um superinvestimento da realidade perceptiva, que tem como objetivo proteger o eu fragilizado, de ser invadido pelo que o paciente sente como angústias intoleráveis advindas de vivências psíquicas difíceis.

No decorrer deste trabalho, apresentarei o material clínico de dois pacientes, nos quais poderemos identificar uma impossibilidade de sentir qualquer emoção. Por ser experienciada como muito desorganizadora, essa emoção acaba escoando de forma bruta para o corpo, que adoece.

Para Smadja (2005), a pobreza do discurso e a superficialidade afetiva revelam o empobrecimento psíquico. Por isso, ao relatarem seus problemas físicos, essas pessoas parecem não ter mais nada a dizer. Há uma espécie de resfriamento afetivo que acompanha o funcionamento operatório, denominado *depressão essencial*, um tipo de depressão sem a sintomatologia clássica da depressão, como culpa, choro e lamentações. Em vez disso, nessa depressão sem expressão, há um cansaço tenaz, um desinteresse pela vida e um estado de tensão que, por vezes, o paciente descreve como estresse. Ele sente um mal-estar vago, permanente e generalizado, semelhante aos estados de angústia difusa. Esse resfriamento é consequência da perda durável e profunda da libido narcísica e objetal, peculiar às falhas na constituição do narcisismo primário, decorrentes de traumas precoces ou repetitivos durante a vida.

Conforme avalia Smadja (2013), uma das concepções inovadoras de Marty foi a superação do dualismo psique-soma. Ao propor que a palavra "psicossomática" não fosse separada por um hífen, ele sugere uma mudança também na visão que temos dos elementos que estão em interação nas afecções fisiológicas.

Para a Escola de Psicossomática de Paris, a realidade psicossomática deve ser pensada em termos de incessantes movimentos de evolução e de regressão que percorrem o sujeito humano ao longo de toda a sua vida e no mundo em que vive.

Integrantes da Escola de Psicossomática de Paris, Pierre Marty, Michel Fain, Michel de M'Uzan e Christian David descreveram dois grandes movimentos psíquicos que criam as condições de desenvolvimento de uma somatização. Esses movimentos são chamados de processos de somatização. O primeiro é a regressão somática e o segundo, o desligamento psicossomático. Eles não são radicalmente independentes um do outro, mas ocorrem em somatizações de natureza e de gravidade diferentes (Smadja, 2005).

Regressão somática

Por meio desse movimento psíquico, o paciente se apresenta com uma organização construída sob uma modalidade neurótica, nos quais o pensamento é sustentado por representações e fantasias. Em geral, há um fato vivido como uma experiência traumática, que ativa antigas feridas narcísicas e altera o funcionamento psíquico. Quando ocorre uma regressão, a somatização é benigna e reversível em um espaço de tempo que pode ir de dias a meses. Um exemplo disso é a gastrite (Smadja, 2005).

Segundo Victoria Regina Béjar (2014, p. 68):

> *Na regressão somática, a desorganização se detém em determinado órgão ou segmento corporal, que serve de platô de fixação para que os movimentos evolutivos reorganizadores da pulsão de vida reconduzam aos níveis*

psíquicos mais desenvolvidos. Geralmente se manifesta como uma disfunção fisiológica. A função do sintoma é deter o processo regressivo e criar as condições necessárias para que o psiquismo se reorganize.

Pierre Marty (1993) descreve esse movimento de regressão somática, apontando que as bases narcísicas se mostram, muitas vezes, falhas, como se fossem testemunhas de antigas feridas, ou seja, irregularidades do funcionamento mental. A evolução é rápida e reversível e acontece com a maior parte das pessoas (Smadja, 2005).

Desligamento psicossomático

Diferentemente da regressão somática – na qual impera uma tensão e uma excitação –, no desligamento domina uma espécie de calma psíquica. O paciente não se sente deprimido, mas também não se sente exatamente bem. Ele vive em um mundo de conformidade e "faz o que tem de ser feito". Seu pensamento é concreto e restringe-se ao presente. Seu discurso é desprovido de uma adequada modulação afetiva e das fantasias que, em geral, sustentam o pensamento.

Quando em tratamento, esse paciente tenta estabelecer com o psicanalista uma relação funcional, como aquela de uma relação médica clássica. Entre os meus pacientes, não é incomum que cheguem ao consultório com seus exames clínicos e de imagem (radiografias e colonoscopias, por exemplo) – principalmente os que vieram indicados por seus médicos –, mesmo que saibam se tratar de uma entrevista psicológica. Comumente, o paciente não consegue associar livremente ou fazer uma reflexão mais profunda sobre si mesmo; ele busca no analista receitas e instruções de ordem prática.

O que Claude Smadja (2005) observa é que esse tipo de paciente tem uma concepção do mundo pela qual imagina que o outro é igual a ele. Seu estado psíquico parece o resultado de um lento processo de apagamento das produções psíquicas que organizam sua singularidade. Quando acontece algo que daria um matiz mais intenso ou que teria um caráter traumático, imediatamente um agravamento de sua enfermidade ocupa o lugar daquilo que poderia ser uma dramatização psíquica.

Smadja (2005) alerta que as somatizações desses pacientes são malignas, graves e evolutivas e podem levar à morte. Nos processos de regressão somática, a aparição e o desenvolvimento de somatizações são imediatos e rápidos. No desligamento, ao contrário, elas se desenvolvem progressivamente e, em um primeiro momento, de maneira silenciosa. Um exemplo disso é a doença de Crohn. O desligamento psicossomático caracteriza-se por ser um processo de longa duração. Com uma estrutura psicossomática precária, esses sujeitos têm poucos recursos para lidar com estados desorganizadores. Logo, quando uma doença se instala e se torna crônica, ela pode conduzir a uma incapacidade para a vida e até mesmo levar à morte.

Autores da Escola de Psicossomática de Paris propõem a noção de um espectro psicossomático, que ilustra metaforicamente uma variedade de organizações psicossomáticas. Essas organizações caracterizam-se pelo valor de seu sistema defensivo, pela profundidade de seu nível evolutivo e pela quantidade e pela qualidade de suas representações mentais. Em um extremo do espectro, figuram as organizações psicossomáticas mais *emaranhadas* na expressão somática; no outro, figuram as organizações psicossomáticas próximas às organizações neuróticas (Smadja, 2009b).

Esse sistema é colocado em movimento pelas pulsões de vida e de morte intrincadas ou fusionadas, seu eixo será percorrido tanto na direção evolutiva quanto na regressiva. Quanto mais evoluído for o sistema representacional e maior for a capacidade de simbolização, maior será o arsenal de defesas do qual o sujeito dispõe para lidar com movimentos regressivos quando estiver diante de uma situação traumática atual ou uma perda significativa. O desenvolvimento emocional e seus respectivos mecanismos defensivos permitirão que esse indivíduo retome sua evolução.

Para qualquer bebê, a qualidade da função materna é determinante na constituição do psiquismo. Para Pierre Marty (1993), as relações primitivas de objeto e as situações conflitivas são nucleares, caso essas relações iniciais não tenham sido adequadas. Se o vínculo afetivo com a mãe, primeiro objeto do bebê, foi precário, isso pode levar à criação de matrizes traumáticas e a um desenvolvimento psíquico igualmente traumático.

O narcisismo primário será afetado pelas falhas precoces, que comprometem, então, sua constituição e o processo de simbolização. Uma situação traumática significativa atual pode levar, em um movimento regressivo, à reativação de uma situação traumática precoce. Do ponto de vista econômico e dinâmico, esse trauma pode se expressar tanto no plano psíquico quanto no somático como resultado das modificações no conjunto da estrutura psicossomática.

Assim, é possível entender os sintomas somáticos e psíquicos como estatutos defensivos e adaptativos em resposta à situação conflitiva.

Concepções winnicottianas sobre a psicossomática

Paralelamente à Escola de Psicossomática de Paris, Donald W. Winnicott é um autor que elucida, de maneira brilhante, o complexo diálogo entre mente e corpo. Para ele, a psique e o soma não são distinguíveis no desenvolvimento sadio; por isso, o sentimento de *self* de um bebê é parte de seu corpo.

Em seu artigo "A mente e sua relação com o psicossoma", Winnicott (2000a) critica os médicos que insistem em valorizar apenas o componente físico do paciente, desconsiderando que as desordens psicossomáticas transitam entre o mental e o físico.

Segundo a teoria winnicottiana, o ser humano traz em si uma tendência inata para o desenvolvimento e para a integração. Essa tendência, contudo, não se cumpre de forma automática, com a simples passagem do tempo e com o crescimento, pois trata-se de uma tendência, e não de uma determinação. Para que essa tendência se realize, o bebê depende fundamentalmente da presença de um ambiente facilitador, que forneça cuidados suficientemente bons (Winnicott, 2005).

Para Winnicott (1990), a psique não é uma estrutura preexistente e, sim, algo que vai se constituindo com base na elaboração imaginativa dos elementos, dos sentimentos e das funções somáticas. Essa elaboração se faz a partir da capacidade materna de exercer funções primordiais como o *holding*, o *handling* e a apresentação de objetos.

Com o desenvolvimento maturacional, a necessidade de um meio ambiente perfeito, que inicialmente é absoluta, torna-se relativa; se a mãe é suficientemente boa, o bebê se torna capaz de compensar suas deficiências por meio de atividade mental. A compreensão do bebê livra a mãe da necessidade de ser perfeita, embora ela, normalmente, tente manter o mundo do bebê tão simples quanto possível (Winnicott, 2000a).

Um ambiente inadequado ou uma mãe fora do estado de preocupação materna primária, descrita por Winnicott (2000b), são sentidos como uma invasão à qual o psicossoma do bebê precisa reagir; essa reação perturba a continuidade de existência do bebê.

Alguns tipos de fracasso materno, especialmente o comportamento irregular, produzem uma hiperatividade do funcionamento mental. Há um crescimento excessivo da função mental como reação a uma maternagem inconstante, além de um desenvolvimento de uma oposição entre a mente e o psicossoma. Em reação a esse fracasso ambiental materno, o pensamento do bebê começa a controlar e organizar os cuidados ao psicossoma, ao passo que, na saúde, essa é uma função do ambiente. Quando há saúde, a mente não usurpa a função do meio ambiente, mas, sim, permite que ocorra a compreensão das falhas da mãe.

O resultado mais comum de um precário cuidado materno tantalizante nos estágios iniciais é que o funcionamento mental se torna uma coisa em si, passando a existir por si mesmo, substituindo a mãe boa e tornando-a desnecessária. A psique do bebê se deixa atrair por essa mente, afastando-se do relacionamento íntimo que originalmente mantinha com o soma. Disso resulta uma mente-psique que é um fenômeno patológico (Winnicott, 2000a).

Assim, estão dadas as condições para uma doença psicossomática, que se caracteriza por uma dissociação entre psique e soma, impedindo que o sentimento de *self* se desenvolva e que o indivíduo perceba a relação entre seu sintoma físico e seu psiquismo. Em outras palavras, o paciente portador de uma doença psicossomática entende algo sobre si apenas no plano intelectual. A solução é dar-lhe tempo para que se recupere da dissociação decorrente de um trabalho com o psicanalista, a fim de que possa acessar a experiência traumática por meio da regressão nas sessões analíticas e alcançar uma experiência integradora pela primeira vez.

A função do psicanalista

Quando esses pacientes chegam em busca de tratamento psicanalítico, Smadja (2009a) propõe que o analista seja um objeto novo e vivo, por meio do qual será possível para o indivíduo retomar a continuidade psíquica que acompanha o processo de transformação evolutiva. Até esse momento, o que ele viveu foi uma descontinuidade entre o curso dos acontecimentos psíquicos e o dos acontecimentos somáticos, acompanhada de uma desorganização que rompe as fronteiras da regressão libidinal e cai nos mecanismos íntimos da autodestruição orgânica.

> *De fato, esta abordagem psicossomática, tanto do fato psíquico quanto do fato somático como um todo dinâmico que opera diferenciações evolutivas e desdiferenciações regressivas, exige do psicanalista que ele renuncie a uma escuta clivada que mantém separados e independentes o curso dos acontecimentos psíquicos e aquele dos acontecimentos somáticos. Confrontando-se com essa crise metapsicossomática que conduz a uma doença orgânica, o psicossomatista deve posicionar-se como um atrator da evolução pulsional de seu paciente (Smadja, 2009a, p. 20).*

Em alguns momentos, o analista cumprirá o que Smadja (2005) descreve como uma função materna, a fim de ajudar o paciente a conservar sua saúde. A respeito do pensamento de Pierre Marty, ele aponta que

> *Analogamente, a função materna do terapeuta supõe que a prática psicoterapêutica seja codificada com uma finalidade conservadora para a saúde do paciente [...]. As diversas modalidades identificatórias do analista com seu paciente mobilizam a atividade interpretativa e a modulam em função do nível e da qualidade do funcionamento psíquico do paciente e também segundo seu próprio ritmo (Smadja, 1993, p. 91).*

Para Marty, a clínica confirma a ideia de que toda interrupção ou deficiência dessa fonte de investimento trará graves dificuldades à criança no desenvolvimento de sua vida pulsional e poderá criar as condições para a formação de organizações narcisistas na idade adulta.

No *setting* psicanalítico, o analista criará condições que permitam ao paciente percorrer com ele o caminho inverso àquele que o levou a canalizar toda a sua energia pulsional para as somatizações (Smadja, 2009a). Isso significa que o trabalho analítico deve permitir a emergência de um novo espaço de representância psíquica para o conflito psíquico. Por sua postura, o analista se oferecerá ao paciente para um processo de objetalização, uma inovação psíquica. Ele exercerá uma função de potencialização do processo auto--organizador em seu paciente.

Esse trabalho analítico, em sua processualidade, foi especificado por Pierre Marty em uma fórmula que se tornou clássica: *da função materna à psicanálise*. Ela indica um trajeto de uma conduta materna a uma conduta psicanalítica e, também, uma direção: a que parte de uma conduta materna e se dirige para um objetivo, o de uma percepção psicanalítica clássica do paciente. Essa direção, na prática da interpretação, repousa em uma concepção da evolução. Para Marty (citado por Smadja, 2009a), o psicanalista psicossomatista ajudará seu paciente a refazer o caminho perdido no momento da desorganização psíquica e a retomar seu funcionamento psíquico habitual. É o que Marty denomina *reorganização psicossomática*.

O que a clínica nos mostra

Dois pacientes de minha clínica nos ajudarão a ver como esses fenômenos ocorrem: Rafael, que tem retocolite ulcerativa, e Felipe, portador de doença de Crohn.

A doença de Crohn é uma doença inflamatória crônica do trato gastrointestinal. Ela pode afetar qualquer parte do tubo digestivo e, habitualmente, causa diarreia, cólica abdominal, febre e, às vezes, perda de sangue e muco nas fezes. Felipe, um adulto jovem portador de doença de Crohn, chegou para análise depois de ter passado por uma crise da doença. Os sintomas de sangramento, diarreia, fortes dores abdominais e perda do apetite culminaram em um rápido emagrecimento. Até chegar ao diagnóstico de doença de Crohn, Felipe passou por um processo difícil e penoso, pois foi internado várias vezes e realizou exames desagradáveis e dolorosos. Durante uma de suas internações, teve de fazer uma cirurgia no intestino, e foi confrontado, inicialmente, com a possibilidade de ser portador do vírus da Aids.

Felipe é solteiro. Mora com seus pais, sua irmã e seu sobrinho. Ele manifestou os sintomas da doença pela primeira vez aos 26 anos de idade, após duas grandes perdas: a saída de casa de seu irmão para casar-se e a morte de seu cachorro de 14 anos. Antes mesmo de ter a doença de Crohn, Felipe sempre reagiu com manifestações somáticas diante das separações. Sentia um mal-estar e tinha diarreia como primeira reação à notícia da perda de um parente ou amigo próximo.

A primeira sessão de Felipe elucida o profundo sentimento de desamparo vivido em suas internações, mostrando que necessitava uma mãe-analista capaz de conter suas angústias. Além disso, essa sessão reflete seu pensamento operatório e seu investimento narcísico no corpo.

Felipe entra, senta-se na poltrona e fica quieto, como se esperasse algum incentivo de minha parte para começar a falar.

D.: Fale-me um pouco sobre você...

F.: Foi mais ou menos no fim de 2005. Eu estava com uma vida profissional bem corrida... Eu sou auxiliar de enfermagem. Em dezembro, meu irmão se casou, só que eu nunca consegui assimilar a separação de meu irmão, da família. Quando ele se casou, foi como se estivessem me tirando ele, eu perdendo um irmão e não ganhando uma irmã, no caso, minha cunhada. Em janeiro de 2006, morreu um dos meus cães mais velhos, com 14 anos... Eu amo muito animais... Então, para mim, foi como perder uma pessoa. Eu não soube assimilar o que estava acontecendo, e isso desencadeou o sangramento, que eu comecei a ter no dia 6 de janeiro. Falei com minha mãe, e ela falou: "Vamos procurar um médico no hospital". Eu falei: "Não!", pois eu estava há pouco tempo no serviço; não queria parar e tinha medo também. Geralmente, você tem um câncer, uma coisa mais séria. Eu não queria parar de trabalhar para ir ao médico. Eu falei: "Não, eu vou conseguir superar sozinho", e continuei trabalhando. Fui perdendo peso muito rápido; as roupas vão ficando mais largas. Eu comecei até a usar duas calças para disfarçar. Só que chegou a um ponto em que não dava. Começou a me dar queda de pressão por causa das cólicas muito fortes. O médico da perícia foi fazer o exame e pediu para todos tirarem a roupa. Quando ele me viu, ele disse: "Tem alguma coisa errada com essa sua magreza; isso não é normal!". Falei que eu estava sentindo muita dor do lado direito. Quando ele apalpou, apertou mais forte na área que o deixou mais desconfiado, e eu gritei, porque estava muito dolorido, a pele sensível, não podia nem tocar na barriga! Ele me afastou do serviço imediatamente e disse: "Olha, você está com retocolite ou doença de Crohn. Procure direitinho e faça exames, vê se confirma o diagnóstico, mas eu vou te afastar agora". Aí, começou a correria, porque eu estava na carência do convênio e não tinha como fazer a colonoscopia, que é o exame mais detalhado nesse caso. Aí eu comecei a correr atrás... Fui para o Hospital São Paulo, eles me internaram; como eu não morava na região, ficava quatro horas quando eu ia, aí me davam alta. O médico me orientou a esperar o cumprimento da carência e a procurar um hospital do convênio para ver o que o exame constatava e, então, voltar lá. Achei estranho, né? É uma doença de que eu nunca tinha ouvido falar, nem de parente próximo, amigo, nada. Aí, foi passando... No Hospital São Paulo, não consegui. Aí me encaminharam para o Emílio Ribas, onde tratam doenças e moléstias infecciosas. Me disseram que a senhora é especialista em doença de Crohn, daí eu vim aqui.

D.: Eu entendo que você se sente muito desamparado, sozinho, enfrentando muita dor e gostaria de encontrar com quem compartilhar todas essas vivências assustadoras e desconhecidas.

F.: Eu fui para o Emílio Ribas. Quando dei entrada lá, achei que eu já não andava mais, só com auxílio. Eu estava muito fraco, fraco mesmo. Eu nunca tinha passado por uma situação daquelas, entrar na sala com várias pessoas... Tinha HIV, tinha paciente com câncer... A gente olha e a gente não vê a diferença... Então, eu olhei para todos e pensei: Qual é a diferença entre mim e eles? É tudo igual! Aí eu conheci uma senhora lá que me chamou muito a atenção. Ela tinha HIV há dezesseis anos e ficava brincando com o pessoal, levava uma vida normal, trabalhava, tinha filhos... Eu pensei: Meu Deus, é possível viver com uma doença crônica e viver, né?

D.: Então, você sentiu que essa senhora lhe deu alguma esperança e, com isso, se sentiu melhor.

F.: Fui fazer a coleta de sangue. Quando a médica ia conversar comigo para ver o que estava acontecendo, eu me senti bem constrangido, pois os médicos usam máscara. Eu pensei: Acho que o que eu devo ter deve ser muito grave! Porque eu nunca tinha passado lá! Precisava de máscara! Aí, depois, veio o lado profissional. Eu pensei: Não, o que ela quer é não me contaminar, e não o contrário; é só um cuidado que ela está tendo. Nada contra minha pessoa. Aí comecei a digerir de maneira positiva o que estava acontecendo.

D.: Talvez, aqui, você também tenha pensado se eu posso ouvir você sem ficar contaminada, sem entrar em pânico com você.

F.: Eles me internaram. Aí eu pensei: É aqui mesmo que eu vou ficar, até eles descobrirem o que eu tenho. Aí, como a gente da área da saúde tem curiosidade sobre os outros doentes, fui até o corredor, andar um pouco e olhar os quartos de isolamento pela janelinha. O melhor paciente só mexeu o olho, mesmo, estava bem em estado terminal. Aí eu olhava e, ao mesmo tempo, ficava em oração, pedindo para Deus, sabe? Dar força para eles e para mim, porque eu não sabia o que me esperava. Eu não sabia o que eu tinha. Fui para casa e retornei para buscar o exame de sangue. Meu tio foi comigo, porque a minha mãe estava trabalhando. Quando eu estava na fila para pegar meu exame, como eu estava muito fraco, eu desmaiei.

D.: Muito fraco ou muito assustado...

F.: Meu tio, em vez de ficar na fila, ficou lá no estacionamento. Ele esqueceu que eu não estava aguentando ficar de pé. Eu fiquei na fila. Demorou muito para ver o guichê, foi aí que eu desmaiei. Aí foi só correria, né? Porque eu não estava andando... Me colocaram na cadeira de rodas, o segurança me buscou. Quando eu menos esperei, estava lá eu de novo... Lá dentro. Nisso, minha mãe chegou, e eu comecei a chorar; eu estava nervoso e não sabia o que estava acontecendo. Melhorei, me recuperei, tomei o soro e fui para casa novamente. Minha mãe trabalha no Servidor Estadual e estava tentando uma internação para mim lá. Aí começou a correria: eu ia para o Hospital do Servidor pelo pronto-socorro, passava pela triagem, fazia exame de toque... Eu estava muito dolorido. Cada vez que eu ia, voltava para casa bem machucado, porque já estava com o intestino inflamado. O médico sempre fazia exame de toque. Eu ia para casa e nada de resolver. Eu não tinha direito ao hospital, porque era maior de 21 anos e não estava fazendo universidade no momento...

D.: Acho que aqui também nós temos alguma coisa importante a descobrir sobre você, mas você me avisa que o contato emocional é muito dolorido e que os outros profissionais têm sido pouco respeitosos e pouco acolhedores com sua dor.

F.: Eu continuei no Servidor e só ficava um pouquinho, só para atendimento de pronto-socorro, e eles me liberavam. Minha mãe ia na diretoria, porque ela trabalha lá e tem uma facilidade maior. Disse para a diretora-geral que ela estava perdendo o filho, e se não teria como, de alguma maneira, me internar lá. Isso porque a gente não tinha como correr para outro hospital! Eu, na carência do convênio... Aí a diretora deu uma carta por ela assinada. Eu ficava em casa, almoçava e, aí, em seguida, me dava cólica e eu dormia. Sempre assim. Quando estava dormindo, minha mãe me ligou, falou que tinha conseguido uma internação para mim. Para mim, eu ia passar por um exame normal, não iam me internar. Um táxi veio me pegar, porque eu não estava andando. Cheguei no hospital e não estava bem. A gente fica ansioso, né? Cheguei nervoso no hospital, aí já fui carregado desde o carro. Cheguei na triagem e comecei a chorar, porque eu estava sentindo que eu ia ficar no hospital, que eu não ia embora. Aí me deu uma crise violenta lá e não passava de jeito nenhum. Falaram que eu realmente ia ficar internado e me deram a medicação. Aí, fiz a internação e, ali, naquele momento, uma hora tão difícil para mim, foi quando minha mãe me cobriu e falou que voltava no outro dia; aí me deu um certo desespero de ficar sozinho... Não sabia o que ia acontecer... Com medo... Deu uma insegurança, porque tinha pessoas que eu não conhecia. Não sabia o que iam fazer em mim, né? Eu, com muita dor... Coloquei o avental, jantei e fiquei quietinho.

Essa sessão mostra o pensamento operatório (Marty & M'Uzan, 1994) de Felipe, que se caracterizava pela carência de atividade imaginativa e pela pobreza afetiva. No contato comigo durante a análise, houve pouco envolvimento afetivo. Suas associações ficavam ligadas à materialidade dos fatos, e não a produtos da imaginação ou a expressões simbólicas. A possibilidade de criar representações psíquicas como o sonhar, o fantasiar e as associações de ideias era muito limitada.

Raramente Felipe relatava seus sentimentos; ele narrava apenas datas e fatos de maneira cronológica e detalhada, como em uma memória de arquivo. Ele falava dos medicamentos tomados e dos exames feitos durante suas internações, bem como de sua cirurgia. A dor de Felipe, assim como a de outros pacientes com uma configuração psicossomática, era vivida no corpo, porque ela não tinha representação simbólica. O pensamento, nesse sentido, era concreto. Felipe parecia não sentir qualquer emoção, pois esta era sentida como uma força disruptiva. Protegia-se de angústias que ele sentia como intoleráveis e que ele nem mesmo conhecia.

Durante a análise, pensei na hipótese de a mãe de Felipe ter tido depressão no início da vida dele; assim, em uma época em que o bebê não teria de se preocupar com nada, em uma fase em que deveria ter sido tranquilo, diante de uma mãe impossibilitada devido à depressão, ele teve de usar sua mente. Assim, estariam dadas as condições para a dificuldade de Felipe em tornar real o caráter psicossomático de sua existência, além de um não favorecimento de uma coesão psicossomática.

Felipe não usava o divã nas sessões. Parecia que precisava de meu olhar para poder se reconhecer e tentar se constituir ao longo da análise. É possível que ele não tenha conseguido encontrar o brilho no olhar de sua mãe, não conseguindo, portanto, desenvolver um sentimento de existência.

O pensamento de Aisenstein (2006) vai ao encontro dessa questão. Ela aponta para o fato de que, quando tratamos pacientes fisicamente doentes, o modelo clássico da psicanálise não pode ser aplicado na prática clínica ao pé da letra. Há a necessidade de mudanças no *setting* e na técnica interpretativa que não implicam afastamento de uma rigorosa prática psicanalítica, centrada na transferência. Para a autora, lidar com essas terapias difíceis requer uma longa experiência com a psicanálise clássica. Uma das mudanças diz respeito ao fato de que as sessões sejam face a face, uma vez que facilitam adaptações ao estado afetivo do paciente.

Rafael é um homem de 60 anos de idade, casado, com três filhos, que trabalha como arquiteto em escritório. Ele tem retocolite, uma doença inflamatória crônica gastrointestinal que pode ter sintomas similares à doença de Crohn, mas acomete exclusivamente o intestino grosso. Rafael apresenta diarreia e urgência de ir ao banheiro quando em crise da doença. Desde que foi diagnosticado, há cinco anos, ele resolveu trabalhar menos para "não ter estresse" e, assim, "não sofrer crises da doença". A vinheta clínica a seguir ilustra o medo que ele tem de se aproximar de situações que o desestabilizariam ou de sentir qualquer emoção:

R.: Ontem tive uma notícia ruim... Meu funcionário, o Jorge, está no hospital e está mal... Ele fez uma cirurgia anteontem... Nas partes moles... Ele já tem 73 anos... Está mal.

D.: *Terminal?*

R.: É... Câncer, já espalhou por tudo: estômago, vesícula... Acho que não sai mais de lá. O meu amigo do escritório foi visitar ele, porque é mais íntimo dele... Eu até pensei em ir, mas... Não quero... Vai mexer comigo...

D.: *Como você acha que iria se sentir?*

R.: É... Mal. Depois que tive a retocolite, não quero passar por coisas assim. Também quase não estou guiando; só quando é necessário mesmo. Trânsito, eu não gosto, e também não quero qualquer problema no caminho. Hoje, meu filho me deixou no metrô, porque trabalha lá perto, e depois vim de táxi.

D.: *Você parece não querer viver nenhuma emoção...*

R.: [Interpelando minha fala] Boas, também!

D.: É isso que ia te dizer, boas e ruins, pois você chegou aqui bem, falando que estava tudo bem, veio me encontrar, pareceu ter gostado de me ver e, depois, contou uma coisa ruim, como a doença do seu funcionário.

R.: Por exemplo, vai ter o casamento da minha filha e eu vou entrar na igreja com ela; já estou me preparando... Porque fico muito emocionado, sensível, não quero chorar... No meu casamento, há trinta anos, eu saí chorando.

D.: O que pensa disso?

R.: Ah... Quero tentar evitar, para melhorar do meu problema. E eu adoro esse genro, é tudo de bom! Vai ser muito bom para minha filha.

D.: Qualquer emoção, você sente que te abala muito...

R.: É. Falaram que é bom fazer exercício, então eu comprei uma esteira e, dia sim, dia não, eu faço, mas não gosto; acho desagradável [faz cara de que é ruim]. Já fiz natação antes, mas não gostava.

Como Felipe, Rafael apresentava pensamento operatório. Sua tentativa de controle parecia ser uma forma de não entrar em contato com suas emoções, pois, como Felipe, também para Rafael elas seriam vividas como uma força disruptiva, que desorganizaria o que ele tentava rigidamente controlar.

No contato comigo, pude perceber a impossibilidade de os dois terem qualquer vida imaginativa. A ajuda do analista nesses casos, em que os processos de simbolização e da constituição do narcisismo primário encontram-se prejudicados, é extremamente necessária, uma vez que ele auxilia na construção da história do paciente. Dando um significado emocional à dor física e ao sofrimento do paciente, eles podem adquirir um mínimo de simbolização.

Nos pacientes que apresentam um processo de somatização do tipo "desligamento psicossomático", conforme aqui descrito, as matrizes traumáticas são decorrentes de uma relação mãe-bebê muito precária, que deixam suas marcas, como vimos com base nas ideias de Winnicott.

Considerações finais

Em muitos sujeitos como Felipe e Rafael, aquilo que é dor física, afecção orgânica ou doença no corpo funciona como a única via possível de descarga de intensidades que não encontram, em um aparato com menos recursos psíquicos, outra possibilidade de processamento.

Pela análise, a capacidade simbólica quase inexistente poderá ser construída, por meio da colocação em palavras de cada afeto não sentido e, portanto, não assimilado mentalmente. Na medida em que o analista constrói com esse indivíduo – cuja dor no corpo grita – novas ligações psíquicas, aquilo que estava inicialmente precário poderá ganhar um novo *status*: onde houve a falta de uma sustentação da mãe como primeiro objeto o analista apresenta-se como um novo objeto com quem o paciente poderá – talvez pela primeira vez – ser escutado naquilo que, de fato, o corpo denuncia.

É interessante notar que alguém acometido por uma doença física recebe uma atenção e um cuidado maiores de todo o entorno, da equipe médica e dos familiares. De algum modo, é como se ele clamasse novamente por uma maternagem que não lhe foi dada de forma suficientemente boa em uma época muito precoce de sua vida. A pessoa doente se parece com um bebê, em especial em patologias como a doença de Crohn e a retocolite, nas quais o trato gastrointestinal, assim como em um bebê, é o cerne de sua preocupação, tornando-se palco de suas dores. É como se esse indivíduo voltasse a ser um bebê que está vivendo o alimentar-se, o ter cólicas abdominais e o evacuar como aquilo que tem mais importância para sua sobrevivência.

Será no percorrer do caminho da análise, um processo que é longo e cuidadoso, que essa nova dupla poderá dar conta das intensas angústias que, de outra forma, parecem irromper no psiquismo, como que arrastando consigo a capacidade de pensar as dores emocionais. Aquilo que, até então, transbordaria para os órgãos do corpo vai logrando outras vias de se fazer ver, agora com possibilidade de se fazer representar.

Referências

Aisenstein, M. (2006). The indissociable unity of psyche and soma: a view from the Paris Psychosomatic School. *Internacional Journal of Psychoanalysis, 87*(3), 667-680.

Béjar, V. R. (2014). Função integradora da neurose como defesa. In M. R. M. Volich, W. Ranña & M. E. P. Labaki (Orgs.). *Psicossoma V: integração, desintegração e limites*. São Paulo: Casa do Psicólogo.

Marty, P. (1993). *A psicossomática do adulto*. Porto Alegre: Artmed.

Marty, P., & M'Uzan, M. de (1994). O pensamento operatório. *Revista Brasileira de Psicanálise*, 28(1), 165-174.

Smadja, C. (2005). *La vida operatória: estudios psicoanalíticos*. Madrid: Biblioteca Nueva.

Smadja, C. (2009a). La maladie somatique, une dimension de la santé psychique. *Revue Française de Psychosomatique*, 36, 9-26.

Smadja, C. (2009b). *Los modelos psicoanalíticos de la psicossomática* (La desmentalización, pp. 191-205). Madrid: Biblioteca Nueva.

Smadja, C. (2013). *El nascimiento de la psicossomática psicoanalítica*. Trabalho apresentado no Encontro de Psicossomática Psicoanalítica, Institut de Psychosomatique Pierre Marty. Rio de Janeiro, RJ, Brasil.

Winnicott, D. W. (1990). *Natureza humana*. Rio de Janeiro: Imago. (Obra original publicada em 1988).

Winnicott, D. W. (2000a). *Da pediatria à psicanálise: obras escolhidas* (A mente e sua relação com o psicossoma). Rio de Janeiro: Imago. (Obra original publicada em 1949).

Winnicott, D. W. (2000b). *Da pediatria à psicanálise: obras escolhidas* (A preocupação materna primária). Rio de Janeiro: Imago. (Obra original publicada em 1956).

Winnicott, D. W. (2005). *A família e o desenvolvimento individual* (O primeiro ano de vida: concepções modernas do desenvolvimento emocional). São Paulo: Martins Fontes. (Obra original publicada em 1958).

11. Vida operatória, um ataque pulsional à capacidade de pensar: Mara, uma escrava da dor[1]

Diva Aparecida Cilurzo Neto

> *Face à dor psíquica [...], o homem é capaz de criar uma neurose, uma psicose, um escudo caracterial, uma perversão sexual, sonhos, obras de arte – e doenças psicossomáticas [...] Entre todas as expressões da psique em conflito que o homem é capaz de criar, as manifestações psicossomáticas são de longe as mais misteriosas, e formam o limite extremo daquilo que é analisável.*
>
> McDougall (1987, p. 133)

A vivência da dor mental no corpo

A dor, seja ela orgânica ou mental, é disruptiva; apreende o psicossoma interferindo nos processos e na organização

---

[1] Trabalho apresentado em 2015, no XXV Congresso Brasileiro de Psicanálise, em São Paulo.

somatopsíquica. Ignorada, pesquisada ou ridicularizada por muitos, foi somente por meio das ciências médicas, bioquímicas e psicológicas que começou a ser entendida e mitigada. Entre as ciências destacamos a psicanálise como mediadora do desvelamento da compreensão da "dor mental".

Entre as contribuições psicanalíticas destacamos as de Ferenczi (1932/1990), com seus estudos sobre a introjeção, o corpo erógeno e a simbolização, e as de Freud, com seus achados sobre narcisismo (1914/1977b), investimento libidinal, processo de luto e de melancolia (1915/1917/1977c) e dualidade pulsional (1920/1977d) – no qual esclarece, os dois princípios energéticos regentes da vida psíquica: a pulsão de vida e a pulsão de morte.

A partir dessas descobertas a relação entre o "eu e o objeto", a "psique e o soma", tomam novos rumos. Estavam lançados os primeiros constructos da psicossomática. Uma nova óptica se constrói sobre o psicossoma, possibilitando a Pierre Marty, Christian David, Michel Fain e Michel de M'Uzan (fundadores da Escola de Psicossomática de Paris em 1962), anos mais tarde, a compreensão da impossibilidade de representação das emoções no aparelho mental, do empobrecimento da capacidade de simbolização e do funcionamento operatório como defesa.

Com eles surge a primeira geração de psicossomaticistas, abrindo um espaço para a reflexão sobre as pulsões e para o esclarecimento da reação impiedosa do mental sobre o somático por meio da dor. Como esclarece Green (2002/2008), o psicossoma, por meio do *splitting*, é desmembrado sob a égide da dor (Green, 1993/2010, pp. 259-276; 2002/2008, pp. 99-106). O homem perde o equilíbrio de sua economia pulsional, perdendo, em decorrência, a integridade egoica e sua harmonia psicossomática.

Corroborando com Green, Smadja (2005) afirma que, mediante a enormidade da dor mental, o aparelho psíquico, inundado pela angústia, começa a trabalhar de forma operatória e se torna incapaz de viver simbolicamente. A mente fragilizada pela angústia esmagadora aciona o retorno libidinal, transmutando o sofrimento psíquico em dor física. Sob a égide da pulsão de morte, desintegra a vida e instaura a inexistência e a anestesia da morte. É desse tipo de funcionamento mental doloroso que pretendo falar ao apresentar o caso de Mara,[2] uma mulher controladora e controlada pela dor.

Uma mulher com muitas dores

Mara havia marcado uma entrevista. Quando vou recebê-la na sala de espera, de forma arrogante e interrogativa, me pergunta se era ali que ela resolveria seu problema, se eu poderia ajudá-la. Convido-a para entrar e peço que me fale o que a preocupa.

Mara começa seu relato contando o que havia ocorrido com sua filha Marina, de 6 anos de idade. Afirma que, em um dia chuvoso, houve um mal-entendido entre ela e o marido quanto a quem iria buscar a filha na escola. Em decorrência disso, a menina esperou cerca de trinta minutos até que o pai fosse buscá-la. Acrescenta que, depois desse evento, a criança passou a chorar antes e durante as aulas. Apesar de o choro de sua filha ter diminuído lentamente, a situação ainda a preocupava.

Na sequência, Mara fala rapidamente sobre sua preocupação com a filha e emudece. Fica calada por um longo tempo e, depois de quase dez minutos em silêncio, volta seu olhar para baixo e

---

2   Os nomes utilizados para fazer referência à paciente, a seus familiares e amigos são fictícios.

começa a falar de si. Diz que na verdade o problema não é a menina, sabe que isso é passageiro; afirma que o problema é ela e chora copiosamente.

A partir desse momento, a entrevista é ocupada pelo relato melancólico de uma mulher que, desde os 23 anos de idade, passa por uma sucessão de doenças sem causa ou cura definida. Entre os inúmeros quadros estão: HPV,[3] síndrome do cólon irritável, fibromialgia e depressão. Nesse momento, começo a compreender a postura de Mara no início do encontro. Aquela mulher estava assustada, se sentia perseguida por suas doenças e, arrogantemente, tentava ocultar sua fragilidade por meio do ataque. Ofereço a ela mais algumas entrevistas, que são aceitas de imediato, até firmamos nosso contrato terapêutico.

Uma vida torturante e delirante

Iniciamos o processo psicanalítico com duas sessões semanais. Embora eu tenha sugerido uma frequência maior, Mara afirma não ter condições financeiras. Não falta, não se atrasa e usa o divã.

Como em um padrão de funcionamento psíquico, Mara inicia todas as sessões chorando, dizendo que está muito infeliz, que se sente só. Reclama que o marido não lhe dá atenção. Afirma que a única pessoa que a compreende e ajuda é a sua filha de 6 anos, Marina. *"Marina é especial, é inteligente, linda, madura, nem parece uma criança. Ah! Só ela me entende, sabe quando eu não estou bem e aí me diz o que fazer"*, afirma, dando gritinhos e batendo palmas, como em uma encenação histérica.

---

3   O HPV (vírus do papiloma humano) é capaz de infectar a pele e/ou as mucosas do trato anogenital.

Chama minha atenção essa inversão de papéis. Marina estava sendo apercebida como figura materna, continente e amorosa, imago da figura boa e asseguradora. Penso em Winnicott (1948/2000) e no custo emocional da maternagem dessa criança para com a mãe. Nesses momentos, sinto que há uma menina pequena, nervosa e confusa deitada em meu divã, uma criança sem pensamento, que não reflete sobre o que faz ou fala, apenas atua como em um teatro histérico.

Mara começa a me contar a história de sua vida. Fala sobre suas relações afetivas, sexuais e relacionais, da família, dos amigos e dos "namorados", de sua depressão e de suas dores físicas e psíquicas, que os medicamentos não conseguem mitigar. Seu sofrimento é intenso, principalmente quando se refere à família, "*uma família-caixão*", como ela mesma define, em que todos parecem "*mortos-vivos-zumbis*". Sua fala me alude à imagem de algo canibalesco e destrutivo, a de uma "família mortífera".[4]

Descreve a mãe como uma mulher fria e distante, que fez vários abortos depois de casada por não querer mais filhos. Lembrança que, toda vez que é trazida à tona, dá margem a um funcionamento melancólico, caracterizado por um comportamento delirante sobre a possibilidade de ter perdido uma irmã companheira. O pai, por sua vez, é retratado como um homem sem opinião própria que atende a todos os pedidos da mãe, o que lhe causa muito incômodo.

---

4   Mannoni (1967/2003) usa a palavra "mortífera" ao se referir a "*progenitores patogênicos*". Ou seja, pais que influenciam o filho a ter seu acesso reduzido ao próprio desejo. Mannoni ressalta que, mais que no discurso, a palavra "mortífera" foi detectada no desejo dos pais, havendo marcas desta no corpo simbólico da criança (pp. 84-85 e pp. 116-117).

Sua fala me transporta para os estudos de Klein (1955-1957/1996). Penso na inveja, no ciúme, na voracidade e na supremacia da pulsão de morte sobre a pulsão de vida. Reflito se o pleito identificatório de minha analisanda com o objeto bom e nutridor teria resistido ao bombardeamento da carga mortífera, impedindo que desenvolvesse, tanto em termos intrapsíquicos como interpsíquicos, a capacidade de amar e ser grata a si e ao outro.

No decorrer das sessões, Mara me apresenta o restante da família. Com grande carinho, dor e choro, fala de seu irmão mais velho, seu grande companheiro e amigo. De acordo com ela, ele tinha uma vida normal: trabalhava, fazia faculdade, tinha amigos e namorada. Aos 23 anos de idade, começou a beber compulsivamente e, apesar das recomendações médicas, não parou, vindo a falecer aos 38 anos. Seu irmão caçula, por sua vez, era uma pessoa difícil, e não havia um bom elo afetivo entre eles. Na juventude, envolveu-se com más companhias, drogas e marginalidade.

Conforme Mara traz para nosso *setting* os membros de sua família, sua história vai se entremeando com a trajetória de dor e de sofrimento deles, o que configura a imagem de uma "família suicida e homicida", cujo funcionamento psíquico é marcado pela morte, pela adição e pela auto e heterodestrutividade.

Suicídio lento: só prazer sem afeto

Após a apresentação do retrato de família intrapsíquico, Mara começa a falar de sua juventude, de seus relacionamentos afetivos e sexuais e do início de seus problemas intestinais e ginecológicos. Teve muitos namorados, mas *"nenhum prestava"*, afirma. Conforme os descreve, percebo que existem traços de compulsão e perversão em suas relações. Mara assediava homens em cargos inferiores aos seus. "*Ah! Diva, se me sentisse atraída pelo mocinho, eu ia atrás. Eu cercava mesmo, até ele ceder!*" Normalmente, eram funcionários da empresa em que trabalhava. Guardas, motoristas, auxiliares de escritório. Não importava idade, cor, estado civil ou onde seria o encontro. Não eram relacionamentos longos, tampouco cuidadosos. De acordo com Mara, quando ela começava a se ligar afetivamente, eles iam embora, deixando para trás doenças sexualmente transmissíveis, como gonorreia ou HPV, além de crises intensas de diarreia e dor.

Compulsivamente, aquela moça se atirava em situações de risco sexual. Suas ações eram impensáveis, não havia representação mental em seus atos, só atuação. A capacidade simbólica parecia adormecida em um sono, como o da morte. A função alfa não parecia consolidada. Os elementos "beta" imperavam, formando uma tela beta. Não havia censura ou resistência para delimitar uma barreira de contato entre o consciente e o inconsciente, entre o prazer e a realidade, entre a psique e o soma. Mara vivia em um processo de alienação psíquica.

Em busca do verdadeiro amor

Ferenczi (1990) considerava que a sexualidade estava no cerne da compreensão tanto da patologia quanto da fisiologia. Mara afirmava que não sentia prazer como as outras mulheres. Devido aos tratamentos feitos para combater o HPV e a gonorreia, teria perdido parte do prazer vaginal. Atualmente, só fazia sexo com o marido usando preservativo para não lhe transmitir HPV e só se satisfazia sexualmente com sexo oral.

Mara falava de seu marido com carinho e respeito, mas com certa mágoa. Segundo ela, Jurandir era um homem trabalhador e bom pai, mas pouco romântico. Sentia que a amava e que compreendia suas dificuldades, mas não lhe dava a devida atenção, pois trabalhava demais. Conheceram-se no trabalho quando ele ainda era um almoxarife. Apesar de ser dez anos mais novo, ela o convidava para ir ao cinema e passear. O relacionamento foi se tornando mais íntimo. Ela comprou para ele roupas e pagou o curso dele na faculdade. Após três anos de relacionamento, casaram-se. No início do casamento, sua saúde era excelente. A partir do nascimento da filha, contudo, a situação mudou. Sozinha, com um bebê que chorava muito, houve piora em sua saúde. Passou a ter crises de diarreia constantes, e as primeiras dores nas pernas começaram a aparecer, encerrando seu período idílico.

Seu relato me faz pensar na sobrecarga de angústia e nas fantasias terríficas geradas pela possibilidade de gerar uma vida. Reflito sobre sua impossibilidade de simbolizar ansiedades e sobre o medo da turbulência vital de um bebê. Mediante o desespero, irrompem sintomas corporais. Sua mente descarregava, de forma evacuatória, a angústia do não saber. Usando de defesas primitivas como cisão e identificação projetiva e sem imagos do objeto bom para se identificar, melancolicamente Mara retorna ao processo autodestrutivo.

Apesar de o bebê choroso crescer e assumir um *status* de objeto forte, amoroso e continente, Mara não se reorganiza simbolicamente. As falências físicas, assim como um baluarte, se edificam e se ampliam. Mara começa a manifestar sinais de fibromialgia e crises diárias de diarreia, o que gera anemia, levando-a a uma profunda angústia.

Aceitação masoquista

Nosso trabalho psicanalítico já perdurava por um ano e meio. Mara não sentia mais dores nas pernas e as crises de cólon irritável só surgiam esporadicamente. Havia um otimismo partilhado bastante atraente para ambas. Mara diminuiu o consumo de antidepressivos e suas dores haviam desaparecido. Ela compartilhava comigo sonhos e decisões, gabando-se de mudanças de hábitos que antes a molestavam. Vivíamos a fantasia de um discurso reflexivo.

No entanto, essa situação transferencial e contratransferencial escondia uma realidade que a analista não se permitia ver: a resistência da analisanda à transformação de seu padrão de funcionamento mental operatório em um padrão capaz de simbolizar. Enquanto analista, eu tentava subverter a ordem estabelecida em um sistema cristalizado, não me apercebendo que havia um núcleo vivo de resistência. Como explica Beth Joseph (1975/1990):

> *Encontramo-nos em uma situação que parece exatamente com uma análise em progresso, com compreensão, aparente contato, reconhecimento e até mesmo relatos de melhora. E, contudo, [...] se considerarmos nossa própria contratransferência, tudo parece um pouco fácil demais, agradável e sem conflito.*

Contudo, algo mudou após as bodas de ouro de seus pais. Embora a festa e os preparativos parecessem lhe trazer alegria, após o evento Mara começou a reapresentar os distúrbios corporais. As dores voltaram, assim como as crises de diarreia. Percebo uma reativação pulsional mortífera, e isso me faz pensar no doloroso retorno à vida arcaica por meio da visão das bodas dos pais. Penso em Bion (1991), quando afirma que:

> *Devido a perturbações na primeira relação objetal, a função alfa não se consolida havendo um contato maciço com os elementos beta, ou seja, com a concretude. A barreira de contato construída de elementos alfa se esgarça, perdendo o filtro. Dessa forma, a dor mental, assim como uma avalanche, rompe essa barreira e se debruça sobre o corpo, transformando o não simbolizado em um flagelo que ataca a mente e o corpo.*

Por trás da euforia compulsiva se ocultava uma dor profunda, um medo contundente de um objeto perseguidor cruel que se deleitava em seu campo mental devido à ausência do objeto bom e continente que lhe enfrentasse.

Aos sintomas já apresentados juntaram-se cólicas menstruais e sangramentos. Nada é encontrado clinicamente. Os três ginecologistas consultados não tinham explicação para o fato. Mara se queixava dos médicos e, indiretamente, de mim, por não resolver seu problema. Penso que fisicamente, Mara tentava abortar objetos odientos que não conseguia matar ou transformar psiquicamente. Estava mais agressiva e irritadiça. Um dia chega à sessão e diz: "*Diva, tenho que me aceitar como sou, com menstruação, com dores e com diarreia. Vou parar a terapia, isso não está adianta*ndo *nada*". Sua atitude me surpreende. Tento refletir com ela sobre o processo pelo qual vínhamos passando como analista e analisanda, mas não há pensamento; só ação e violenta cisão. Mara se despede e sai.

Comentários finais

O ser vivo não é apenas capaz de organizações, hierarquizações e associações, mas é também objeto de movimentos regressivos, destrutivos e ações desprovidas de pensamento. Vida e morte, amor e ódio, coesão e destruição – essas são forças que assolam o funcionamento mental e, especificamente, o pensamento, podendo provocar distúrbios psíquicos ou somáticos.

Nos casos de somatizações, como nos esclarecem Aisenstein e Smadja (2001), existe algo de destrutivo que vai além do sadismo e da agressividade; algo que ataca o âmago do pensamento. Há um desinvestimento do objeto que se desconfigura psiquicamente e se perde no corpo por meio de um verdadeiro dispositivo "antipensamento", marcado pelo pensamento operatório que maltrata o psicossoma, instigando à morte psíquica e provocando doenças.

Por meio do processo psicanalítico, buscamos compreender um pouco mais nossos pacientes, seus conflitos e suas dores psíquicas, para, de alguma forma, mitigar seu sofrimento. A conjunção dos processos inconscientes com a situação real da análise faz de cada encontro psicanalítico um pleito de descobrimentos e mudanças, tanto para o analista quanto para o analisando.

A partir do material clínico comentado, tento ilustrar o funcionamento mental de uma paciente, a qual chamo de Mara, que convive com os sofrimentos corporal e psíquico há mais de vinte anos. Procuro compreender sua dinâmica mental primitiva e a forma como esta se reflete em seu corpo. Penso que seu objeto de afeto era percebido como danificado e raivoso, buscando retaliação, atacando e sendo atacado. Mediante a dura realidade psíquica, seu aparelho mental, inundado de dor e de agressividade mortífera, paralisado, impedido de simbolizar, evacuava concretamente no corpo, a dor não elaborada.

O processo psicanalítico do qual Mara e eu participávamos apresentou algumas questões que merecem reflexão. Entre elas destaco a imersão no processo ilusório fantasmático que analista e analisanda viveram e a impossibilidade de Mara romper a barreira que cristalizava seu pensamento. A perspectiva otimista partilhada por ambas, a carência na elaboração psíquica e a falha na simbolização minaram o processo terapêutico, impedindo maior articulação em torno de seus núcleos destrutivos.

Acredito que minha analisanda não podia viver com suas dificuldades e conflitos. No entanto, não estava pronta para a anarquia psíquica produtiva que eu tentava levar ao seu aparelho mental cristalizado na melancolia, na agressividade e na morte. Ao mesmo tempo que se sentia acolhida pela terapeuta, ela, de forma arrogante e inconsciente, sabotava o processo. Impossibilitada de se beneficiar com a análise, ela a abandona.

Ao final deste estudo, posso afirmar que Mara foi vítima desse aprisionamento no qual a sobrevivência se tornou sinônimo de destruição.

Referências

Aisenstein, M., & Smadja, C. (2001). A psicossomática como corrente essencial da psicanálise contemporânea. *Revue Française de Psychanalyse,* 65 (Suppl.: Courants de la Psychanalyse Contemporaine), 343-353, Paris.

Bion, W. R. (1991). *O aprender com a experiência* (O vínculo entre os objetos) (Jaime Salomão, Trad.). Rio de Janeiro: Imago. (Trabalho original publicado em 1962).

Ferenczi, S. (1990). *Diário clínico.* São Paulo: Martins Fontes. (Obra original publicada em 1932).

Freud, S. (1977a). *Duas histórias clínicas: o pequeno Hans e o homem dos ratos.* (Edição Standard Brasileira das Obras Psicológicas Completas de Sigmund Freud, vol. 10, Jaime Salomão, Trad.). Rio de Janeiro: Imago. (Obra original publicada em 1909).

Freud, S. (1977b). *Sobre o narcisismo: uma introdução.* (Edição Standard Brasileira das Obras Psicológicas Completas de Sigmund Freud, vol. 14, pp. 89-96, Jaime Salomão, Trad.). Rio de Janeiro: Imago. (Obra original publicada em 1914).

Freud, S. (1977c). *Luto e melancolia.* (Edição Standard Brasileira das Obras Psicológicas Completas de Sigmund Freud, vol. 14, pp. 245- 266, Jaime Salomão, Trad.). Rio de Janeiro: Imago. (Obra original publicada em 1915/1917).

Freud, S. (1977d). *Além do princípio do prazer.* (Edição Standard Brasileira das Obras Psicológicas Completas de Sigmund Freud, vol. 18, pp. 17-78, Jaime Salomão, Trad.). Rio de Janeiro: Imago. (Obra original publicada em 1920).

Green, A. (2008). *Orientações para uma psicanálise contemporânea: desconhecimento e reconhecimento do inconsciente* (O trabalho do negativo, pp. 259-276, Ana Maria Rivarola et al., Trad.). Rio de Janeiro: Imago. (Trabalho original publicado em 2002).

Green, A. (2010). *O trabalho do negativo* (Pulsão de morte, narcisismo negativo, função desobjetalizante, pp. 95-102, F. Murad, Trad.). Porto Alegre: Artmed. (Trabalho original publicado em 1993).

Joseph, B. (1990). O paciente de difícil acesso. In E. B. Spillius. *Melanie Klein hoje: desenvolvimento da teoria e da técnica* (vol. II, p. 62, B. P. Haber, Trad.). Rio de Janeiro: Imago. (Trabalho original publicado em 1975).

Klein, M. (1996). *Inveja e gratidão e outros trabalhos (1946--1963)*. (Inveja e gratidão, vol. III, pp. 205-267). (As obras completas de Melanie Klein, L. P. Chaves et al., Trads.). Rio de Janeiro: Imago. (Trabalho original publicado em 1955-1957).

Mannoni, M. (2003). *A criança, sua "doença" e os outros* (pp. 116-117, M. Seincman, Trad.). São Paulo: Via Lettera. (Obra original publicada em 1967).

Marty, P., & De M'Uzan, M. (1962). La pensée opératoire. *Revue Française de Psychanalyse, 27* (numéro spécial), 1963 (republicado em 1994 na Revue Française de Psychosomatique, 6).

McDougall, J. (1987). *Em defesa de uma certa anormalidade: teoria e clínica psicanalítica* (O psicossoma e a psicanálise) (Carlos Eduardo Reis trad., 2. ed.), Porto Alegre: ArtMed.

Smadja, C. (2005). *La vida operatória: estúdios psicanalíticos* (Cristina Rolla y José Maria Franco Vicário trad.) Madrid, Associação Psicanalítica de Madrid- Biblioteca Nueva.

Winnicott, D. W. (2000). *Da pediatria à psicanálise* (A reparação relativa à defesa organizada da mãe contra a depressão) (Davy Bogomoletz, trad.). Rio de Janeiro: Imago. (Trabalho original publicado em 1948).

12. Construção do sonhar na transferência

Silvia Joas Erdos

Uma das importantes aquisições do desenvolvimento psíquico é a capacidade de simbolização.

A simbolização faz parte das construções que fazemos no decorrer da vida, contribuindo para o fortalecimento de nosso acervo mental.

Para que esse engenho ocorra é necessário, no cotidiano, buscarmos recursos internos que nos permitam enfrentar os estímulos vindos de fora e aqueles oriundos das pulsões. O psiquismo requer uma organização, através da construção de um acervo interno para que possa suportar obstáculos e frustrações do cotidiano.

É assim que aquelas experiências que não se encaixam em lugar nenhum, se tornam excesso: o acontecimento traumático. Esse excedente permanece a cada situação nova, desconhecida em que temos a possibilidade de recorrer ao acervo já construído. Quando isto não acontece entramos num sofrimento, numa experiência de horror, pois estamos impedidos, incapazes de dar nomes, de *representar* estas situações que nos causam dor.

Nesses momentos podemos ter relativo sucesso em repetir e elaborar o excesso, mas se fracassamos nesta tarefa, o caos estará formado, e não temos nada a que recorrer além do vazio.

Nesse vazio reside tudo aquilo que não é, e tudo aquilo que pode vir a ser. É nele que se dá nossa tarefa de construção, e não propriamente reconstrução, junto ao paciente.

Construímos a partir da análise. Construímos o quê? Os sonhos, o onírico que há em nós. Mas se não temos acesso a ele, como podemos chegar a este acordo com nosso paciente? Por meio do fenômeno da transferência.

Viver essa densa experiência exige do analista ter se apropriado do seu próprio acervo psíquico para arcar com aquilo que é excesso nele.

Se isto não for possível, não acontece o processo de análise.

Nessa aventura, não podemos ter um fim desejado, almejado, ignoramos o caminho. Como será a experiência do minuto seguinte? E esse não saber por si só já é traumático. Assim, num *modus continuum*, o fim, que seria apaziguador, não acontece.

Acredito que este talvez seja o maior desafio e persistência, pois insistimos em continuar nesta função conosco e com os pacientes, numa busca incessante, penso eu, para tentar obter, a cada vez, sentido para a própria existência.

O campo da psicossomática é semelhante ao de outras dinâmicas dentro das "patologias" contemporâneas. O que está em jogo é a capacidade de recorrer ao que já está representado e obter saída no campo mental ou nos sintomas.

Estes "buracos", falha da capacidade de pensamento, simbolização e representação, nos chama atenção, pois são casos de difícil acesso.

> *[...] se um analista não descobre, em cada um de seus pacientes, uma nova doença da alma, é porque não os escuta em sua verdadeira singularidade (Kristeva, 2002, p. 16).*

Na construção analítica, cada minuto é singular, cada gesto, cada forma de se expressar, cada credo, cada ética, cada essência. Quando falamos de psicossomáticos, nos referimos a uma forma de funcionamento que em cada paciente se apresenta de modo diverso.

Precisamos da teoria, no sentido de um conforto de nos identificarmos mutuamente com as dificuldades clínicas. Temos que continuar. Persistir na busca de um ponto de encontro, de uma sintonia com o paciente onde estão presentes a frustração, o caos e outras turbulências. E é neste meio, e somente nele, que podemos construir o onírico e chegar próximo às representações.

O conceito da psicossomática psicanalítica

Para a medicina, a psicossomática atinge outros paradigmas, dado que possui uma visão dualista, em que mente e corpo se encontram separados.

A partir de Freud podemos pensar numa organização da psique e do soma regida por uma força comum: as pulsões. Isto significa que, quando pensamos em psicossomática, estamos pensando em uma unidade: Mente – Corpo, em um mesmo sistema, integrado.

Para dar conta dos fenômenos psicossomáticos na clínica psicanalítica, foi preciso abandonar a ideia de que havia um sentido escondido, não apreendido pelo psicanalista com seu paciente. Ao tentar buscar "o que está por trás", e inconsciente, nesses casos, corremos o risco de interpretações selvagens.

Sem a noção do modelo pulsional, não é possível pensarmos nesta unidade mente-corpo. O foco do psicanalista concentra-se na organização psicossomática do paciente. A doença de certa forma não nos importa. Visamos o funcionamento mental dentro dessa organização, pensamos o paciente na "ordem das pulsões", para tentar a compreensão dos fenômenos psicossomáticos, e construir também, o onírico e, consequentemente, conduzir à ampliação da possibilidade de representação.

O corpo da psicossomática é um corpo pulsional, e não o corpo da fisiologia (Smadja, 2013).

Smadja, neste mesmo texto, nos remete a Freud, em *Além do princípio do prazer* (1920), onde cita que são as pulsões de vida ou pulsões sexuais, ativas dentro de cada célula, que ao tomarem por objeto outras células, neutralizam em parte suas pulsões de morte, isto é, os processos suscitados por estas, e assim as mantêm vivas, enquanto outras células ainda se sacrificam, elas mesmas no exercício desta função libidinal.

Nos *Três Ensaios Sobre a Sexualidade*, Freud (1905/1977b) destaca a sexualidade presente na criança, cuja função não se baseia somente na preservação e reprodução, mas em "um algo mais" que, simultaneamente, é vivido como uma experiência associada ao prazer.

Por meio da relação com quem cuida, a criança experimenta de diferentes maneiras e intensidades, afetos, fantasias, gestos que promovem a erotização do corpo e novas experiências que podem conduzir ao prazer ou à dor.

Aqui é provável que se faça presente o traumático, o mesmo referido antes, no sentido do excesso e a incapacidade de dar conta deste fenômeno.

Winnicott (1975) destaca a importância do brincar, justamente, para obter a possibilidade de criar um acervo pessoal, imaginário, onírico, separando o que é da natureza da preservação do sensório, daquilo que é prazeroso e erógeno, do corpo que não é o fisiológico, ao desenvolver o exercício da relação humana em sua complexidade e singularidade.

Se a mãe ou quem cuida, não tem em si desenvolvida a capacidade de aguentar a invasão da criança e sua angústia, não poderá dar o suporte necessário para a identificação e internalização dos objetos, surge o *traumático*, o medo do aniquilamento, a perturbar a constituição dessa experiência, outra, do corpo.

A pulsão é definida por Freud (1915) como uma fronteira entre o soma e o psíquico e é representativa das excitações. Quando há *deficit* da mãe ou do objeto primário, de promover uma barreira de contato contra o excesso, predomina uma estrutura precoce traumática, e, consequentemente, a não representação das experiências vividas. Não existe prevenção quanto às mudanças.

"*A barreira de contato é construída de elementos de sonho. Assim o interno e o externo são definidos por uma barreira de sonho.*

Masculino e feminino são definidos por uma barreira de sonhos; a morte e a vida, da mesma maneira" (Nosek, 2005, p. 216).

Segundo Green (1988), cabe ao analista por meio da contratransferência, "capturar" esses aspectos para produzir construções.

Na experiência precoce, a ligação do trauma não pode ser transformada em representação e permanece somente como um traço sensorial, difícil de ser estruturado. Portanto, toma a forma de repetição, na busca de ligação ou sentido.

É singular, depende da história e acervo interno do paciente.

Vemo-nos aqui confrontados com a "relação a dois" nos nossos consultórios.

Analista e analisando, pela transferência e contratransferência, em outro paradigma, onde a singularidade nos é exposta sob ângulos diversos.

A dificuldade maior se passa ao redor da comunicação e da dinâmica de funcionamento que nos é apresentada.

São pacientes difíceis em sua vida onírica, detém-se ao concreto, a apatia como forma de viver, ou mesmo utilizam recursos autocalmantes.

Para tanto, precisamos traduzir ao paciente o que se passa ali conosco e com ele, na sua singularidade e na do analista.

Neste sentido, não há regras, nem protocolos de *setting*, mas sim um eixo teórico que nos organiza para podermos construir os sonhos com nosso paciente.

Construir o onírico junto com o paciente.

Freud (1900) nos mostra a importância do trabalho do sonho, se fracassado irrompe a angústia e o apelo por proteção.

Nosek (2014) propõe que não se trata de buscar material morto, mas colocá-lo em movimento, compondo uma linguagem individual para produzir experiência emocional com possibilidade de figuração. Neste sentido, traz-nos a ideia da criação de um novo conceito, uma nova história em relação à transferência, não como revelação, mas como um transbordamento da situação interior dos participantes neste encontro singular.

O inconsciente necessita ser construído.

Onde havia ação, que possa haver inconsciente.

Uma nova história se constrói.

Mais uma vez enfatizo a importância do desenvolvimento do aparelho psíquico, da experiência emocional do analista, que se supõe tenha trabalhado em sua análise pessoal. Sem isto, de nada adianta o saber teórico, correndo o risco de funcionar com regras e padrões.

Um desafio que temos na clínica é comunicar o incomunicável, como uma dor compartilhada, que leva cada um dos participantes a seu desamparo mais fundamental.

O primeiro momento é um acolhimento daquele que exerce. O paciente nos traz um sofrimento que lhe é desconhecido, dado que encontra no sintoma sua forma de expressão até então, talvez, a única possível.

A função analítica visa resgatar a experiência primordial de todos nós, as marcas: sem elas talvez nem existíssemos como identidade singular. É esta experiência que nos coloca frente ao outro (função materna). Sem o outro, não existimos.

No caso de pacientes com queixas no corpo, penso que seus recursos representativos limitam a capacidade de comunicação.

Como então suportar a carga emocional do paciente que não encontra formas de representar sua dor? Como proporcionar esses recursos a não ser através da construção do onírico, ampliando sua capacidade de suportar?

São experiências e relatos de dor física por vezes degenerativa, que levam até a morte. Os afetos do paciente estão desligados e se apresentam com carga total, para o analista. E assim está formada a transferência-contratransferência, como uma dimensão em torno da qual as emoções são mobilizadas.

De acordo com Dejour (1998), o sintoma somático é endereçado a um outro: *"adoeço por alguém"*. A crise somática acontece no âmbito da relação com o outro, quando esta relação me coloca diante de um impasse psíquico...

É o corpo erógeno que nos liberta da fisiologia, nos tornando humanos e nos diferenciando do mundo animal. Nesse mesmo trabalho, a origem da vida psíquica se encontra no corpo erógeno e é este corpo que é primordial.

Nesse encontro não curamos e sim promovemos uma reorganização, através do onírico, dos modos de funcionamento psicossomático, única condição para a transformação do sujeito.

Capturados pelo sintoma corporal, os pacientes com dinâmica psicossomática não apresentam quase nenhuma demanda para o contato e elaboração do sofrimento psíquico. Cabe a nós percebermos e suportarmos esta demanda e este desamparo.

Confrontamo-nos com processos primitivos e desorganizados, onde não há anuência do paciente, pois este não tem a convicção necessária para trabalhar em conjunto. Assim, muitas vezes trabalhamos no lugar dele. O mesmo desvaloriza o encontro, não compreende a vincularidade, não fala dos afetos, não há linguagem disponível para conversar.

São experiências que frustram o analista em sua função (daí a necessidade de cultivar recursos) e reacendem o desamparo de ambos.

É imprescindível encontrar uma forma particular para receber esses pacientes, acolher seu desamparo sem sucumbir ao risco de morte da função analítica.

O face a face talvez recupere uma identidade por meio do olhar e ser considerado. O olhar pode servir muitas vezes de amparo e possibilidade de termos um embrião para o processo onírico. E, consequentemente, de mentalização. Reanimação libidinal. Com o olhar atento aos mínimos indícios sensoriais, tentar estabelecer uma presença, valorizar toda manifestação, mesmo que incipientemente oníricas, simbólicas e imaginárias promover esses movimentos para que possam estar na base do seu processo representativo.

As emoções contratransferenciais são mobilizadas pelo paciente em nós; o analista funciona de corpo e alma com dinâmicas psicossomáticas. O analista empresta seu pré-consciente. É ativo. A intenção é despertar e compartilhar o interesse com o paciente, sobre seu próprio funcionamento mental.

A análise restaura a capacidade para pensar

Como me referi acima, é a construção dos sonhos que nos leva ao caminho da representação.

Aisenstein (2004) propõe, em "O sonho, objeto de comércio", que pacientes psicossomáticos sonham, só não têm disponível internamente a elaboração secundária (que é justamente o que interpretamos). Sugere que possamos tratar o sonho como objeto de troca com este paciente, como um escambo. Como um jogo, mesmo o sonho mais pobre pode ser objeto de conversação. Sugere, que temos que buscar onde estes pacientes estão.

O analista negocia sua presença e sua função com o paciente. O analista encontra-se disponível para o paciente, colocando-se como objeto de uso.

A psicanálise restaura sonhos, não para reduzir sintomas, mas para recuperar a capacidade de pensar. Este é o diferencial da psicanálise, frente a outros tratamentos e que é importante ressaltar: não curamos sintomas, restauramos sonhos e a capacidade de pensar.

Se bem-sucedidos no exercício da profissão, nos damos conta de nossa contemporaneidade, não esquecendo a cultura em que vivemos, frequentemente, atacados pelo pragmatismo do nosso tempo, onde não há espaço, reconhecimento e consideração pelo singular e pelo subjetivo. Não podemos nos separar da cultura que nos confere um lugar no mundo. Frente a ela também vivemos o traumático.

Aisenstein (2004) sugere que algo se constrói como uma nova história, que será a história da transferência daquela dupla. Existem pacientes que perderam sua história, ou que não têm história, por terem vividos séries traumáticas muito intensas que não se organizam em acontecimentos históricos. Criar um sentido daquilo que está ausente conjuntamente com o paciente.

"Eu que, mal de mim! sonhava"[1]

Descrevo aqui um caso clínico para ilustrar e representar as questões que acabo de apresentar.

A paciente que trago para esta reflexão, chamarei Maria.

Apresenta-se como vítima de fibromialgia e vem munida de termos psiquiátricos:

"*Sou distímica, tenho sentimentos de ruína, tenho dores!*".

Arredia, com dificuldade em se apresentar, de estabelecer um vínculo comigo, de experimentar uma forma de comunicação. Mal olha para mim e fala muito baixo. Minha primeira reação foi a de curiosidade, quem é esta paciente? Quero atender alguém que mal escuto a voz? Qual é sua demanda?

Está me pedindo abrigo em primeiro lugar, uma casa, um espaço seu, só seu... Não sou observadora à distância, me coloco à disposição como observadora participante.

Só posso me valer daquilo que acontece ali comigo. Causa-me impacto a ausência de distinção entre prazer e desprazer que esta paciente demonstra... é a sede de viver que conduz à procura do objeto... a outra tendência é aniquilar, a necessidade de destruir o próprio *self* que percebe e experimenta.

---

[1] Drummond (1978).

Maria locomove-se com lentidão, fala baixo. Assemelha-se a um personagem, alguém sem vida. Essa é minha impressão inicial.

A técnica e a comunicação foram sendo construídas passo a passo. Várias tentativas são feitas por mim que se renovam a cada sessão. Enquanto Maria se empenha em sua única possibilidade de ser – *exaltar a dor* –, estou compelida a vibrar, a fazer associações regadas de substancialidade, forma, textura, cor e colagens.

Há sessões nas quais predomina a vontade de me aniquilar, me mortificar, sou morta, não existo. Entretanto, quando estou longe, torno-me a pessoa mais importante, e por consequência, minha ausência é vivida com grande sofrimento, acompanhada de violência e desamparo.

Há uma recusa em viver: "*não posso mais, tudo dói, tenho muita dor*".

O bebê, em sua relação com a função materna, tende a fundir-se com a mãe, para dar conta do traumático. Solicita o acervo mental da mãe para dar conta de suas angústias. Maria solicita essa fusão comigo. Ao se fundir comigo a paciente tem a chance de alucinar que não precisa pensar: nem aceita nem rejeita meus comentários, sequer me vê.

Estamos unidas em uma espécie de fusão.

Tudo é vivido com muito desconforto e à custa de um trabalho exaustivo. A carga emocional é violenta e vem acompanhada de grande desamparo. Sua impossibilidade de sonhar, de pensar e viver, torna-se evidente. Não se deixa fecundar, está muito aquém destas possibilidades.

Surpreendi-me ao dar-me conta de que nenhuma de minhas "certezas técnicas e teóricas" correspondia ao que acontecia.

Apresentou-se, em mim, o traumático.

Que recursos tiveram de ser ativados, para que eu desse conta de suportar tamanho desprezo, aniquilamento, falta de perspectiva? Meu trabalho exigia ser analógico, tentando fazer representações que ainda não se fazem presentes e estavam muito longe disto. Todos os recursos que tinha à mão, tentava utilizá-los.

> *Quando emerge um padrão que o analista quer comunicar ao paciente, ele tem de fazer uso de uma fórmula que o analisando seja capaz de receber (Bion, 1992, p. 79).*

Neste contexto procuro buscar uma produção de sentidos. Recursos foram surgindo em mim: fotos, fotograma, poesia, cenas, expressões faciais, corporais que representavam o meu modo de estar com ela. Fui incessantemente, buscando formas no intuito de evitar a morte que pairava por ali, minha função de representação analítica.

Sua certeza em relação à dor, ao diagnóstico de depressão, de fibromialgia, a impedem de sentir, de estabelecer vínculos, de falar dos afetos. Só se refere à dor.

Tenho dores, tenho fibromialgia!!!

Essa era a tônica de cada sessão.

A suposta fusão comigo lhe ameaça, aspectos dela ficam ali comigo, e isso a faz tender a me controlar.

Estabeleceu uma regra de me pagar por sessão. Uma forma, quem sabe, de representar o afeto por dinheiro. A cada sessão comunicar por este meio que gosta de mim. Solicitava-me o recibo a cada vez e era esta a troca. Penso que a intenção é atribuir a mim a propriedade desta severa condição como modo de fusão.

Um dia me surpreende em me olhar e me ver, seguido da pergunta:

— *Tudo bem com você?*

— *Tudo bem, e você?* — respondi.

— *Não sei... não sei...*

Foi uma resposta automática, que me revelou a impossibilidade e impotência de perceber qualquer sentimento próprio, de arriscar qualquer aproximação, de se aventurar rumo a qualquer elemento que pudesse abrir novos trajetos para nós.

Frases como: *não quero falar sobre isso, agora não, por favor...*

Ocorreu-me, imediatamente, uma frase, "s*er homem não dá certo, ser homem tem sido um constrangimento*", de Clarice Lispector. Não disse a ela, mas produziu um alívio ao criar uma representação para mim daquele encontro.

Em outra ocasião:

— *Não adianta, tenho fibromialgia, tenho dores, quero morrer.*

— *Muito prazer, sou Silvia* — *digo-lhe, estendendo a mão.*

— *Não gosto disso... Não gosto!* — Pensei: "ela não suporta a 'brincadeira'".

Seu movimento é lento e repetitivo. Apresenta um ritual na sala de espera até que eu me faça notar.

Tendo cumprido seu ritual...

"*Estou com dores, muitas dores...*".

Penso que esse padrão tem a função de me atrair de forma que eu entre na mesma sintonia que ela. É uma maneira de me comunicar o que não tem palavras.

Recorre a mim e percebo que é um convite para que eu entre numa bolha junto com ela e sonhe junto com ela, não no lugar dela.

É ao mesmo tempo ser e estar.

À medida que estas ideias e emoções aconteciam comigo, pensava nesta fusão, na bolha, onde estávamos nós duas...

Por que não desisti de Maria se a cada estreita clausura nosso vínculo beirava o malogro? Permaneço na fúria dos tranquilos?

A ameaça era o tempo todo, de perder minha função. Não há tempo para pensar. É ação e reação.

Bion (2000), em *Cogitations*, comenta que a violência parece estar relacionada com um tipo de avidez em que nenhuma escolha pode ser feita, porque nada pode ser descartado... Nada pode ser ingerido, em virtude da meta conflitiva de ingerir algo mais. Seu alimento é uma nostalgia sem nome e sem objeto.

— *Eu me lembro de minha mãe apertando o peito e esguichando leite na minha cara e na cara de meus irmãos. Era gostoso. Queria de novo.*

É o início de uma construção do onírico? Uma vez que veio inesperada, solta, sem nenhum gancho... ou ligação?

Sou tomada de um terror, uma imagem surreal. Uma mãe esguichando leite na face dos seus filhos!!!

Olho perplexa, e ela me diz:

— *Queria de novo!*

— *Você pode desejar alguma coisa que foi boa para você. Você se sente amparada com essa imagem?*

— *Era gostoso, só isso.*

— *Eu é que fiquei desamparada, imaginando essa cena que você me descreveu.*

Ela ri e eu continuo:

— *Você gostou do que falei?*

— *Achei engraçado... Só isso.*

Novamente nós duas na bolha, eu sentindo e nomeando o que ela não podia dizer, mas imaginava como algo bom.

Quando abandona o padrão, e recorre à imagem, à figuração, abandona o discurso da fibromialgia.

Após uma separação de fim de semana, me deixa muitos recados... Não respondi. Assim que chega, após cumpre seu ritual:

— *Sou um lixo mesmo. Eu queria ser assim com você* — diz, juntando as mãos.

Eu penso nesta imagem... Impactante para mim e ameaçador da minha existência, ao que respondo:

— E como você ia me ver e eu te ver?

— Eu tenho visto sombras e acho que é você!

— Maria, vamos comemorar, você está podendo sonhar...

— Isso é sonho? Tenho medo, muito medo.

Na sessão seguinte entra e já me mostra uma fotografia: uma almofada simulando os braços de alguém, com um bebê ao centro. Apesar da surpresa, penso que deu continuidade ao sonho.

— Sabe o que pensei? Que propaganda enganosa. Engane o bebê, ele vai pensar que tem alguém junto dele, mas não é ninguém...

— Você está sendo irônica comigo? O seu jeito, sua cara.

— Vejo que você pode me ver, me observar. Eu existo...

O padrão da queixa, da dor, dá lugar ao inesperado.

A fotografia da almofada só com os braços que amparam o bebê era de desamparo. Uma imagem de solidão e de aridez.

Pude vislumbrar um sutil progresso, ela faz menção em me perceber como outro, separado dela, mas com muito medo. Ela não pode fazer o luto das separações inerentes ao próprio crescimento. Reside na melancolia. Sua relação comigo reside entre dois polos: vida ou morte. Mas, estamos nos aproximando de algo. Ela me mostra seu desejo, seu sonho. Sou guardiã de seu mundo e de seu desamparo.

Quando se percebe separada de mim, por segundos, tenta recuperar sua fusão comigo: "*estou desesperada, sentindo um vazio*". Usou este termo pela primeira vez. Vazio ou dor? Em um polo ou em outro, o vazio é o que lhe resta viver. A dor física é uma forma de se sentir viva. É a morte do sonho, da criatividade, da fecundação, do crescimento, do futuro. Só a dor dá conta de organizar este mundo disperso.

A cada sessão sou compelida a recriar novas condições para prosseguirmos. O retorno de suas queixas constantes e reverberativas, com frequência, me impacta. Em seguida, tento me recuperar para poder olhá-la e me deixar sonhá-la. A mãe exerce esta função com seu bebê.

Em outra sessão, chega falando muito baixo, monossilábica, fala das imensas dores nas costas, joelhos e cabeça:

— *Dói tudo, não consigo me mexer.*

Torce o pescoço de um lado a outro como se fosse quebrá-lo. A dor foi sentida por mim com medo que se quebrasse.

Usei então uma imagem pictórica que me veio à mente, *Guernica*, de Picasso, encontrada no Museu Reina Sofia, para perceber aquela dor constante, onde empresto "meu corpo e sinto a dor". São ossos quebrados. Pego um cartão com a imagem de *Guernica* e mostro a ela.

— *Quando você se contorce e luta com suas dores, é esta imagem que me vem à cabeça. O que você acha disto?*

— *Só agora você sabe como é minha dor. São assim, ossos quebrados.*

O que é irrepresentável mentalmente para ela, me é oferecido por ela, via corpo, para que seja representado mentalmente por mim. Ela mantém a esperança de poder representar, mediada por mim, na medida em que posso comunicar o que me ocorre.

A violência aparece na medida em que ela se percebe falida em seu esforço de fusão comigo.

— *Não vale a pena viver deste jeito.*

— *Você está me propondo morrer junto com você?* — pergunto.

Todo esse movimento se alterna, não é linear. Quando pensamos que se abre um caminho, este é ameaçador e a paciente se fecha novamente numa concha, onipotentemente ou oni-impotentemente.

Sinto-me num coma induzido. Tanto o início quanto o término das sessões são acompanhados de intenso sofrimento. À medida que o tempo passa, o contato que é estabelecido paulatinamente é ameaçado pelo fim da sessão: saímos da bolha e é esse o momento que, mais dramaticamente, eu me diferencio dela.

Na poltrona, se estala toda... Eu lhe pergunto: "*Por que você se estala tanto?*" E sua resposta é: "*Porque dói, dói muito, tudo dói*".

No teatro da crueldade, Arteaud (1993) trata o teatro como uma função, que fornece ao público precipitados de sonhos, gosto pelo crime, obsessões eróticas, selvagerias, canibalismos que se dão num plano que é ilusório, mas interior.

Como analista me comparo a um iluminador de cena. Ela me envia o imediato, acena a ação e eu faço mediação para o representável.

Considerações finais

Depois de alguns anos Maria ainda me surpreende, principalmente, quando demonstra que nunca me viu, ou me olhou, ou sequer escutou o que eu tinha para lhe dizer. Sua vida formal continua cheia de tropeços. Evoluiu muito pouco em relação ao seu lugar no mundo. Olhar sempre assustado.

"*Continuo me olhando no escuro. Não quero me ver. Vejo minha sombra. Uma penumbra.*"

"*Temos uma pequena luz... Uma penumbra, uma sombra. E você olha... No escuro...*"

Vi-me convocada, pela natureza do caso, a usar e construir um olhar sustentado por uma lente incessantemente em ZOOM.[2]

A singularidade dos acontecimentos pôs à prova até onde consigo deixar minhas emoções e ideias em trânsito. São constantes as manobras que tenho que fazer para preservar minha capacidade de pensar e associar. A evolução do trabalho foca, sobretudo, o nascimento do desejo de representação.

Diante de seu silêncio *ativo*, fui surpreendida pela minha própria atividade criativa. Intensa atividade associativa: um sonhar, as imagens que me vêm em ajuda, sustentam o desejo na paciente, mesmo que incipiente, de representação.

---

2   Conjunto de lentes cujo alcance focal pode ser continuamente ajustado para fornecer vários graus de grandeza, sem perda de foco, combinando, assim, as características de uma lente de grande abertura, abertura normal e telefotográfica.

Ainda lhe sou estrangeira e, à medida que se aproxima do sonhar, do devanear, pede um SOS, numa expectativa de "alfabetização dos afetos".

A estratégia da sobrevivência da dupla analítica se faz presente o tempo todo. Nós, analistas, sobretudo, podemos notar que esse nosso tempo regado a imagens, produções culturais, científicas, jamais vistas, esse exuberante tempo, pouco tem feito em favor do alcance das transformações dos rudimentos psíquicos em representações mentais, em exercício de pensamento.

Esse movimento da vida mental, pelo que posso observar na demanda clínica atual, tem-se reduzido mais a uma espécie de paralisia mental, legitimada pelas classificações dos modos de ser, ocultando-se as sementes destinadas ao crescer.

Poderíamos presumir, depois de atravessarmos a humanidade do primata ao humano, que toda semente mental, se plantada, venha a brotar. Não há segurança em seu conforto. Somos tomados pela angústia desse desconforto. Ao mesmo tempo, ampliamos nossos trajetos para a sobrevivência.

O caso escolhido tem o intuito mais de problematizar do que indicar caminhos clínicos dentro do invólucro de fibromialgia.

Quando aumento minha lente ocular percebo que as sementes estão encarceradas, em músculos, em fibras invisíveis a olho nu que são feitas de dor. Até que são postas em *ZOOM* e, percebo que é somente com este olhar, que posso me acomodar no território mental desconhecido. E ouço por meio do ouvido, *ZOOM*, surgir dos abismos microscópicos da afirmação-casca: "*Estou com dores*", a pergunta primal: "*O que é viver? Viver dói?*".

Essa indagação, aparentemente desvitalizada, me convoca de modo inevitável para a sobrevivência da dupla. Não posso deixar de reconhecer o ganho "representacional" que obtive, e, quiçá, um considerável trabalho pessoal, à pergunta primordial: *Viver dói?*

Viva para ver se dói... Arrisque-se, jogue-se.

Referências

Aisenstein, M. (2004). O sonho, objeto de comércio. *Revista de Psicanálise da SBPPA, 11*(2): 251-259.

Arteaud, A. (1993). *O teatro e seu duplo*. São Paulo: Martins Fontes.

Bion, W. (1992). *Conversando com Bion*. Rio de Janeiro: Imago.

Bion, W. (2000). *Cogitations*. Rio de Janeiro: Imago.

Dejour, C. (1998). Biologia, psicanálise e somatização. In R. M. Volich, F. C. Ferraz , & M. A. de A. C. Arantes (Orgs.). *Psicossoma II: psicossomática psicanalítica* (pp. 39-49). São Paulo: Casa do Psicólogo.

Drummond de Andrade, C. (1978). *Reunião*. São Paulo: José Olympio.

Freud, S. (1977a). *Interpretação dos sonhos*. (Edição Standard Brasileira das Obras Psicológicas Completas de Sigmund Freud, vol. 4, Jaime Salomão, Trad.). Rio de Janeiro: Imago. (Obra original publicada em 1900).

Freud, S. (1977b). *Três ensaios sobre a teoria da sexualidade.* (Edição Standard Brasileira das Obras Psicológicas Completas de Sigmund Freud, vol. 7, Jaime Salomão, Trad.). Rio de Janeiro: Imago. (Obra original publicada em 1905).

Freud, S. (1977c). *Os instintos e suas vicissitudes.* (Edição Standard Brasileira das Obras Psicológicas Completas de Sigmund Freud, vol. 14, Jaime Salomão, Trad.). Rio de Janeiro: Imago. (Obra original publicada em 1915).

Freud, S. (1977d). *Além do princípio do prazer.* (Edição Standard Brasileira das Obras Psicológicas Completas de Sigmund Freud, vol. 18, Jaime Salomão, Trad.). Rio de Janeiro: Imago. (Obra original publicada em 1920).

Green, A. et al. (1988). *A pulsão de morte.* São Paulo: Escuta.

Kristeva, J. (2002). *As novas doenças da alma.* São Paulo: Rocco.

Lispector, C. (1988). *A paixão segundo GH.* São Paulo: Rocco.

Nozek, L. (2005). *Trauma psíquico: uma leitura psicanalítica e filosófica da cultura moderna* (Trauma e cultura). (Acervo psicanalítico da SBPSP). São Paulo: Casa do Psicólogo.

Nozek, L. (2014). *Psicossoma V: integração, desintegração e limites* (O cotidiano traumático). São Paulo: Casa do Psicólogo.

Smadja, C. (2013). *O nascimento da psicossomática.* Trabalho apresentado no II Encontro Rio IPSO. Rio de Janeiro, RJ, Brasil.

Winnicott, D. W. (1975). *O brincar & a realidade.* Rio de Janeiro: Imago.

13. O que não se resolve pelo amor se resolve pela dor[1]

Helena Lopes Daltro Pontual

Manuela, 28 anos de idade, portadora de diabetes mellitus em sua forma mais grave (tipo 1, insulinodependente, diagnosticada aos 17 anos de idade), estava muito magra, tinha uma aparência anoréxica e extremamente frágil. Passava por grave depressão e tomava medicação específica indicada por um psiquiatra, depois de vivenciar o fim de seu casamento e a perda de um emprego que lhe dava boa remuneração. Chegou ao meu consultório acompanhada da mãe, de quem estava muito dependente, e só veio para a análise depois de muita insistência da família.

Queixava-se de múltiplos sintomas, como: gastrite, enjoos, tonturas, dores no corpo,[2] medos esparsos, insônia e problemas

---

[1] Fala da analisanda em uma de nossas sessões.
[2] No curso da doença, sentiu muitas dores pelo corpo. O médico que a atendia chegou a pensar em fibromialgia, mas, depois de sucessivos exames, o diagnóstico foi de dor neuropática diabética, que é causada, entre outros fatores, pelo aumento das taxas de açúcar no sangue e pela queda da insulina. Além de dores, tinha sintomas como formigamentos, dormências e uma sensação estranha nos pés ao caminhar.

relacionados à diabetes. Filha do meio de três irmãs, não foi desejada pelos pais, pois nasceu quando sua irmã mais velha tinha apenas 7 meses de vida. Considerava-se "*um transtorno para a família*" desde o nascimento, pois ouvia seu pai dizer que poderia ter nascido em seu lugar, pelo menos, um menino. O que sobressaiu, portanto, nos primeiros encontros com Manuela, foi, além de seu sentimento de rejeição por parte da família, o conjunto de suas manifestações corporais e uma extrema fragilidade física (perdera 20 quilogramas) e emocional, parecendo uma criança pequena sob os cuidados da mãe, que não só a levava para a análise nos primeiros meses, como também lhe dava comida na boca.

Logo de início, Manuela admitiu que teria muitas dificuldades para falar na análise, principalmente no que se refere à sua diabetes. Manifestava verdadeiro ódio por ser portadora dessa doença e procurava achar um culpado por isso, dizendo que a teria herdado da família da mãe. Dizia ainda que não se conformava com o fato de somente ela ter diabetes entre suas irmãs, como se isso fosse um castigo. A doença era vista, portanto, como um castigo, porque se considerava desprezível, lembrando que sempre foi diferente de suas irmãs e só dava trabalho para os pais desde a tenra infância. "*Eu não aceito isso. Não quero ser uma doente, não quero ter diabetes. Por que eu? Por que eu?*", reclamava, aos prantos.

Percebi que a diabetes era um assunto muito delicado para ela. Notei ainda que estava regredida emocionalmente e sem condições, naqueles primeiros meses de análise, de lidar com as duas situações que estava vivendo: a separação conjugal e a demissão do emprego. Precisava ouvir mais do que falar, pois Manuela tinha necessidade de reclamar e chorar, transbordando de angústia e de sofrimento que tinham de ser escoados de alguma forma. Optei por acolhê-la de maneira que se sentisse em um campo seguro e, posteriormente, pudesse iniciar uma análise. Minha fala, nesses primeiros momentos, foi, portanto, acolhedora e tranquilizadora, uma situação típica de *holding*.[3]

Freud (1969a/1913) disse, a esse respeito, que somente após uma transferência eficaz ter se estabelecido no paciente, um *rapport* apropriado com ele, o analista pode começar a comunicar o significado oculto das ideias que lhe ocorrem e iniciar o indivíduo nos postulados e procedimentos técnicos da análise. Apoiei-me ainda em Bion (2000, p. 393), quando disse: *"Em qualquer sessão acontece uma evolução. Algo evolve a partir da escuridão e da ausência de forma"*. E ainda: *"Não se deve permitir que proliferem desejos de resultados, de 'cura' ou até mesmo de compreensão"*. Ter essa capacidade negativa – convivendo em meio às incertezas, aos mistérios e às dúvidas, sem alcançar nervosamente nenhum fato ou razão, como bem definiu Bion (2006) – foi uma ferramenta que busquei utilizar.

Uma das maiores dificuldades com Manuela foi manter o *setting*, que muitas vezes parecia querer estragar. A analisanda tinha um sentimento internalizado de que estragava tudo a partir de uma frase de seu pai dirigida a ela. Em uma das sessões, ela disse, chorando compulsivamente: *"Meu pai dizia que tudo o que eu pegava estragava. Só me dava bronca, só me fazia cobranças"*. Era como se, dentro de Manuela, houvesse um Rei Midas ao contrário.[4]

---

3   Expressão utilizada por Winnicott (2001) a partir do verbo *to hold*, que significa sustentar, conter, dar suporte. No caso específico da mãe e da criança, pode ser feito pelo ato de a primeira segurar a criança no colo e também atender às suas necessidades específicas de modo adequado, incluindo o manejo e a rotina completa dos cuidados com o bebê. O conceito tem, no entanto, amplo aspecto, no qual se insere também o suporte psicológico essencial ao bebê e seu desenvolvimento, no caso da mãe, e ao analisando, no *setting* analítico. Esse manejo contribui ainda para a formação egoica (Abram, 2000).
4   Personagem da mitologia grega, rei da cidade de Frígia (na atual Turquia), Midas é conhecido pelo mito de que tudo o que tocava se transformava em

Eu me questionava se, com esse sentimento, iria também estragar a análise.

Freud (1932/1976) observou que o superego aplica o mais rígido padrão de moral ao ego indefeso, que fica à sua mercê. Em maior ou menor grau de severidade, esse superego punitivo pode se tornar supersevero, insultando, humilhando e maltratando o ego, a quem ameaça com os mais duros castigos e recriminações. Manuela se punia de diversas formas: xingava-se, rebaixava-se, deixara de comer, negava a doença e se recusava ao tratamento, colocando-se em risco.

Formada em Relações Públicas e trabalhando com promoção de eventos, Manuela contou-me que fora casada durante três anos e teve uma separação muito dolorosa. Na relação conturbada com o marido, sofreu, inclusive, agressões físicas. O fato de ter sido a primeira filha a se casar era orgulho para os pais, que apostaram tudo nessa relação. Com todos os problemas que Manuela teve com sua família, os pais ficaram aliviados com o casamento dela e, supostamente, a constituição de sua própria família.

Com o fim do casamento, Manuela começou a agir de forma maníaca, o que lhe prejudicou no trabalho. Passou a trabalhar excessivamente e, sem se dar conta de que estava sendo inadequada, assumiu, por conta própria, funções que não eram suas e ainda fazia tarefas de promoção de eventos no local, trabalho este que não era pertinente ao cargo que desempenhava. As atitudes de

---

ouro. Esse dom, que lhe foi concedido por Baco, mostrou-se, posteriormente, mortífero ao próprio Midas, quando este descobriu que até a alimentação e a bebida de que precisava transformava-se em ouro. Rogou, então, a Baco que o livrasse desse poder.

Manuela geraram fofocas entre colegas de trabalho, a desconfiança da secretária e, por último, a ira da chefe, que a demitiu.

O sofrimento, muitas vezes, só pode ser superado pelas chamadas defesas maníacas, que protegem o ego do desespero total, conforme observa Segal (1975). Para essa autora, a relação maníaca com objetos é caracterizada por uma tríade de sentimentos, como controle, triunfo e desprezo. O triunfo, particularmente, é uma negação dos sentimentos depressivos de valorizar e se importar e vincula-se à onipotência. Segal diz, ainda, que a organização de defesas maníacas na posição depressiva inclui mecanismos que já estavam em evidência na posição esquizoparanoide, como divisão (*splitting*), idealização, identificação projetiva e negação. O que distingue o uso posterior dessas defesas é que elas são altamente organizadas, de acordo com o estado de maior integração do ego, sendo ainda especificamente dirigidas contra a experiência de ansiedade depressiva e culpa.

"*Um dia, eu tinha trabalhado à beça e entreguei um trabalho enorme que me pediram. Estava toda satisfeita. Aí minha chefe pediu pra falar comigo. Achei que ia me elogiar por eu ter concluído aquele trabalho, mas ela me demitiu. Meu mundo caiu. Jamais imaginava que isso podia acontecer. Meu pai me falou que fui com muita sede ao pote*", contou-me, chorando muito.

Sentada na poltrona à minha frente, a analisanda buscava carinho e compreensão e, também, se portava como uma criança que precisava ser alimentada por mim, como sua mãe fazia com ela, quando se recusava a comer. Pierre Marty (1993) diz que, no exercício de sua função maternal, o terapeuta, cujo êxito depende de sua aptidão a uma identificação renovada com o paciente (qualidade de empatia), o fato de ficar face a face com ele lhe permite mímicas, atitudes e gestos capazes de constituir intervenções mínimas facilmente apreendidas pelo analisando na maioria das vezes. Para ele (1993, p. 64), o terapeuta *"dispõe, principalmente, de sua fala, cujo sentido se lê também em seu rosto, e, sem julgamentos de valor ou servindo-se de alguns deles apenas esboçados, comenta suas próprias palavras e ações... como comenta o que seu paciente lhe conta sobre o que se passa durante as sessões ou fora delas, nos dois casos, como uma mãe faz".*

Manuela contou-me que, ao nascer, sua mãe teve problemas no pós-parto, incluindo uma hemorragia que a deixou debilitada e sem condições de cuidar dela. Essa função coube à a avó materna e a uma empregada. Ainda segundo seus relatos – vindos de sua mãe –, Manuela tinha muita dificuldade de mamar no peito, pois *"dormia o tempo todo".* Sua alimentação foi feita, portanto, por mamadeira, dada pela avó e pela empregada. Disse que sua mãe só pôde cuidar dela quando já estava com quatro meses de vida.

A meu ver, um dos primeiros fatores que constitui a função materna é o desejo de ter um filho. Na história relatada por Manuela e por ela internalizada, esse fato não ocorreu. Segundo Aulagnier (1991), a relação entre a mãe e seu bebê começa antes mesmo de a criança existir, já pelo lugar que ela ocupa no inconsciente materno como objeto de desejo. Para essa autora, esse é um processo natural na relação mãe-bebê e significa a primeira inserção da criança no imaginário materno como "corpo imaginado". Ela complementa dizendo que é importante saber o lugar que esse filho ocupa também no desejo do pai. O pai de Manuela não queria o nascimento de um bebê naquele momento e, ao aceitar a gravidez da mulher, contou com a possibilidade de o novo bebê ser um homem, frustrando-se, portanto, quando a criança nasceu.

Winnicott (2001, 2002, 2005) também destacou que as expectativas e os desejos dos pais em relação à criança são aspectos importantes para o desenvolvimento sadio do bebê e que as funções materna e paterna são necessárias antes mesmo do nascimento do filho, por meio do desejo no qual o casal insere esse sujeito. Levando em conta essas considerações, Manuela não foi, portanto, inserida no desejo dos pais, vindo ao mundo "*por acaso*" ou "*por acidente*", como costumava falar.

O surgimento da diabetes

Manuela começou a falar de sua diabetes depois de dizer, chorando muito, em uma das sessões: "*Eu não mereço o doce da vida*". Dias depois, trouxe-me de presente um doce *diet* feito por sua mãe especialmente para ela. Agradeci o presente e comentei que estava também querendo adoçar minha boca. Manuela respondeu: "*É que você está adoçando a minha vida*". Para mim, o presente foi uma sedução, até porque esse tipo de atitude fazia parte de seu comportamento, mas era uma forma de ela demonstrar gratidão pelo acolhimento que recebia. Quando passou a confiar em mim, vendo que eu não iria lhe fazer cobranças e críticas como seu ex-marido e seus pais – temor demonstrado em várias ocasiões – e que eu podia escutar tudo o que me dizia, nossa relação passou a ser de cumplicidade. Ao mesmo tempo, avançamos no sentido de poder trabalhar seus objetos internos persecutórios e terríficos.

Manuela contou-me que descobriu ser portadora de diabetes em um momento muito difícil de sua vida, quando, aos 17 anos de idade, se sentiu humilhada por ter repetido de ano escolar (2º grau), enquanto suas irmãs haviam passado. Essa humilhação a fez reviver outra mais antiga e igualmente marcante, devido ao mesmo problema, ao repetir a 4ª série [atual 5º ano] do Ensino Fundamental em uma escola considerada fraca, segundo ela.

A primeira reprovação de Manuela foi comunicada à sua mãe pelos professores da escola. A mãe não contou para Manuela sobre a reprovação e esta ficou sem saber que não havia passado de ano (uma negação da mãe ao fracasso escolar da filha). Ao retornar às aulas, na abertura do período letivo, Manuela dirigiu-se à sala de aula como se nada tivesse acontecido, pois não sabia que havia sido reprovada. Quando chegou à sala na qual imaginava estar, a professora falou na frente de todos os colegas que ela não poderia ficar ali, pois tinha sido reprovada, e que seu lugar era, portanto, em outra sala, na série anterior. "*Me senti tão humilhada. Depois perguntei para minha mãe por que ela não me falou que eu tinha sido reprovada. Eu não precisava ter passado por isso*", disse-me aos prantos.

Na segunda reprovação, aos 17 anos de idade, Manuela também sofreu humilhações, conforme me relatou. Primeiro ficou de recuperação, e novamente sua mãe pegou o resultado dos exames, enquanto Manuela, suas irmãs e suas amigas esperavam no carro estacionado em frente à escola. Sua mãe chegou ao carro furiosa e brigou muito com ela por ter repetido de ano, avisando ainda que iria puni-la, colocando-a em uma escola pública. "*Eu pedi para minha mãe conversar sobre isso em casa, só comigo, mas ela continuava falando bem alto no carro, na frente de todo mundo*", contou. Aqui, recorro a Debray (1995, pp. 24-25), quando diz:

> *Conforme uma definição médica atual, a diabetes é uma doença genética cujo desencadeamento está ligado a uma brusca mudança de ambiente. Vale dizer que o peso dos fatores ligados ao patrimônio hereditário é aqui preponderante, mas também que aparentemente esse peso, por si só, não é suficiente como explicação e que é preciso, para que a doença apareça, acrescentar-lhe modificações exteriores violentas com valor de*

trauma. Pode-se pensar que, para cada diabetes, deverá existir um jogo interdependente variável entre estes dois elementos: o que decorre do peso dos fatores genéticos e dos traumas desencadeantes.

Pierre Marty (1993) observa que as sucessões de doenças diversas representam um sinal maior das desorganizações progressivas. Para ele, a manutenção das somatizações depende da duração da chamada depressão essencial,[5] que está em sua origem e que persiste.

Ela depende, portanto, da conservação dos fatores traumatizantes e da ausência de uma estabilização regressiva, mental ou somática. Contudo, deve-se levar em conta, evidentemente, a natureza das afecções somáticas que puderem se produzir: duração de seu curso natural para algumas, irreversibilidade das lesões para outras (na diabetes insulinodependente, por exemplo) ou evolutividade autônoma (nos cânceres, por exemplo), fenômenos que escapam ao poder hierárquico do sistema psicoafetivo dos sujeitos (Marty, 1993, pp. 32-33).

No prefácio feito ao livro de Rosine Debray (1995), Marty observa que os instintos de morte encontram novamente seu estado elementar quando deixam de se cobrir com as vestes que as resistências da vida mental lhes moldam e lhes impõem. Desligada

---

5 Forma de depressão que se caracteriza por um rebaixamento do nível de tônus vital. Trata-se de uma depressão sem objeto, sem acusações e sem culpabilidade consciente. Nesse sentido, difere das depressões neurótica e psicótica, que apresentam um aspecto libidinal e ruidoso. A depressão essencial é um fenômeno comparável à morte, no qual a energia vital se perde sem compensações (Marty, 1998).

de sua fonte pulsional, a vida mental fica desorganizada e libera a anarquia somática. Ele nota que as desorganizações mentais são acompanhadas, regularmente, de desordens físicas e que a vida somática de uma pessoa é a imagem da vida de seu pré-consciente.

A desorganização traumática de um sistema funcional, de acordo com Pierre Marty (1995), é a prova da insuficiência e da impossibilidade de elaboração do traumatismo pelo sistema funcional em questão. Na organização mental, é assombrosa, segundo ele, a amplitude de oscilações funcionais de diversas ordens, como fenômenos mnêmicos, retrações narcisistas, alternância entre vigilância e onirismo.

A analisanda sofreu uma ferida narcísica em um período especialmente sensível, a adolescência. Sentiu-se humilhada, rejeitada pelos pais e ainda mais diminuída do que já se achava com relação às irmãs. Freud (1926/1969b) relaciona ansiedade, desamparo e trauma para dizer que uma situação de perigo na vida do sujeito é por ele reconhecida, lembrada e novamente revivida como o desamparo inicial do nascimento.

> *A ansiedade é a reação original ao desamparo no trauma, sendo reproduzida depois da situação de perigo como um sinal em busca de ajuda. O ego, que experimentou o trauma de maneira passiva, agora o repete ativamente, em uma versão enfraquecida, na esperança de ser ele próprio capaz de dirigir seu curso. [...] O resultado indesejável de 'estragar' uma criancinha é ampliar a importância do perigo de perder o objeto (sendo o objeto uma proteção contra toda situação de desamparo) em comparação com qualquer outro perigo (p. 192).*

Podemos também relacionar essas questões com o a presença de uma espécie de trauma inaugural de Manuela, que não foi desejada pelos pais. Somando-se esse fato ao desamparo inicial do nascimento, como observa Freud, acrescenta-se ainda o episódio da doença da mãe no pós-parto, que privou Manuela de seus cuidados iniciais. Manuela costumava dizer que seu comportamento era o de alguém que sempre "saía da linha", ao observar que fazia coisas que desagradavam seus pais, desde as mais corriqueiras, como deixar o banheiro molhado e não gostar de estudar, até negligenciar o tratamento da diabetes, colocando, muitas vezes, sua vida em risco e indo parar nas emergências de hospitais. Relacionando todos esses fatos, é como se Manuela "saísse da linha" antes mesmo de nascer.

Durante os primeiros meses de análise, Manuela passava mal nos fins de semana – alguns dos quais era atendida em hospitais –, e eu era acionada por sua mãe. Nesses momentos, sentia que o *setting* se ampliava para muito além do espaço físico do consultório, estendendo-se à casa da analisanda e de sua família, que, muitas vezes desorientada, me pedia auxílio sobre como agir e o que falar para Manuela. Nesses momentos, eu falava, principalmente, com a mãe da analisanda, na tentativa de nomear e aplacar suas angústias, bem como para restabelecer uma comunicação afetiva entre a paciente e seus pais, para que Manuela pudesse "entrar na linha" e dar continuidade tanto ao tratamento da diabetes quanto à análise.

Desenvolvi ainda uma forma de me comunicar com a Manuela criança – quando se comportava como um bebê, pedindo colo, compreensão e carinho –, e com a Manuela adulta – quando conseguia conversar comigo em um tom mais maduro, contando-me sobre seu casamento fracassado, seu novo casamento com o segundo marido, o desejo de ser mãe e as relações no trabalho. Manuela me apresentou, em determinado momento, a Joaninha, uma espécie de amiga imaginária consciente sua, que tinha apenas 5 anos de idade.

Segundo a analisanda, essa menininha "era sempre feliz e saudável", conversava com voz infantil e cativante e seduzia todos os membros da família. Mostrei a ela que essa forma de fuga do mundo dos adultos lhe propiciava a garantia de não levar broncas e não receber cobranças, o que a livrava temporariamente de frustrações. Com o passar do tempo, Joaninha desapareceu da análise e também da vida familiar. Aos poucos, Manuela foi deixando de falar e agir como sua menininha imaginária, passando a nomear e a falar de suas frustrações, raivas e angústias.

Depois de três anos de análise, com emprego e casamento novos e já deitada no divã, Manuela me disse: "*O que não se resolve pelo amor se resolve pela dor*". Interpretei que a analisanda estava aprendendo as coisas por meio da dor e do sofrimento intensos, como alguém que precisa se dar muito mal para poder adquirir alguma compreensão de um fato, ou seja, ter de "quebrar a cara" para poder enxergar o que ocorre na realidade. Não havia, portanto, amor em seu aprendizado, mas muita dor física e psíquica.

Freud (1923/2007) diz que, além do tato, a dor também desempenha um papel no processo de formação do ego. Adoecimentos que produzem dor são capazes de fornecer ao sujeito novos conhecimentos a respeito de seus órgãos internos e formar uma concepção do próprio corpo. "*O Eu é sobretudo um eu corporal...*" (Freud, 1923/2007, p. 38). Por meio da dor física e da dor psíquica, e falando dessas dores na análise, Manuela pôde sentir os limites de seu corpo e de sua estrutura egoica, percebendo-se de forma mais integrada. Pôde, com isso, enfrentar a doença, tratando-a de forma adequada, e crescer emocionalmente, responsabilizando-se por seus atos e por sua vida.

Destaco a importância do *holding* intenso com a analisanda, principalmente nos primeiros anos de nossos encontros, para que pudesse se sentir acolhida e aceitasse a análise. Foi fundamental também que os três primeiros anos de tratamento ocorressem fora do divã, cara a cara, para evitar uma desorganização ainda maior do estado em que Manuela se encontrava. Deixei que ela própria se sentisse à vontade para decidir ir para o divã. O acolhimento à sua família também foi necessário, pois senti que os pais, especialmente a mãe, precisavam de apoio para ajudar a analisanda em seu tratamento. Com todo esse *rapport*, Manuela pôde adquirir uma organização psíquica para a análise.

O encerramento da análise ocorreu por decisão da dupla, quando Manuela já estava novamente casada, trabalhando em novo emprego mais bem remunerado. Ela pôde aceitar que precisava cuidar dela mesma e de sua diabetes e foi mais longe. Penso que, como uma espécie de gratidão, passou, juntamente com as irmãs, a ajudar a cuidar da mãe, que desenvolveu uma grave doença neurológica degenerativa, e também a apoiar o pai, tanto nesse difícil momento quanto na reorganização de suas finanças.

Referências

Abram, J. (2000). *A linguagem de Winnicott*. Rio de Janeiro: Revinter.

Aulagnier, P. (1991). Observações sobre a estrutura psicótica. In C. S. Katz et al. (Org.) *Psicose: uma leitura psicanalítica* (2. ed.). São Paulo: Escuta.

Bion, W. R. (2000). *Cogitações*. Rio de Janeiro: Imago.

Bion, W. R. (2006). *Atenção e interpretação* (2. ed.). Rio de Janeiro: Imago.

Debray, R. (1995). *O equilíbrio psicossomático e um estudo sobre diabéticos*. São Paulo: Casa do Psicólogo.

Freud, S. (1969a). *Sobre o início do tratamento: novas recomendações sobre a técnica da psicanálise*. (Edição Standard Brasileira das Obras Psicológicas Completas de Sigmund Freud, vol. 12, Jaime Salomão, Trad.). Rio de Janeiro: Imago. (Obra original publicada em 1913).

Freud, S. (1969b). *Inibições, sintomas e ansiedade*. (Edição Standard Brasileira das Obras Psicológicas Completas de Sigmund Freud, vol. 20, Jaime Salomão, Trad.). Rio de Janeiro: Imago. (Obra original publicada em 1926).

Freud, S. (1976). *A dissecação da personalidade psíquica*. (Edição Standard Brasileira das Obras Psicológicas Completas de Sigmund Freud, conferência 31, vol. 22, Jaime Salomão, Trad.). Rio de Janeiro: Imago. (Obra original publicada em 1932).

Freud, S. (2007). O eu e o id. *Escritos sobre a psicologia do inconsciente*. Rio de Janeiro: Imago. (Obra original publicada em 1923).

Marty, P. (1993). *A psicossomática do adulto*. Porto Alegre: Artmed.

Marty, P. (1995). *El orden psicosomático, los movimientos individuales de vida y de muerte: desorganizaciones y regresiones*. Valencia: Promolibro.

Marty, P. (1998). *Mentalização e psicossomática*. São Paulo: Casa do Psicólogo.

Segal, H. (1975). *Introdução à obra de Melanie Klein*. Rio de Janeiro: Imago.

Winnicott, D. W. (2001). *A família e o desenvolvimento individual* (2. ed.). São Paulo: Martins Fontes.

Winnicott, D. W. (2002). *Os bebês e suas mães*. São Paulo: Martins Fontes.

Winnicott, D. W. (2005). A experiência mãe-bebê de mutualidade. In C. Winnicott, R. Shepherd, & M. Davis (Orgs.). *Explorações psicanalíticas*. Porto Alegre: Artmed.

14. Dor e psicanálise contemporânea: atenção e representabilidade[1]

Milton Della Nina

Preâmbulo

Ao se voltar para a questão da dor, o psicanalista não está apenas se dedicando a um interesse que possa nutrir sobre temas relacionados com a psicossomática psicanalítica ou compartilhando com outras áreas aquilo que, mais amplamente, tem se nomeado psicossomática – uma visão integrativa do ser humano, aplicável em inúmeros campos do conhecimento. Para o psicanalista, na contemporaneidade e a partir de certas expansões de concepções metapsicológicas, esse estudo atinge o pensar em psicanálise e sua

---

[1] As ideias aqui apresentadas, principalmente na Introdução, foram inicialmente desenvolvidas pelo autor em dois eventos. O primeiro, durante a I[a] Jornada de Psicossomática Psicanalítica da Sociedade Brasileira Psicanalítica de São Paulo, em uma participação em mesa-redonda. A palestra foi intitulada "Dor e psicanálise: a questão da representação". O segundo evento foi o 18º Encontro do Curso de Especialização em Psicoterapia Psicanalítica, organizado pelo Curso de Especialização em Psicoterapia Psicanalítica (CEPSI), e a palestra foi denominada "Dor e psicanálise contemporânea: atenção e representabilidade. A questão da representação: uma introdução".

clínica, mormente quando voltada para as denominadas patologias da atualidade, entre as quais se destacam os estados fronteiriços. Como veremos a seguir, em um rápido vislumbre da literatura psicanalítica, a pesquisa e o pensar psicanalítico se dedicaram com mais afinco, ao longo das décadas, ao conhecimento das manifestações ligadas ao prazer-desprazer e ao "corpo erógeno" do que àquilo que poderia ser compreendido como "corpo doloroso", embora cada vez mais se perceba a importância que a dor pode ter, até mesmo na constituição do sujeito humano.

Apresentaremos também uma perspectiva do sentido que a dor como fenômeno pode ter para a compreensão da importância dos conceitos atuais de representabilidade e irrepresentabilidade em psicanálise, acompanhado de alguma reflexão sobre o contraponto do papel clínico do analista, levando em conta, principalmente, o conceito psicanalítico de atenção.

Introdução: a questão da representação

Vindo à memória uma antiga anedota de meus tempos como médico interno, no serviço de emergência de um grande hospital geral, começo estas breves reflexões. Ali era contada, entre os médicos de plantão, a seguinte história: "Indagado pelo médico socorrista, o paciente que procurara o serviço, diante da pergunta 'O senhor tem dor?', imediatamente responde: 'Doutor, se eu a tenho, eu não a sinto'". Inevitavelmente, diante da narrativa anedótica, irrompiam risadas quanto ao aparente absurdo da resposta.

Decorridas mais de quatro décadas desde a primeira vez que a ouvi, a história contada como verdadeira, a imagem daquele possível diálogo me vem à mente, com a admiração pela simplicidade intuitiva com que ali estaria condensada uma questão fundamental para nós, psicanalistas: a relação entre percepção e conhecimento.

Antes de nos estendermos nessa direção, talvez seja interessante observar porque o episódio contado teria suscitado, a princípio, somente risos. De fato, era predominante no meio médico da época o conceito de dor como um fenômeno exclusivamente físico e, mesmo assim, validado somente como sinal de perigo para a integridade do organismo. Portanto, qualquer alusão a uma possível coparticipação subjetiva pareceria irrisória e sem valor, ainda mais se sugerisse a possibilidade de sua existência sem percepção. Contemporaneamente, entretanto, como assinala Victoria Regina Béjar (2003) em trabalho psicanalítico dedicado à relação entre psicanálise e dores crônicas, a visão médica tem se modificado quanto à natureza da experiência dolorosa e, inclusive, diz a autora, lembrado das teorias freudianas em relação à origem da dor como ruptura do escudo protetor ou de excesso de excitação não contida.

> *Freud descreve o caráter paralisante da dor e o empobrecimento psíquico dela decorrente. É de se realçar que as reações violentas de descarga que a acompanham se desenrolam de modo reflexo, isto é, sem mediação do aparelho psíquico, excluindo toda atividade de pensar. As pesquisas atuais dão razão a Freud, se nos basearmos na definição de dor recentemente proposta pela Associação Internacional para o Estudo da Dor: experiência desagradável, emocional e sensorial, localizada ou não numa lesão tecidual, ou descrita nestes termos (Béjar, 2003, p. 36).*

Entretanto, se na época em que ouvi a história, no início da década de 1970, estivesse eu já imerso em psicanálise, talvez pudesse ter lido o livro de Thomas Szasz (1957/1976) intitulado *Dor e prazer, um estudo das sensações corpóreas*. Nele, o autor, psiquiatra e psicanalista formado em Chicago, professor de psiquiatria da Universidade do Estado de Nova York, faz uma interessante revisão do enfoque psicanalítico vigente até então sobre a questão da dor, tanto física quanto mental.

Szasz inicia seu capítulo sobre "uma teoria psicanalítica da dor" dizendo-nos textualmente: "Sendo embora a experiência afetiva da dor tão universal como a da ansiedade, recebeu atenção consideravelmente mais reduzida na literatura psicanalítica" (Szasz, 1957/1976, p. 75). Ele menciona, então, o cuidado de Freud, em 1926, em *Inibições, sintomas e ansiedade*, ao reformular sua teoria da ansiedade, em assinalar quão pouco se sabia sobre a psicologia dos processos sensitivos, procurando, ainda naquela obra, discernir entre ansiedade, dor e tristeza. Embora todas essas sejam manifestações do sofrimento humano possíveis de percepção mental, torna-se necessário discriminar entre os diferentes estados, sob risco de não se compreender o papel específico de cada um na própria evolução da psique.

Szasz entende que parte dessa desatenção parcial da psicanálise deve-se não apenas a certos aspectos da teoria freudiana, mormente da primeira tópica, em que o papel do corpo é ainda ambíguo, impedindo acesso ao papel psicogenético da dor, tal como já fora antes destacado para a ansiedade, mas também ao desenvolvimento cultural que teria levado médicos organicistas e psiquiatras psicodinâmicos a dividirem o campo de atenção, os primeiros exclusivamente para a dor, considerada assim somente quando de origem orgânica, e os segundos interessados mais na ansiedade.

Levando em conta o enfoque conceitual discriminador entre sensação, percepção e afeto, Szasz (1957/1976, p. 91) procura apontar a importância que a dor, seja sua origem considerada física ou psíquica, tem para a compreensão de seu sentido como fenômeno humano. Para tanto, utiliza-se da concepção, já desenvolvida por Fenichel desde 1941, de que a dor possa ser considerada não apenas uma sensação, mas, principalmente, também um afeto, no qual o ego desempenha um papel fundamental, possibilitando utilizá-la para desenvolver, à semelhança da ansiedade, mecanismos defensivos. Assim como esse enfoque pressupõe uma relação entre sistemas intrapsíquicos, outro vértice que Szasz (1957/1976, p. 78) enfoca é aquele a partir da teoria das relações objetais, que tomam o corpo como objeto da atenção egoica. Seria ele, assim, um objeto primitivo intermediário na constituição do *self*, antes mesmo de serem tomados outros objetos "não eu" em sua relação, uma ideia desenvolvida pelo menos desde 1921 por Paul Schilder e, posteriormente, ampliada, por Hartmann, Kris e Lowenstein em 1946. Citando esses autores, Szasz nos diz que, para eles, "o aparelho mental evolui a partir de uma matriz não diferenciada. Em lugar de considerar o ego como uma evolução do id, consideram que tanto o id como o ego evoluem simultaneamente de uma matriz comum... (Isto é, pode-se dizer que o ego existe somente ao interagir com o id e vice-versa)" (Szasz, 1957/1976, p. 82).

Creio ser interessante lembrar aqui como Winnicott vai desenvolver, na década de 1960, ideias bastante semelhantes na evolução dialética entre o ego e o id, sendo o ego entendido primariamente como a organização de uma imaginação do corpo e suas funções por meio da atenção recebida do objeto primário cuidador.

Portanto, aqui, talvez seja válida a questão de, se nessas teorias do desenvolvimento psíquico já não caiba, então, atribuir um papel psicogenético específico à dor, como pôde desenvolver também nessa época Bion, em sua teoria do pensamento. Mas, antes disso, podemos nos estender um pouco mais sobre esses seus papéis, não apenas na criança com sua mente em formação, mas também no adulto, particularmente naquilo que se convencionou chamar de dor mental.

Para isso, podemos ainda fazer um pouco mais de uso das reflexões de Szasz. Ele nos propõe que a dor, ao buscarmos seus sentidos, humanizando-a além do mero reflexo neurofisiológico, poderia ser compreendida não apenas como sinal de perigo para a organização do ego e seu componente corporal, mas também como expressão comunicativa, como "um método fundamental de pedir ajuda" (Szasz, 1957/1976, p. 95). Diferenciando o modelo primário de sinal de ameaça física para o organismo e aquele outro de pedido de ajuda, o autor irá considerar a dor inserida em dois níveis diferentes de simbolização, já que o primeiro sentido remete a um corpo isolado e o segundo admite e necessita a presença da atenção de outra pessoa. O autor nos lembra ainda que o primeiro nível é aquele privilegiado como "significado médico", enquanto para o segundo propõe a ideia de um "significado comunicativo". Além disso, lembra que esses dois significados nunca existem isoladamente, mas que se poderia pensar na situação na qual predomina o segundo, comunicativo com o outro ser humano, e nessa situação diz: "*Podemos resumir os principais motivos do significado comunicativo da dor da seguinte maneira: ela emerge de uma carência que talvez seja de uma perturbação física, ou pode ser também uma necessidade de outra natureza. A experiência e a manifestação da dor são uma tentativa de satisfazer essa carência*" (Szasz, 1957/1976, p. 98).

Atentos à importância das relações objetais e do vínculo com o outro, podemos lembrar, juntamente com Winnicott (1948), que nem sempre a carência é exclusivamente daquele que sofre com a dor, e, por vezes, esta reflete muito mais as necessidades e a constituição do outro, intersubjetivo significativo, com menor capacidade de expressão própria e de simbolização das emoções. Assim, tomo aqui outra história, esta relatada por Winnicott, em 1948, em seu texto "A reparação em função da defesa materna organizada contra a depressão": "No início de minha carreira, um menininho veio sozinho ao hospital e me disse: 'Por favor, doutor, minha mãe se queixa de uma dor no meu estômago', e isto conseguiu chamar minha atenção para o papel que a mãe pode desempenhar". Mais adiante, o autor complementa: "Também pode acontecer que a criança, que supostamente deve ter uma dor, com frequência não decidiu ainda onde é a dor" (Winnicott, 1948/1978, p. 198).

Ao refletir sobre essa observação, podemos ser conduzidos à ideia de que qualquer dor, ainda mais se ainda não ganhou uma representação corporal bem definida, deve ser considerada não apenas em seu contexto individual, mas também no que é decorrente de suas percepções moduladas pelos vínculos, e isso naturalmente se torna mais claro quanto mais nos apropriamos de seus conteúdos mentais e emocionais e nos aproximamos de suas possibilidades representacionais.

Quando nos referimos a carências (*deficit*) de outra natureza, logo nos vem à mente a ideia de dor mental. Se tivesse procurado na literatura psicanalítica da época em que ouvi a anedota, além do trabalho de Szasz, talvez ainda pudesse ter localizado outro trabalho, de origem francesa, mais atraente aos analistas por implicar também o universo das representações oníricas. Refiro-me ao trabalho já clássico de Jean-Bertrand Pontalis, em *Entre o sonho e a dor*, escrito em 1977, porém somente traduzido para o português em 2005. Graças ao desenvolvimento da obra *A interpretação dos sonhos*, particularmente no capítulo 6 e na noção de figurabilidade, sabemos que, por sua vez, Freud (1900/1977a) introduziu a ideia da importância da representação no desenvolvimento mental, superando, assim, sua visão predominantemente neurobiológica de *Projeto para uma psicologia científica* (1895/1977b), no qual, pela primeira vez, abordou a questão da dor. Trilhar esse percurso conceitual ("da dor ao sonho"), como se isso tivesse sido proposto por ambos os autores, poderia, então, ser bastante interessante. No último capítulo, denominado "Sobre a dor (psíquica)", Pontalis, logo na página inicial, se indaga que:

> *Primeiro, o que nos autoriza a transpor para o plano da experiência psíquica um conjunto de sensações, uma vivência, que para cada um está estreitamente relacionado com o corpo, com uma região corporal, até mesmo com um órgão ("sede" da dor)? Em seguida, o que diferencia a dor das outras sensações e afetos de desprazer, em particular da angústia? Podemos simplesmente situar a dor na gama de afetos penosos, desprazerosos – na ponta da cadeia – ou temos de reconhecer para ela uma função prototípica, mais ainda: o valor de uma experiência irredutível? (Pontalis, 1977/2005, p. 265).*

Seguindo nesse texto o percurso freudiano desde o *Projeto para uma psicologia científica* (1895/1977b) até *Inibição, sintoma e ansiedade* (1926, citado por Pontalis, 1977/2005), ou as dificuldades com as quais Freud se deparava em localizar a natureza da dor no processamento mental, veremos que para Pontalis, entretanto, o efeito da dor sobre o psiquismo é patente, assinalando ser a mesma: "*Um demais de excitação, que entrava toda atividade de ligação, mesmo ao nível do processo primário: o cheio demais cria o vazio*" (Pontalis, 1977/2005, p. 268).

Fica, assim, realçado o aspecto econômico do processo doloroso e, em decorrência disso, também as relações entre afeto (investimento e descarga) e representação (traço mnêmico). Retomando a frase anedótica, nos perguntamos se a mesma não poderia ser agora ressignificada, como se tivesse sido analiticamente pronunciada quanto à dor, como: "*Se eu a tenho, eu não a represento*".

Já que o papel da representação na teoria psicanalítica é fundamental, tanto na compreensão da gênese das fantasias inconscientes e do recalcado (inconsciente dinâmico) quanto na própria configuração do pensamento, o estudo da dor, seja ela física ou mental, talvez nos permita avançar mais nas questões referentes à representabilidade, não somente dolorosa, mas também na compreensão do psiquismo como tem sido enfocado contemporaneamente pela psicanálise.

Decorrido mais de um quarto de século, desde o ingênuo contato com a anedota, e agora já leitor motivado pela temática, ainda mais estimulado pela indagação de Pontalis que citei anteriormente, eis que encontro em um excelente trabalho de Manuela Fleming (2005), intitulado "Entre o corpo e a mente: para uma compreensão da dor mental e do sofrimento psíquico", a temática principal da autora, interessada na "continuidade-descontinuidade soma-psique" e nas situações de dor identificáveis mentalmente, tenha ela origem física ou mental.

Assinala Fleming que, mesmo sendo atualmente "consensual a ideia de que a dor é um fenômeno simultaneamente psíquico e somático" (p. 236), é desejável o rigor científico no qual se procura discriminar esses componentes. Ao rever a literatura psicanalítica, a autora menciona com certo realce as contribuições de Joyce McDougall, que, segundo Fleming, "admite uma fronteira, mas uma fronteira bastante confusa", semelhante à confusão entre corpo erógeno e corpo biológico. Para essa autora, McDougall acredita que, mesmo entre as representações de dor às quais se tem acesso, pode se estabelecer uma confusão entre o conteúdo afetivo e a sensação corporal ou, então, inexistir via de acesso para os representantes psíquicos da dor, sejam eles psíquicos ou mesmos corporais. Diz então Fleming (2005, p. 236): *"Neste caso a dor é ignorada, conduzindo a ausência de dor a disfunções psíquicas e somáticas graves"*. Existiriam, ainda segundo ela, diferenças importantes entre a dor corporal e a dor mental, principalmente devido ao desenvolvimento da "capacidade de representar simbolicamente a sua vivência no indivíduo" (p. 236).

Ao mesmo tempo em que a psicanálise se aproxima cada vez mais do interesse pelas contribuições que o estudo da dor proporciona para sua prática, podemos também perceber como até mesmo o próprio campo médico tem contribuído indiretamente para essa reflexão. Assim, em especial dentro da área médica temporalmente mais próxima do desenvolvimento emocional primitivo, qual seja a neonatologia, nos surge uma fonte interessante para pensá-lo. Em nosso meio, particularmente na Universidade Federal de São Paulo (Unifesp), em sua disciplina de Pediatria Neonatal, pesquisadores, coordenados em seus esforços pela professora Ruth Guinsburg, têm procurado criar instrumentos de identificação da dor no recém-nascido (2010). Sabedores de que a dor não é um fenômeno de natureza puramente comunicativa em seus efeitos, mas que também pode alterar o funcionamento orgânico por si mesma, eles têm se preocupado em proporcionar ao médico formas de observação que configurem e reconheçam a dor quando existente, já que o próprio recém-nascido ainda não tem meios eficazes de reconhecer e expressar verbalmente sua existência. Assim, descrevem graus codificáveis de níveis de dor baseados em comportamentos observáveis e significantes. Vemo-nos, dessa maneira, diante de uma situação objetiva, na qual a dor pode existir, mas seu sujeito ainda não tem condições de figurabilidade expressiva para o outro. Se voltássemos agora, utilizando a frase paradoxal do paciente do pronto-socorro que mencionei anteriormente, poderia, então, ser escutado, como se este pudesse dizer, quanto à dor: *"Talvez a tenha, porém ainda não sei como configurá-la para outro humano".*

Retornando às ideias que recolhe em McDougall, Fleming (2005, p. 236) crê que *"esta maior ou menor capacidade de simbolizar e, portanto, de sentir a dor corporal e a dor mental como distintas vai depender da qualidade da relação primordial mãe-bebê e mais especificamente da capacidade de a mãe interpretar as expressões da dor do bebê e ser capaz de nomear para ele seus estados afetivos".*

Realizando certo paralelo entre as observações, seja da mãe (intuição), seja do neonatologista (aprendizagem), seja do psicanalista (atenção), poderíamos lançar mão de algum conceito para que este último seja ajudado a pensar sobre a percepção dos estados dolorosos mentais, deles tomando conhecimento, e nos parece ser este o de representabilidade.

Para que aqui se possa ter uma linguagem comum ao tentar refletir sobre o lugar e o papel do analista nessas situações, vou me utilizar de uma concepção de representação tal como a que nos propõe Levine (2014, p. 195): *"Para se criar o mundo interno, a realidade psíquica que pontua, reflete e representa a realidade concreta interna (somática) e externa (perceptiva), a mente se vale de 'manifestações' e significantes conectados e reflexivos de experiências passadas, especialmente relações de objeto, investidos de atributo emocional e significação".* Dessa forma se dispõe ou se apresenta de novo algo da experiência ou, em seu lugar, diante de sua ausência (se re-apresenta ou representa). Acredita Levine que a atividade psíquica é dirigida pela "pressão, essencial de formar representações e de ligá-las em narrativas significativas, carregadas de afeto e coerentes". Para essa "pressão" o autor cria o termo "imperativo representacional" (2014, p. 195).

Considerando que tanto a dor somática quanto a psíquica interferem na atividade representacional, acreditamos que, como situação-limite, pode ser útil pensá-la nos efeitos e nas relações que possa ter, tanto com a questão da representabilidade-irrepresentabilidade como com o trabalho analítico desenvolvido pela dupla, que gira principalmente em torno da simbolização e do resgate ou da criação de representações. Portanto, como fator essencial de observação e atenção em psicanálise.

Atenção e representabilidade

Segundo o *Dicionário de psicologia* de Henri Pieron (1977, p. 40), o termo "atenção" é extraído da linguagem comum e aplica-se a uma orientação mental seletiva, implicando acréscimo de eficiência no exercício de determinada atividade, com inibição das atividades concorrentes.

Paradoxalmente, em psicanálise, a atenção dita "flutuante", termo cunhado por Freud em 1912, deixa de exibir um caráter seletivo, embora se proponha a uma maior eficiência na captação do inconsciente. Em seu *Vocabulário de psicanálise* (2001), Laplanche e Pontalis assinalam tratar-se de: "Modo como o analista deve escutar o analisando: não deve privilegiar *a priori* qualquer elemento do discurso dele, o que implica que deixe funcionar o mais livremente possível sua própria atividade inconsciente e suspenda as motivações que dirigem habitualmente a atenção (Laplanche & Pontalis, 2001, p. 40).

Levando em consideração a atividade associativa esperada entre representações, ainda que inconscientes, cujos derivados poderiam vir a se tornar conscientes, tratar-se-ia de uma proposta de comunicação entre o inconsciente exposto pela associação livre do analisando e a atenção então flutuante ou livre do analista. Freud descreve analogicamente tal processo como: "*O inconsciente do analista deve comportar-se para com o inconsciente emergente do doente como, no telefone, o receptor para com o transmissor*" (Laplanche & Pontalis, 2001, p. 41). Ressalte-se, assim, a qualidade de receptividade que deve fazer parte do fazer psicanalítico.

Tendo se criado a noção de inconsciente dinâmico ou suficientemente organizado de modo a se constituir estruturalmente, apesar de ainda não estar à disposição da consciência, assinala Levine (2014) que os psicanalistas talvez não tenham percebido que Freud considerava esse inconsciente apenas como parte do todo não consciente. Somente nos últimos trinta anos tem surgido na literatura psicanalítica uma atenção maior para com o inconsciente ainda não representado ou fracamente representado, denominado então irrepresentável, não fazendo parte ainda do pré-consciente ou mesmo necessitando de transformações para que possa ser percebido em suas qualidades psíquicas ou "sofrido" como o denominava Bion em seus estudos sobre "o inefável". Existência sem percepção e, portanto, sem consciência. Ou, como já dizia o sábio paciente do pronto-socorro: "*Se a tenho, eu não a sinto*". Os estudos do casal Botella (2002) sobre representabilidade e irrepresentabilidade têm permitido a ampliação do interesse psicanalítico sobre o "não representado" e, naturalmente, na clínica, as necessárias modificações técnicas ou processuais que possam permitir uma "figurabilidade". Sabe-se hoje que a atenção flutuante é instrumento eficaz para o acesso ao inconsciente dinâmico, organizado e acessível por meio de representações de diferente ordem, mormente por meio do discurso, mas como ficaríamos diante do "irrepresentável" ou, ainda, do "não figurado", tão presente nas assim chamadas patologias contemporâneas, das quais ressaltam as organizações-limite (*borderlines*)?

Sabemos que Freud enfocou de forma relevante o papel da atenção no *Projeto para uma psicologia científica* (1895/1977b), ainda pré-psicanalítico, sendo a mesma então considerada essencial para que a percepção possa permitir que a realidade seja reconhecível em suas qualidades específicas. No que tange à realidade externa, isso engloba a função dos órgãos sensitivos, enquanto para Freud a realidade interna seria acessível por meio da consciência, esta "como órgão sensorial de reconhecimento de qualidades psíquicas". De lá, saltemos até 1970, quando Bion publica *Atenção e interpretação*, e, então, surge na literatura psicanalítica com mais frequência o termo (em inglês) *realization*, traduzido para o português como "realização". O tradutor Paulo Cesar Sandler nos ensina, a partir desse termo, em nota de rodapé, que *to realize* significa em sua língua original "tornar real, trazer à existência, compreender plenamente, captar vivencialmente algo que já é real por si mesmo, é um tipo de internalização criativa. A pessoa apreende e se dá conta, conscientemente, de algo que já existe" (2006, p. 39). Podemos, então, compreender a concepção de Bion, que diferencia as práticas médica e psicanalítica dizendo:

> *A realização do médico depende da experiência sensorial; em contraste o psicanalista depende de experiência que não é sensorial. O médico pode ver, tocar e cheirar. O psicanalista lida com realizações que não podem ser vistas nem tocadas; a ansiedade não tem forma, cor, odor ou som. Proponho, por conveniência, usar o termo "intuir" como um paralelo, no âmbito do*

psicanalista, ao uso de "ver", "tocar", "cheirar" e "escutar" (Bion, 1970/2006, p. 24).

Colocados que somos diante de nossa própria experiência emocional, é necessário que dela possamos nos aperceber para que, então, ela seja "realizada", sem o qual não podemos com ela aprender. Partindo da observação clínica, Bion nos assegura que:

> *Existem pacientes cujo contato com a realidade apresenta mais dificuldade quando esta realidade é seu próprio estado mental. Por exemplo, um bebê descobre sua mão; bem poderia ter descoberto sua dor de estômago, seus sentimentos de terror ou de ansiedade; ou sua dor mental [...]. Existem pessoas tão intolerantes à dor ou frustração, que elas sentem a dor, mas não as sofrem; assim não é possível dizer que elas descobrem a dor. Temos de conjeturar o que esses pacientes não vão sofrer, ou descobri-lo a partir do que aprendemos com os pacientes que se permitem sofrer* (Bion, 1970/2006, p. 26).

Creio ser evidente ao leitor que o sentido dessas breves reflexões se encaminha para que possamos pensar, utilizando a conexão entre dor e representabilidade, quanto ao desdobramento disso para a função psicanalítica. Anteriormente, enfocamos alguns elementos que, em diferentes vivências, tais como na relação mãe-criança, neonatologista-recém-nascido e analista-analisando, nos permitiriam incluir nessa reflexão, respectivamente: intuição, aprendizagem e atenção. Esboçamos, assim, como a percepção e a realização da dor no recém-nato depende da capacidade intuitiva de sua mãe – e, agora podemos dizer, graças ao desenvolvimento de sua assim chamada "preocupação materna primária" ou também à utilização da função de *rêverie* –, enquanto a observação da experiência emocional (expressa e captada) permitiria ao psicanalista se aproximar de uma realização da dor mental de seu paciente. Entretanto, são diferentes os níveis de aproximação possíveis, dependendo do grau de organização representacional que o analisando já possua. Se a atenção flutuante permite o exercício de uma progressão associativa representacional no contato entre o inconsciente do analista e o inconsciente do analisando quando se está diante de organizações neuróticas, qual seria, então, o tipo de atenção facilitadora possível quando isso não ocorre, como no confronto com organizações-limite?

Poderíamos, então, sugerir que, em um caminho para o aprofundamento futuro dessa reflexão, e agora é somente até aqui que pretendo chegar, considerando este texto apenas como abertura de uma questão, esse trajeto se ampliaria graças ao conceito de "figurabilidade", no qual o analista irá se dispor como o objeto empatizante que permite, em um movimento "regrediente" de seu próprio inconsciente – termos utilizados pelo casal Botella (2002) –, realizar uma ação psíquica no "campo empático de interação" (Della Nina, 2000) com seu analisando e que forneça elementos de uma nova construção, tendendo ao representacional, lidando com a dor, naturalmente sem provocá-la, mas também não impedindo que, quando sofrida, possa trazer em si mesma elementos que se associem, afetivamente e de forma compartilhada, para uma aprendizagem por meio da atenção.

Referências

Béjar, V. R. (2003). Dor crônica: possível interface entre a psicanálise e a medicina moderna. *Ide, 37*, 32-41.

Bion, W. R. (2006). *Atenção e interpretação* (2. ed., Paulo Cesar Sandler, Trad.). Rio de Janeiro: Imago. (Obra original publicada em 1970).

Botella, C., & Botella, S. (2002). *Irrepresentável (mais além da imaginação)* (M. E. Schneider, P. Ramos, & V. Dresch, Trads.). Porto Alegre: Sociedade de Psicologia do Rio Grande do Sul: Criação Humana.

Della Nina, M. (2000). Liberdade de expressão interpretativa e o campo empático de interação. *Alter – Jornal de Estudos Psicodinâmicos, XIX*(1), 59-80.

Della Nina, M. (2014a). *Dor e psicanálise: a questão da representação*. Apresentação em mesa-redonda da 1ª Jornada de Psicossomática Psicanalítica da Sociedade Brasileira de Psicanálise de São Paulo (texto não publicado), São Paulo, SP, Brasil.

Della Nina, M. (2014b). Dor e psicanálise contemporânea: atenção e representabilidade. A questão da representação: uma introdução. (Palestra). In R. Simon, K. Yamamoto, & G. K. Levinzon (Orgs.). *Anais do 18º Encontro do Curso de Especialização em Psicoterapia Psicanalítica*.

Fleming, M. (2005). Entre o corpo e a mente: para uma compreensão da dor mental e do sofrimento psíquico. *Trieb Nova Série, IV*(1-2), 231-249.

Freud, S. (1977a). *A interpretação dos sonhos*. (Edição Standard Brasileira das Obras Psicológicas Completas de Sigmund Freud, vol. 4, Jaime Salomão, Trad.). Rio de Janeiro: Imago. (Obra original publicada em 1900).

Freud, S. (1977b). *Projeto para uma psicologia científica*. (Edição Standard Brasileira das Obras Psicológicas Completas de Sigmund Freud, vol. 1, Jaime Salomão, Trad.). Rio de Janeiro: Imago. (Obra original publicada em 1895).

Guinsburg, R., & Cuenca, A. M. C. (2010). *A linguagem de dor no recém-nascido*. Documento científico do Departamento de Neonatologia, Sociedade Brasileira de Pediatria. 8 out.

Laplanche, J., & Pontalis, J.-B. (2001). *Vocabulário da psicanálise* (4. ed.). São Paulo: Martins Fontes.

Levine, H. B. (2014). A tela incolor: representação, ação terapêutica e a criação da mente. *Livro Anual de Psicanálise, XXVIII*(2), 193-414.

Pièron, H. (1977). *Dicionário de psicologia* (D. B. Cullinan, Trad.). Porto Alegre: Globo. (Obra original publicada em 1951).

Pontalis, J.-B. (2005). *Entre o sonho e a dor* (Claudia Berliner, Trad.). Aparecida, SP: Ideias e Letras. (Obra original publicada em 1977).

Szasz, T. S. (1976). *Dor e prazer: um estudo das sensações corpóreas*. Rio de Janeiro: Zahar. (Obra original publicada em 1957).

Winnicott, D. W. (1978). *Textos selecionados: da pediatria à psicanálise* (A reparação em função da defesa materna organizada contra a depressão, pp. 197-204, Jane Russo, Trad.). Rio de Janeiro: Francisco Alves. (Obra original publicada em 1954).

15. Corpo-Dor-Psicanálise: a importância da contratransferência

Eliana Riberti Nazareth

> *It matters not how strait the gate,*
> *How charged with punishments the scroll,*
> *I am the master of my fate,*
> *I am the captain of my soul.*
>
> William Ernest Henley, *Invictus*, 1875[1]

Introdução

Neste trabalho, procurarei abordar alguns aspectos da contratransferência na análise de pacientes com manifestações somáticas e sua importância na compreensão de conteúdos psíquicos primitivos desses analisandos.

---

1 "Não importa quão estreito o portão, / Quão carregado de punições o pergaminho, / Eu sou o mestre de meu destino, / Eu sou o capitão de minha alma." Estrofe do poema que inspirou Mandela na prisão (tradução nossa).

No conselho "f" de seu artigo "Conselhos ao médico no tratamento psicanalítico" (1912/1973), Freud destacou a função da mente do analista como órgão receptor e processador das projeções do paciente, devendo aquele utilizar tudo o que lhe é fornecido na sessão. Havia já a ênfase clara de que o psiquismo do analista seria não só um decodificador, mas um aparelho de reconstrução do psiquismo do paciente.

No artigo de 1912/1973, Freud já nos alertava a respeito da contrapartida da "regra psicanalítica fundamental":

> *o médico haverá de colocar-se em situação de utilizar, para a interpretação e o descobrimento do inconsciente oculto, tudo o que o paciente lhe fornece, sem substituir com sua própria censura a seleção a que o enfermo renunciou. Ou dito em uma fórmula: Deve orientar ao inconsciente emissor do sujeito seu próprio inconsciente, como órgão receptor, comportando-se com respeito ao analisado com o receptor do telefone com respeito ao emissor.*

E prossegue: "*Como o receptor transforma de novo em ondas sonoras as oscilações elétricas provocadas pelas ondas emitidas, assim também o psiquismo inconsciente do médico está capacitado para reconstruir, com os produtos do inconsciente que lhe são comunicados, este inconsciente mesmo que determinou as ocorrências do sujeito*" (Freud, 1912/1973, p. 1.657).

Essa elaboração dos conteúdos na sessão, como sabemos, se dá, sobretudo, via compreensão e uso instrumental da contratransferência.

Talvez possamos dizer que, no tocante à abordagem da contratransferência, além do caráter de comunicação, esse elemento de reconstrução tenha sido um dos principais focos de autores como Green (2002), Grinberg, Heimann, Winnicott (2000a) e tantos outros.

Em *Orientações para uma psicanálise contemporânea*, Green (2002, p. 85) aponta para a importância da observação da contratransferência. "É justamente nesses casos (nos estados-limite) que a contratransferência do analista deve estar alerta e desvelar, por uma receptividade hipersensível, os traços deixados por tais experiências na infância." "Receptividade sensível", verdadeira bússola no processo analítico, ela se mostra tão mais importante quanto mais desintegrados ou não integrados forem os conteúdos inconscientes.

Em seu artigo "O ódio na contratransferência", Winnicott (2000a) nos leva a ver de maneira clara a influência, na relação analítica, de fantasias, imagens, sentimentos e sensações do analista, despertados por seu paciente. Essa influência é vital e, sem o adequado reconhecimento desses fenômenos, eles não só tenderão a atrapalhar o processo analítico, mas também não poderão ser utilizados como instrumento de compreensão. Nesse mesmo artigo, Winnicot (2000, p. 278) ressalta que: "*Fenômenos contratransferenciais representarão, em certos momentos, o elemento central da análise*".

Nos pacientes que se apresentam muito pouco integrados por uma parada no desenvolvimento ou devido à regressão a estágios primitivos, ou a ambos os fatores, há uma lacuna, até mesmo um vácuo, entre os níveis pré-verbal e verbal ou entre a representação de coisa e a representação de palavra.

A alexitimia – "sem palavras para as emoções" (Sifneos, 1967) –, ou o pensamento operatório (Marty & M'Uzan, 1962/1994), é frequente em patologias graves como as somatizações, nas quais há a impossibilidade de utilizar a linguagem verbal, simbólica, para pensar pensamentos e expressar angústia. Porque ou não há simbolização, ou ela é insuficiente.

São os pacientes que, devido a traumas precoces, por causa da perda do objeto não suficientemente suportada pelo ambiente, por uma ausência do que Winnicott (1956/2000b) chamou de preocupação materna primária, vão apresentando mais e mais desorganizações progressivas.

Assim, refere-se Marty (1980, p. 52) à etiologia das desorganizações progressivas:

> *Para realçar o ponto de vista etiológico, mais amplamente do que através do número limitado de investigações que oferecemos, e para tornar mais viva a teoria, é tentador desenhar um quadro (forçosamente aproximado e, com certeza, reduzido à nossa experiência atual) dos traumatismos desorganizadores do aparelho mental, dos quais um grande número pode ser considerado sob o ângulo da perda objetal pura, do luto não elaborado (grifo nosso).*

Tais analisandos, justamente por causa da não existência ou da fragilidade e debilidade dos elos entre essas dimensões do *self*, pouco ou nada conseguem simbolizar e, portanto, comunicar verbalmente sobre suas experiências emocionais.

Joyce McDougall (1996, p. 114) aponta a importância do verbal (simbólico) ao dizer que "*as palavras são os diques mais eficazes para controlar a energia vinculada às pulsões e aos fantasmas originais*" e que, quando há falhas na simbolização, uma das saídas para a angústia é o recurso a respostas somáticas. Nessas patologias, os elos ou se romperam, ou não foram construídos, ficando para o analista a tarefa de ajudar o paciente a edificar pontes possíveis.

Mas como? Como estabelecer ligações entre universos de ordens distintas, em que um não tem conhecimento do outro? Como fica a "cura pela palavra" na dimensão do mudo e do indizível?

É nesses casos que a importância do uso instrumental da contratransferência fica mais evidente. Observarmos nossas reações contratransferenciais, sobretudo somáticas procedentes de nosso próprio corpo que fala, específicas a cada momento, com cada paciente, é algo que pode iluminar o escuro caminho que é o caminho sem símbolos.

Nos pacientes somáticos, observo que a contratransferência despertada costuma ser muito "ruidosa", às vezes incômoda, por ser expressa por sensações e impressões localizadas no corpo do analista. Tal contratransferência requer maior ou menor decodificação – ou mesmo codificação –, dependendo do grau de desorganização e/ou de não organização dos fragmentos e conteúdos psíquicos.

Essas diferenças provocam reações contratransferenciais diversas e implicam um uso diferente desse importante instrumento, como também de diferentes tipos de interpretação.

No meu trabalho com tais pacientes, observo ainda que, quanto maior o número de conteúdos não integrados, mais construção se exigirá do trabalho analítico.

Ilustração clínica

Antonio, um rapaz de 26 anos de idade, veio me procurar por não se aguentar de tanta angústia. Estava absolutamente desesperado sem saber o que fazer da vida. Não sabia explicar muito mais que isso. Estava fortemente medicado por causa das crises de impulsividade, insônia e ansiedade. Porém, "brigava" com a medicação, pois não gostava dos sintomas que os remédios lhe provocavam, e dizia que ficava mais "aéreo", sem conseguir se localizar no tempo e no espaço. Proponho-lhe que venha todos os dias, o que foi prontamente aceito. Antonio não faltava nem se atrasava e chegava sempre com bastante antecedência. Na sala de espera, ele ficava em um canto da sala, ora com um olhar perdido, ora com o semblante atormentado. Não olhava para as pessoas e, quando eu o chamava para entrar, me olhava muito rapidamente.

Eu precisava sempre iniciar as sessões de uma maneira suave, pois, caso contrário, ou ele me olhava extremamente desconfiado, ou se desconectava. A maneira que eu encontrava de tentar acessá-lo era perguntar sobre os acontecimentos de seu dia. Antonio os descrevia sem sentimentos, fantasias ou devaneios. O máximo que conseguia fazer era descrever detalhadamente as situações. Não associava nem tinha sonhos.

Frequentemente, ao fazer suas descrições, dizia ter fortes dores de estômago, enjôos e náuseas. Posteriormente, foi constatada também uma disfunção metabólica, o que provocava crises de hipoglicemia que o deixavam tonto e que se acentuavam nas sessões. Mas essas sensações e esses sintomas para ele não tinham relação com nada, ele apenas as tinha. Apareciam de maneira súbita. Nessas ocasiões, muitas vezes *eu* sentia um aperto no coração e vontade de chorar. Ou, então, eu tinha impressões visuais de lacunas, vazios e buracos. Eu sentia que estava em um universo diferente, com leis muito particulares, e que algo não estava lá, mas que havia deixado fortes impressões, como o negativo de uma foto.

Green (2002), lembrando Winnicott (1971), diz que, para os pacientes que passaram por separações e perdas precoces e experiências desorganizadoras, *"somente o que é negativo é real e acontece um desinvestimento do objeto, de tal forma que este acaba por desaparecer da psique"* (p. 263).

O que teria acontecido com aquele rapaz, cujas experiências não puderam ser registradas e contidas na mente e que permaneceram no corpo? Eu sentia, mais do que sabia, que minhas sensações diziam respeito a vivências contratransferenciais de elementos beta projetados, desorganizados e não simbolizados pela mente de Antonio. Mas, àquela altura de sua análise, de nada adiantava tentar buscar alguma conexão com conteúdos emocionais. Eram apenas fortes e desagradáveis sensações provenientes de angústias indizíveis.

Muito lentamente, começamos a conversar sobre as sensações que surgiam nele durante as sessões. A aproximação também precisava ser delicada e sutil, pois, além de tocar em elementos traumáticos e doloridos para ele, havia a relutância narcísica a essa aproximação. A questão narcísica é um ponto nodal nesses pacientes, o que levou Green (2002) a descrevê-la como *"síndrome de afastamento subjetal do ego"*.

Conversando sobre as sensações, Antonio passou a descrever sua relação amorosa nas sessões. Ele tentava sair, sem conseguir, de um relacionamento com uma mulher mais velha, com quem tinha fugido para outro Estado e por lá se casado. Ele a havia conhecido em uma "balada" na periferia da cidade. Ela já tinha tido outras uniões e de uma delas resultou uma filha.

Moraram em situações precárias nesse outro Estado. Antonio largou a faculdade até que, ficando em condições insustentáveis e por insistência do pai, resolveram voltar. Apesar de todo o caos de sua vida, não conseguia romper com a mulher. Essa moça, além de ser de um nível socioeconômico e educacional muito aquém do dele, tinha comportamentos explosivos, agressivos, promíscuos e sem crítica.

Pouco a pouco, algumas conexões começaram a se apresentar entre essa sua escolha e seu histórico. A mãe de Antonio havia sido uma pessoa promíscua, que consumia muito álcool e drogas injetáveis, comportamentos que motivaram a separação conjugal. Posteriormente a mãe veio a falecer de Aids.

No início, Antonio e o irmão, dois anos mais novo, ficaram sob a guarda da mãe; porém, dada a negligência desta em relação aos filhos, o pai assumiu a guarda das crianças. Contudo, no registro de Antonio, e pelo que eu mesma observava, o pai não tinha nenhuma continência com os filhos (no início do tratamento, às vezes o pai pedia para vir com o filho em algumas sessões para "conversar" sobre as dificuldades de Antonio. Na verdade, vinha para se queixar dele).

Toda a precariedade emocional em que vivera e vivia me provocava uma profunda compaixão. Eu percebia que sentia e nomeava os sentimentos dele por ele. Por isso, o aperto no coração e a vontade de chorar que eu sentia.

A Antonio só lhe restava o pensamento concreto, as emoções desorganizadas e um abismo escuro e ilimitado. Ele não tinha alfabeto emocional que pudesse lhe guiar e confortar. Não possuía as palavras (símbolos), diques de que nos fala Joyce McDougall (1996). Só podia repetir e repetir o trauma: negligência por parte da mãe, perdas precoces e violência por parte do pai.

Em seu artigo "O ódio na contratransferência", Winnicott (2000a) pergunta: "*O que acontece quando não houve experiências satisfatórias no início da vida que o analista possa utilizar na transferência?*". Antonio não tinha tido experiências satisfatórias precoces, mas apenas experiências traumáticas. Cabia a nós dois, na análise, tentar construir alguma estrada possível que fizesse com que ele acreditasse um pouco mais em si e na vida. Cabia a nós dois tentar construir alguma transferência. Apesar e por causa da repetição traumática, ele havia se casado com a "mulher que passa", por precisar de alguma ou de qualquer continência e por acreditar que não tinha condições de ter algo seu e que fosse resultado de uma boa escolha.

Muitas situações intrigantes que dizem respeito à técnica com esse tipo de pacientes ocorreram, as quais deixo para discussão em outro momento. Apenas para fazer uma breve menção, penso que o que menos importou na análise de Antonio foram as interpretações ditas "clássicas", as de conteúdo. O que menos importou foi o *que* foi dito; o *como* foi dito – isso, sim, teve importância. Após mais de seis anos de análise, Antonio passou a poder construir seus pensamentos e sentimentos, e não só a ter emoções disformes. Passou a trazer sonhos, devaneios, preocupações.

A análise desses pacientes é, o tempo todo, permeada e "sacudida" por oscilações entre momentos de maior evolução/construção e momentos de grande regressão/desconstrução simbólicas.

Há uma constante reedição e reencenação do trauma precoce, pois a situação traumática é o universo conhecido, é o seu normal. E, se o analista, por um lado, representa o alívio da angústia, por outro é sentido como uma ameaça à onipotência narcísica e à perda do falso *self* protetor. E, nesse mundo de trevas, a bússola que temos é a nossa contratransferência.

Há, nesses pacientes, uma resistência feroz e velada às interpretações mais profundas. Faz-se necessário todo um trabalho "preliminar" de sensibilização ao psicoemocional antes de se poder conversar sobre as emoções. As interpretações são sentidas como algo perigoso, pois encerram uma necessidade de mudança.

McDougall (1996, p. 103) resume a forte resistência encontrada no trabalho com esses pacientes: "*A resistência à mudança psíquica é muito forte porque esses analisandos estão convencidos de que a mudança só pode ser-lhes desfavorável. Sua força de inércia é a única proteção de que dispõem contra um retorno traumático insuportável e inexprimível*".

Frequentemente, ficávamos ilhados nas palavras: ou elas nada significavam e não chegavam a lugar algum, ou provocavam uma inundação. Nessas ocasiões, Antonio ficava tonto e não conseguia pensar nem absorver minhas palavras ou fazer uso produtivo delas.

Sentia-me sempre no fio da navalha. Se eu interpretasse "pouco", correria o risco de ficar no concreto; se interpretasse "muito", poderia provocar uma inundação ou uma invasão.

Contudo, seu corpo enunciava uma profusão de palavras não ditas e não pensadas e, à medida que a análise avançava cada vez mais, sensações e sintomas apareciam na sala.

Antonio não se deitava no divã, o que me trazia mais dificuldades para pensar analiticamente e manter minha atenção flutuando.

À maneira de outros pacientes somáticos, meu paciente precisava de contato visual. Esses pacientes se sentem desconfortáveis deitados. Não tanto por sentirem não poder controlar o analista, mas porque sentem que perdem a referência do olhar e de nossas reações. "*Se eu não enxergo, fico surdo e me perco*", me dizia um paciente; "*se não te vejo, fico desnorteado*", me dizia outro.

Diferentemente do paciente psicótico que requisita da mente do analista o preenchimento de verdadeiras lacunas estruturais de seu psiquismo, quer por falta de registros mnêmicos, quer pela preponderância do processo primário esvaziador, o paciente somático requer sucessivas elaborações e traduções de seus registros emocionais em direção a construções mentais. Na verdade, talvez o mais adequado seria dizer registros corporais, em vez de registros emocionais. A memória dos pacientes somáticos é corporal.

Para Antonio, o contato visual era fundamental. Manter-me em seu "horizonte" era sentido como uma garantia de que eu estava lá e não iria desaparecer.

Eu sentia, mais do que percebia, que a análise naquele momento se assemelhava ao jogo "ligue os pontos" e precisava ser voltada, sobretudo, a construir novos elos e reconstruir outros tantos perdidos, sem o que, Antonio não construiria seu destino, ficando fadado a repetições.

Assim, McDougall (1997, p. 129), expandindo Bollas (1989), diferencia fado de destino:

> O "fado" é definido pela maioria dos dicionários como aquilo que é **inexorável** ou **irrevogável**. Frequentemente, revela-se por intermédio de oráculos e declarações proféticas – em outras palavras, o fado depende, em larga medida, de pronunciamentos **verbais**. O "destino", por outro lado, implica um **potencial**, sugerindo ação iniciada pelo indivíduo mais do que palavras impostas de fora. Como diz Bollas (1989) "quem for afortunado pode cumprir seu destino". [...] Mauriac (1950), em **Vie de Racine**,[2] escreve que "todos nós tecemos o nosso próprio destino; puxamo-lo de dentro de nós como a aranha faz com sua teia" (grifos do original).

À medida que trabalhamos suas sensações e seus sintomas, sonhos começaram a ser sonhados e lembranças passaram a surgir, porém ainda desvinculadas de sentimentos.

Muito lentamente as sensações do corpo passam a ser mentalizadas. Antonio não só começa a descrevê-las, como elas passam a dar lugar a sentimentos e pensamentos que podem ser verbalizados.

A meu ver, tais conteúdos não são propriamente conteúdos reprimidos que, com a análise, passam a ser passíveis de conscientização. São significantes que passam a ser construídos, construção esta solicitada, em grande parte, via contratransferência, sobretudo a contratransferência somática no início, pois o que não está na memória explícita não pode ser simbolizado, não está inscrito em palavras e, portanto, não pode ser lembrado.

---

2 Mauriac, F. (1950). *La vie de racine*. Paris: Gallimard.

Citando novamente McDougall (1997, p. 173):

> *É também importante reconhecer que esses significantes iniciais (os pré-verbais) não podem ser recalcados do modo como o* **recalque** *é definido por Freud (1915c): isto é, um mecanismo psíquico que mantém no inconsciente representações, que estão ligadas a pulsões por meio dos pensamentos e das recordações verbais. Uma vez que as recordações pré-verbais não podem ser manejadas da mesma maneira, sua força dinâmica corre o risco perpétuo de encontrar saída pela repentina irrupção, sob a forma de vivências alucinatórias ou de explosão somática.*

Suas "explosões somáticas" eram expressões em seu corpo daquilo que sua mente não podia ou, ao menos, não sabia pensar. E, dramático, mesmo quando ameaçado, seu corpo só podia reagir com o mecanismo de fuga. Qualquer movimento ou mudança era perigoso. Com isso, oferecia-se a manipulações e tortura.

Roussillon (2015) diz que, quando o ambiente é rígido e há imposição de um meio ambiente que não atende às necessidades do bebê, o bebê se retira do objeto para um *bunker* interno.

Poderíamos acrescentar que, nesses casos, o bebê desenvolve um modo de funcionamento baseado no trauma, em que está sempre ou pronto para atacar, a fim de defender sua sobrevivência psíquica, como vemos depois nos comportamentos antissociais, ou pronto para se recolher, se refugiar e se encapsular, como nas psicoses e patologias *bordeline*, ou mesmo pronto a se autoatacar ou se desintegrar, como nas somatizações e doenças psicossomáticas.

Muitas das *reações* ao trauma precoce – lembremos que Winnicott (1956b/2000) nos ensina que "naturalmente são as reações às intrusões que contam, e não as intrusões em si mesmas" – não serão nunca "lembradas" ou, às vezes, nem sequer pré-simbolizadas e, portanto, elaboradas psiquicamente a ponto de poderem chegar à consciência, por fazerem parte da memória implícita ou de procedimento. São experiências do psicossoma, experiências sensoriais e motoras que não passam de *representações de coisa* e que constituem fantasias *no* corpo, e não sobre o corpo (Gaddini (1982), como citado em Rouco, 2015). Tais representações, para usar a terminologia freudiana, não serão passadas, evoluídas a representações de palavra.

Esse indivíduo, cujo pré-consciente é pouco espesso, nos quais há uma falha em termos de constituição, isto é, um pré-consciente com cadeia de representações e associações pobre (Marty et al., 1963), apresenta dificuldade de fantasiar e sonhar, associações pobres ou ausentes, dificuldade de se relacionar afetivamente. É o paciente que vem à sessão para nos contar aspectos de sua vida cotidiana – o paciente-repórter –, e não para falar de si, de seus pensamentos e sofrimentos. Observamos na clínica que é um indivíduo não individuado, é um indivíduo sem autonomia (capacidade de estar só).

De acordo com Marty e M'Uzan (1962/1994), são os indivíduos cujo pensamento foi definido como pensamento operatório, na gradação máxima, digamos. Pacientes com pensamento operatório não têm noção da alteridade, pois destruíram a alteridade.

Considerações finais

Em pacientes com manifestações somáticas, a contratransferência é, muitas vezes, nosso fio de Ariadne. Percorremos seus labirintos sem saber os segredos de sua comunicação não verbal encerrada em um tempo mítico, no qual não há representações, símbolos ou palavras. O que nos resta, não raro, é ouvir a nós mesmos, utilizar nossas sensações, impressões e associações despertadas por um corpo que fala por meio de seu sofrimento e que ao longo de toda uma vida só encontrou ecos no desconhecido. A contratransferência utilizada de modo ativo pelo pensamento do analista representa, às vezes, o único acesso a ansiedades silenciosas e não visíveis.

Referências

Bollas, C. (1989). *Forces of destiny: psychoanalysis and the human idiom*. London: Free Association Books.

Bollas, C. (1992). *Forças do destino: psicanálise e idioma humano*. Rio de Janeiro: Imago.

Freud, S. (1973). *Consejos al medico en el tratamento psicoanalítico* (3. ed., L. L.-B. Torres, Trad.). Madrid: Biblioteca Nueva. (Obra original publicada em 1912).

Gaddini, E. (1982). Early defensive fantasies and the psychoanalytical process. *International Journal of Psychoanalysis*, 63, 379, como citado em B. S. Rouco (2015). Congresso Internacional de Psicanálise da Associação Internacional de Psicanálise (IPA, do inglês International Psychoanalytical Association), Boston, MA, Estados Unidos.

Green, A. (2002). *Idées directrices pour une psychanalyse contemporaine*. Paris: PUF.

Kury, M. G. (1999). *Dicionário de mitologia grega e romana*. Rio de Janeiro: Jorge Zahar.

Mancia, M. (2006*)*. Implicit memory and early unrepressed unconscious: their role in the therapeutic process (how the neurosciences can contribute to psychoanalysis). *International Journal of Psychoanalysis, 87*, 83-103.

Marty, P. (1980). *L'ordre psicosomatyque*. Paris: Éditions Payot et Rivages.

Marty, P. et al. (1963). *L'investigation psychosomatique* (Coleção Quadrige). Paris: PUF.

Marty, P.; M'Uzan, M. de. (1994). O pensamento operatório. *Revista Brasileira de Psicanálise*. São Paulo. XXVIII(1): 165-174. (Texto original publicado em 1962).

McDougall, J. (1996). *Teatros do corpo: o psicossoma em psicanálise* (P. H. B. Rondon, Trad.). São Paulo: Martins Fontes.

McDougall, J. (1997). *As múltiplas faces de Eros: uma exploração psicanalítica da sexualidade humana* (P. H. B. Rondon, Trad.). São Paulo: Martins Fontes.

Pirlot, G., & Corcos, M. (2012). Understanding alexithymia within a psychoanalytical framework. *International Journal of Psychoanalysis, 93*, 1403-1425.

Roussilon, R. (2015). *An introduction to the work on primary symbolization*. Congresso Internacional de Psicanálise da IPA, Boston, MA, Estados Unidos.

Sapienza, A. (1999). *Reflexões cínicas sobre o uso e manutenção das funções psicanalíticas*. Encontro de Psicoterapia e Psicanálise, Universidade de São Paulo (USP), São Paulo, SP, Brasil.

Sifneos, P. (2000). Alexithymia, clinical issues, politics and crime. *Psychotherapy and Psychosomatics*, 69, 113-116.

Winnicott, D. W. (1971). *Playing and reality*. London: Tavistock Publications.

Winnicott, D. W. (2000a). *Da pediatria à psicanálise: obras escolhidas* (O ódio na contratransferência). Rio de Janeiro: Imago. (Texto original publicado em 1947).

Winnicott, D. W. (2000b). *Da pediatria à psicanálise: obras escolhidas* (A preocupação materna primária). Rio de Janeiro: Imago. (Texto original publicado em 1956).

16. Entre a vida e a morte: as dores da melancolia

Cristiana Rodrigues Rua
Ana Maria Soares
Rubens Marcelo Volich

Todos os pacientes que chegam aos nossos consultórios sofrem. A maioria é movida pela expectativa de eliminar seu sofrimento; alguns, pelo desejo de saber como lidar com ele; e muitos ignoram sua existência e apenas buscam um tratamento incitados por familiares ou outros profissionais que vivem as consequências ou percebem tormentos que a pessoa parece desconhecer. O processo terapêutico se constitui em torno do encontro inefável do sujeito com suas dores. Algumas se manifestam pelo corpo, outras pelo psiquismo, mas todas são marcadas pelo desprazer, certas vezes por dúvidas, medos ou fantasias sobre a integridade e a própria existência do sujeito.

A dor é, ao mesmo tempo, uma experiência inexorável, constituinte e universal do humano (todos sentimos dor) e também única (ninguém, a não ser aquele que a experimenta, pode saber exatamente o que ela tem a lhe dizer). A medicina a reconhece por sua dimensão semiológica, sintomática, como uma perturbação do funcionamento do corpo, que convoca a compreensão do clínico para aliviá-la. Zeferino Rocha (2011) a considera uma "Nova Esfinge": desde o nascimento somos todos destinados a nos confrontar com ela e com seu enigma. Se ele puder ser decifrado e se a experiência da dor puder ser incorporada a símbolos e representações, ela produzirá um sentido, participando da experiência do sujeito e transformando-a. Caso contrário, a impossibilidade de construir um sentido para a dor pode torná-la desorganizadora e mortífera e ela, tal qual a esfinge de Tebas, nos devorará.

Freud também se sentiu provocado por essa esfinge. Intrigado pela natureza e por diferentes expressões do sofrimento humano, principalmente em sua dimensão psíquica, ele também considerava suas manifestações pelas vias corporais, inclusive pela experiência da dor. Como lembra Pontalis (1977/2015), mesmo que não tenha escrito um trabalho específico sobre esse tema, toda a obra freudiana é marcada por reflexões sobre as desconcertantes dinâmicas que participam das formas psíquicas e corporais da dor.

Quer se manifeste por meio da dor corporal ou do psiquismo, o sofrimento perpassa tanto a clínica médica quanto a psicopatologia. Em diferentes graus, tanto as doenças orgânicas quanto os transtornos mentais são marcados de forma episódica ou permanente por experiências de desprazer, tensão e desagregação funcional, orgânica ou mental, provocando reações que vão desde o simples desconforto até a paralisia e, no extremo, a morte. A angústia, em um quadro depressivo, é também vivida por sensações corporais desagradáveis (respiratórias, circulatórias, entre outras), da mesma forma que um infarto coronariano pode mobilizar angústias e fantasias referentes à integridade e à sobrevivência do sujeito. A manifestação do sofrimento pelo corpo ou pelo psiquismo é contingente e resulta de diferentes formas de organização e expressão da economia psicossomática, fruto de interações entre a constituição e o corpo de cada um, sua história individual, familiar e social e acontecimentos de sua vida (Marty, 1990/1994; Volich, 2000/2010). Entre diferentes pessoas e, ao longo do tempo, em uma mesma pessoa, é possível observar diferenças e oscilações entre esses modos de expressão. Para o clínico, essas diferenças e oscilações são indicadores significativos para compreender o funcionamento psicossomático do paciente, para a conduta terapêutica e para o acompanhamento de seus efeitos.

Em um trabalho anterior (Rua, 2015), analisamos as articulações entre as manifestações depressivas de uma paciente e seus sintomas dolorosos.[1] No presente, podemos observar a relação da sintomatologia dolorosa dessa mesma paciente a partir dos veios melancólicos de sua economia psicossomática e de diferentes momentos transferenciais de sua análise.

Uma metapsicologia da dor

Zeferino Rocha (2011, p. 614) descreve a dor como uma experiência fronteiriça, semelhante ao estatuto da pulsão, uma vez que *"[a dor] une distinguindo e distingue unindo o sujeito e o objeto, o ausente e o presente, o fora e o dentro, a realidade e a fantasia, o passado e o presente".*

A partir de sua experiência como neurologista, e ao longo de toda sua obra, Freud buscou desvendar o enigma da dor, destacando o caráter indissociável das vivências somáticas e psíquicas dessa experiência, mesmo que, para o sujeito, uma dessas dimensões possa prevalecer. Já no *Projeto para uma psicologia científica* (1895/1980a), ele compreende a dor como resultante de excessos

---

[1] Paciente atendida pelo Projeto de Atendimento e Pesquisa em Psicossomática da clínica do Instituto Sedes Sapientiae, em São Paulo.

vividos no contexto do desamparo humano, marcada pelo desprazer, fruto da impossibilidade do sujeito de escapar dos estímulos internos e da dificuldade do aparelho psíquico de lidar com eles. É uma vivência de violação, de invasão, que *"supõe a existência de limites: limites do corpo, limites do Eu; ela produz uma descarga interna que poderíamos chamar de efeito de implosão"* (Pontalis, 1977/2015, p. 268). Essas dinâmicas são características das experiências traumáticas, nas quais o rompimento de dispositivos para-excitantes, defesas e organizações psíquicas provoca o transbordamento libidinal (Freud, 1919/1980e) com forte potencial desorganizador, como observamos nas desorganizações progressivas da economia psicossomática (Marty, 1990/1994).

Excesso, efração, descarga, limites e desprazer são alguns dos componentes da experiência dolorosa que revelam a dimensão econômica, pulsional e traumática dessa experiência, cujo paradigma, como aponta Freud (1926/1992, pp. 248-249), é a vivência corporal.[2] Porém, subjetivamente, por meio de uma "apropriação metafórica", essas vivências também correspondem a experiências de perda, de separação e de abandono. Segundo ele, *"não pode ser desprovido de sentido que a linguagem tenha criado o conceito de dor interna, psíquica, assimilando completamente as sensações de perda de objeto à dor corporal"*.

A experiência somática também é tomada como paradigma para a constituição da angústia. Assim como no nascimento, quando os órgãos respiratórios e o coração são particularmente

---

2 *"Da dor conhecemos muito poucas coisas. A única certeza é dada pelo fato de que a dor [...] aparece quando um estímulo atacando a periferia perfura os dispositivos das para-excitações e age desde então como um estímulo pulsional contínuo contra o qual as ações musculares, geralmente eficientes para subtrair ao estímulo o local estimulado, permanecem impotentes"* (Freud, 1926/1992, p. 285).

solicitados, esses órgãos terão também um papel importante na vivência sensorial da angústia. Como lembra Horn (2003, pp. 2-3), o desenvolvimento da perspectiva metapsicológica em suas três dimensões – econômica, tópica e dinâmica – permitiu a Freud melhor compreender a complexidade do fenômeno da dor, que se revelou como um excesso cuja "qualidade-limite reside na sua condição de desmesura, no seu estatuto de ultrapassagem do expressivo e do afetivo".

A partir da perspectiva econômica, Freud articula o fenômeno da dor com as experiências egoicas com a circulação libidinal e o narcisismo. Em *Narcisismo: uma introdução* (1914/1980b), ele descreve as relações entre os investimentos narcísicos, a lesão corporal e as experiências de perda:

> *É do conhecimento de todos [...] que uma pessoa atormentada por dor e mal-estar orgânico deixa de se interessar pelas coisas do mundo externo [...]. Uma observação mais detida nos ensina que ela também retira o interesse libidinal de seus objetos amorosos: enquanto sofre, deixa de amar. [...] o homem enfermo retira suas catexias libidinais de volta para seu próprio ego, e as põe para fora novamente quando se recupera* (Freud, 1914/1980b, p. 89).

Essa leitura é ampliada em 1926, quando Freud descreve a dor corporal como um investimento narcísico elevado na localização corporal dolorosa: "*Um investimento que aumenta ininterruptamente agindo sobre o ego, esvaziando-o*" (Freud, 1926/1992, p. 285). A predominância de uma vivência corporal da dor ou de uma vivência psíquica de sofrimento dependeria das possibilidades de investimento de uma parte do corpo ou de representações de objeto (que pode ser, inclusive, uma parte do próprio corpo do sujeito). Diante de experiências de perda,

> *o intenso investimento do desejo de objeto (perdido) cuja ausência experimentamos, investimento constantemente crescente por seu caráter insaciável, cria as mesmas condições econômicas que o investimento doloroso no local ferido do corpo e torna possível abstrair o condicionamento periférico da dor corporal! A passagem da dor do corpo para a dor psíquica corresponde à mudança de investimento narcísico em investimento de objeto. A representação de objeto altamente investida pela necessidade tem a função do lugar do corpo investido pelo aumento de estímulos* (Freud, 1926/1992, p. 286).

A partir dessa perspectiva, Freud esboça uma distinção metapsicológica entre as experiências de angústia, dor e luto. Apesar de prevenir o leitor quanto às suas poucas esperanças de conseguir seu intento, Freud tenta compreender em que condições o fenômeno da perda ou da separação de objeto resulta em cada uma dessas experiências. Considerando a dimensão traumática da perda, ele afirma que a dor seria "a verdadeira *reação à perda de objeto*", enquanto a angústia é caracterizada como uma reação à ameaça de que essa perda se produza e às suas consequências" (Freud, 1926/1992, p. 248; grifo nosso).

Assim, compreendemos que o fenômeno da dor se revela em momentos decisivos quando o ego está prestes a operar, ou já operou, o desinvestimento do corpo ou parte dele, de outro sujeito ou da realidade dos quais ele depende para existir. Dor e sofrimento seriam sinalizadores de momentos em que a economia psicossomática se engaja ou persiste em movimentos de desinvestimento. Dessa forma, evidencia-se a importância do masoquismo erógeno primário nos movimentos de intrincação e de desintrincação entre as pulsões de vida e de morte (Freud, 1920/1980g), entre a libido e a destrutividade, entre o amor e o ódio.

Apesar do desprazer, de suas intensidades muitas vezes no limite do insuportável, dor e sofrimento sinalizam os movimentos de intrincação entre essas duas pulsões (Rosenberg, 1991; Volich, 2000/2010). O masoquismo erógeno primário (Freud, 1924/1980h), investimento do desprazer pela pulsão de vida, é uma função fundamental, estruturante da economia psicossomática a partir da qual se desenvolvem os recursos do sujeito para lidar com suas vivências internas e externas, de prazer e de desprazer, para relacionar-se com o outro e com o mundo.

Green (1986, pp. 54-55) também ressalta a importância da função objetalizante e de ligação das pulsões de vida, em oposição à função desobjetalizante e de desligamento da pulsão de morte. Ao descrever as diferentes formas de destrutividade não ligadas e seus desdobramentos, ele aponta que podem se manifestar, por meio de depressões graves que levam ao suicídio, na melancolia, no autismo infantil, na anorexia mental, nas psicoses que revelam a desintegração do ego, nas neuroses graves, nas estruturas narcísicas e nos casos-limite e em diferentes expressões, como lutos insuperáveis, angústias catastróficas ou impensáveis resultantes da desintrincação pulsional, dos sentimentos de futilidade, da desvitalização ou morte psíquica, das sensações abismais e de buracos sem fim (p. 54/55).

Dor, angústia e luto se constituem, portanto, como diferentes vivências que envolvem níveis elevados de investimento – no corpo, na expectativa de perda de objeto, na representação do objeto perdido – que têm em comum a sensação do desprazer. Aparentado a essas dinâmicas, o sofrimento melancólico se distingue por meio de dinâmicas de caráter mais primitivo, marcadas pelo esvaziamento libidinal.

A dor da melancolia

Em sua etiologia, a melancolia comunga com o luto e a experiência de perda. Porém, ela se destaca pela intensidade e pelas formas da manifestação de desinvestimento. Em *Rascunho G: melancolia* (carta a Fliess, de 7 jan. 1895), Freud (1895/1980a, p. 102) busca discriminá-la da neurastenia e a descreve como uma "inibição psíquica com empobrecimento pulsional e dor a respeito dele". A melancolia se caracteriza por uma "hemorragia interna", e o correlativo retraimento na esfera psíquica. Ele afirma que *"desfazer associações é sempre doloroso; instala-se como que através de uma hemorragia interna um empobrecimento da excitação [...] que se faz sentir, nos outros impulsos e nas funções pulsionais. Como na inibição, esse retraimento age como uma ferida de maneira análoga à dor"* (1895/1980a, p. 104). As metáforas de ferida e de hemorragia interna associam-se, nessa descrição, a "um buraco na esfera psíquica", ou seja, ao vazio representacional.

Freud diferencia o "afeto normal do luto" da melancolia. Ambos são reações à experiência de perda da pessoa amada ou de uma abstração "como pátria, liberdade, ideal etc.", porém, enquanto o luto desaparece com o tempo, dependendo dos recursos do sujeito para elaborá-lo, na melancolia cria-se um estado patológico crônico associado a essas perdas. Segundo ele, *"embora o luto envolva graves afastamentos daquilo que constitui a atitude normal para com a vida, jamais nos ocorre considerá-lo uma condição patológica e submetê-lo a tratamento médico"* (Freud, 1917/1980d, p. 249).

A melancolia é descrita como *"um desânimo profundamente doloroso, uma suspensão pelo interesse no mundo externo, perda da capacidade de amar, inibição de toda atividade e um rebaixamento do sentimento de autoestima, que se expressa em autorrecriminações e autoinsultos, chegando até a expectativa delirante de punição"* (Freud, 1917/1980d, p. 250). Ao se referir à dimensão "dolorosa" da melancolia, ele também menciona esse sentimento no luto, afirmando que essa questão será elucidada *"quando a dor for caracterizada do ponto de vista econômico"* (1917/1980d, p. 251). O melancólico sabe "quem perdeu", mas não "o que perdeu" nesse alguém (*ibidem*). A perda na melancolia foi "retirada da consciência", enquanto no luto ela é consciente. Na melancolia há um esvaziamento do ego, uma inibição "enigmática", pois não é possível entender o que absorve o sujeito.[3]

Enquanto no luto é visível o sofrimento pela perda do objeto, no melancólico, as autorrecriminações apontam para o esvaziamento e o empobrecimento do próprio ego, evidenciando a existência de uma instância crítica no ego, *"[...] uma parte do ego se contrapõe à outra, avalia-a criticamente como que a toma por objeto"* (Freud, 1917/1980d, p. 253). As autorrecriminações referem-se originalmente ao objeto de amor perdido, porém se voltam contra o próprio ego:

> *O investimento de objeto provou ser pouco resistente, foi suspenso, mas a libido livre não se deslocou para*

---

[3] *"[...] no luto, se necessita de tempo para que o domínio do teste da realidade seja levado a efeito em detalhe, e que, uma vez realizado esse trabalho, o ego consegue libertar sua libido do objeto perdido. Podemos imaginar que o ego se ocupa com um trabalho análogo no decorrer de uma melancolia; em nenhum dos dois casos dispomos de qualquer compreensão interna (insight) da economia do curso dos eventos"* (Freud, 1917/1980d, p. 258).

> *um outro objeto, e sim, se retirou para o ego. Lá, contudo, ela não encontrou um uso qualquer, mas serviu para produzir uma identificação do ego com o objeto abandonado. Desse modo, a sombra do objeto caiu sobre o ego, que então pôde ser julgado por uma determinada instância como um objeto, como o objeto abandonado (Freud, 1917/1980d, pp. 254-255).*

Essa identificação ao objeto ocorre por meio da regressão de certa escolha objetal para o narcisismo originário. Graças a essa identificação narcísica, o objeto não precisa ser abandonado. A perda do objeto amoroso oferece a oportunidade para a expressão da ambivalência característica das relações amorosas. Porém, como destaca Rosenberg (1991), na melancolia, a vivência ambivalente é mais polarizada do que aquelas geralmente encontradas em outras neuroses, como na neurose obsessiva. Essa polarização extrema sinaliza a precariedade da intrincação pulsional, ou seja, a ligação mínima entre as pulsões de vida e de morte. Nessas condições, a destrutividade, representada pelo ódio e pelo sadismo (Freud, 1923/1980f), circula inicialmente voltada para o objeto perdido, mas, em seguida, é incorporada com a identificação narcísica ao objeto perdido, volta-se para o próprio sujeito, manifestando-se pelas autorrecriminações e autodesqualificações, características dos estados melancólicos. Segundo Freud (1923/1980f, pp. 65-66),

> *[na] melancolia, descobrimos que o superego excessivamente forte, que conseguiu um ponto de apoio na consciência, dirige sua ira contra o ego com violência, impiedosa, como se tivesse se apossado de todo o sadismo disponível na pessoa em apreço. Seguindo nosso ponto de vista sobre o sadismo, diríamos que o componente*

destrutivo entrincheirou-se no superego e voltou-se contra o ego. O que está influenciando agora o superego é [...] uma cultura pura do instinto de morte e, de fato, ela com bastante frequência obtém êxito em impulsionar o ego à morte, se aquele não afasta o seu tirano a tempo, através da mudança para a mania" (grifo nosso).

Assim, como aponta Rosenberg (1991, p. 117), o sadismo do superego melancólico representa a desintrincação pulsional extrema, provavelmente "o mais extremo que podemos encontrar na patologia". É nessas circunstâncias que a melancolia apresenta um componente potencialmente mortífero que pode resultar no suicídio melancólico.

As dores de Marta

Tudo doía. Quase todo o corpo – braços, pernas, cabeça. Era também doído o choro que acompanhava os relatos das vivências traumáticas de sua vida. Foi com essas dores que Marta, na época com 42 anos de idade, apresentou-se no início de sua análise. Veio também acompanhada pelos diagnósticos médicos que colecionara com o passar do tempo: para as dores, fibromialgia; para as lesões de pele, dermatite de contato; para seu fígado, hepatite C; para seu sexo, sorologia positiva para sífilis; para sua cabeça, transtorno afetivo bipolar.

Tinha sido usuária de drogas ilícitas, que abandonara muitos anos antes de chegar à análise e, naquele momento, abusava de analgésicos, utilizando pelo menos o dobro da dose prescrita. Consultava-se com um psiquiatra que a medicava com antidepressivos e estabilizadores de humor.

Ao longo dos seis anos de análise, predominou o estado depressivo, com alguns momentos melancólicos. Por vezes, passava dias inteiros trancada no quarto, chorando, sem contato com os familiares, alheia a tudo o que se passava à sua volta. Se autodepreciava como esposa, como mãe, como profissional e como filha, uma vez que não conseguia cuidar da mãe. Chamavam também a atenção uma fobia a taturanas e traços paranoides, quando dizia, algumas vezes e em tom de "certeza", ter a sensação de que as pessoas "estavam olhando para ela".

Quando tinha 5 anos de idade, sua mãe foi diagnosticada como esquizofrênica. O pai, embora carinhoso com Marta, era alcoolista e muito violento com a mulher. Sua infância era lembrada como "muito ruim" e sua casa, como "horrível, assustadora", "muito feia", "bagunçada" e "destruída". Seus sonhos repetitivos com a casa eram sempre marcados pela angústia.

A mãe saiu de casa por diversas vezes em função da violência do marido. Cheia de sacolas, levando consigo os quatro filhos, só conseguia chegar à casa da avó materna graças às esmolas que pedia pelo caminho. Descrevia os pais como ausentes, lembrando, por exemplo, o sofrimento por nenhum dos dois ter comparecido à sua formatura do Ensino Fundamental I.

Marta era casada e tinha três filhos, cada um de um parceiro diferente. Sua mãe, que demandava cuidados, morava com ela e sua família. Teve vários relacionamentos amorosos, mas lembrava especialmente de Pedro, um de seus parceiros, com muita emoção. Ele havia falecido alguns anos antes de sua análise e Marta não pôde despedir-se dele, pois seu atual marido, com quem namorava na época, a proibira de ir ao funeral. Sofria por essa perda e tinha medo dos sentimentos que essas lembranças lhe causavam. Quando namorava Pedro, fez uma tatuagem em sua homenagem.

Depois de romperem por uma traição dele, fez uma cirurgia para retirá-la. Essa tentativa de "apagá-lo" por meio da cirurgia não a ajudou a elaborar a perda, e a marca desse relacionamento persistia como a cicatriz que ficou em sua pele. Permanecia também na voz sofrida e carregada de dor quando falava daquela relação. Dizia ser impossível imaginar o ex-namorado morto, dentro de um caixão. Entretanto, sonhava com o cemitério em que Pedro estava enterrado, próximo à casa de sua infância, e que também era descrito como horroroso.

Como quando criança, também vivia o ambiente da casa em que morava na época da análise como hostil e violento. Todos os filhos de Marta tinham envolvimento com drogas e eram constantes as cenas de violência. A destrutividade estava presente tanto no ambiente como em alguns pensamentos de Marta, que, entre outras fantasias de agressão e de morte, imaginava dar veneno para o marido ou um vidro de remédio para que a filha adormecesse, sem, porém, concretizar esses pensamentos.

Nos primeiros tempos de análise, as dores físicas ocuparam um lugar importante. Acompanhadas por um choro lamurioso e por expressões faciais de dor, seu corpo se encolhia, dando a impressão de querer se segurar em si mesmo, sem poder contar com seus apoios. Nesses momentos, ela mostrava para a analista as partes doloridas e inchadas do corpo.

O sofrimento psíquico estava associado tanto às dores quanto ao abandono. Quando o tratamento com o psiquiatra foi interrompido, por questões institucionais, ela o viveu dolorosamente como mais um abandono e evocou outras vivências de desamparo provocadas pela inconstância das figuras parentais. Lembrou-se de quando seu pai saiu de casa, ainda durante sua adolescência. Disse que não se sentira abandonada pelo pai como se sentiu pelo psiquiatra. Temia que a analista também a largasse, e suas sessões eram permeadas por fantasias dessa natureza.

Quando interrompeu o tratamento psiquiátrico, Marta lembrou-se de situações na infância em que o pai era carinhoso com ela. Algumas vezes, escutando a mãe e a avó falando mal do pai, ficava muito incomodada e irritada, o que a levava a sair para o quintal "e comer pedrinhas". Porém, na adolescência, "perdeu" também o pai carinhoso da infância, uma vez que ele passou a espancá-la, segundo ela, devido a seu comportamento de "rebeldia e enfrentamento". Relatava uma grande mágoa do pai, considerando-o responsável pelo adoecimento da mãe. Marta nunca chorou e nem conseguiu viver o luto da morte dele.

O começo da análise foi marcado pela desconfiança e pelo medo. Dizia que tinha receio de "remexer em seu passado", fazendo uma analogia com um armário desarrumado: temia que a análise pudesse aumentar ainda mais a "bagunça de seu armário", sem a perspectiva de uma reordenação. A analista compreendeu a resistência dela. Considerando essa atitude um sinal de alerta, percebeu a importância de tratar com cuidado os acontecimentos "remexidos" da história de Marta, respeitando-os no ritmo das interpretações. Sentindo esse cuidado com seu passado, aos poucos a análise tornou-se, para ela, um espaço para outra forma de entrar em contato com suas dores. Estabeleceu um vínculo importante com a analista e era sensível a qualquer mudança no enquadre, como, por exemplo, alterações de horários de sessões e período de férias.

Marta faltava muito às sessões. Geralmente, deixava recados avisando que não viria e, algumas vezes, solicitava à analista que o contato fosse feito por telefone para justificar sua falta e confirmar a presença na próxima sessão. Ao mesmo tempo, essa era também uma forma de certificar-se da presença da analista, apesar de que era ela mesma a ausente. Dizia que, apesar das faltas, retinha na lembrança os momentos vividos com a analista, que se sentia acompanhada por ela e mais calma. A analista, por sua vez, sentia que participava de uma brincadeira do tipo *fort da*, na qual faltas e telefonemas criavam um jogo de presença e de ausência.

Em duas ocasiões em que a analista se ausentou devido a um feriado e a férias, Marta tentou suicídio ingerindo uma grande quantidade de medicamentos, sendo que, em uma delas, foi necessária sua internação. O marido da paciente comunicou a tentativa de suicídio, fornecendo o telefone do hospital para que a analista entrasse em contato com ela. Durante esse período, as conversas com ela foram breves e limitadas ao relato de como estava se sentindo. Ao receber alta da internação, Marta voltou às sessões; porém, não conseguia falar sobre o que ocorrera no dia em que ingeriu os medicamentos. Por algum tempo, não teve palavras para descrever o que havia vivido naquele momento.

Desorganização, dor e sofrimento

A coexistência e a oscilação entre dores físicas e sofrimento psíquico foi uma das principais características da análise de Marta. Tendo inicialmente se apresentado à analista por meio de suas dores corporais, no decorrer da análise ela foi, aos poucos e com dificuldade, conseguindo entrar em contato com as vivências de abandono, desamparo e violência de sua história e com suas repercussões psíquicas.

A dor, o uso de drogas, as compulsões e a agressividade, voltada para os objetos, evidenciavam diferentes tentativas de organização e formas de descarga da excitação pulsional que não encontravam modos mais elaborados de organização por vias mentais e por meio de dinâmicas psíquicas. O funcionamento mais primitivo da economia psicossomática já se manifestara por meio de comportamentos, como, na infância, "comer pedrinhas", e, mais tarde, pela drogadicção, tentativas de lidar com angústias primitivas relacionadas à exposição infantil ao ambiente de violência familiar e a fantasias e vivências de abandono.

Ao chegar à análise, tais comportamentos não mais se apresentavam como formas de descarga da excitação. Esta parecia manifestar-se de forma ainda mais primitiva pela desorganização somática vivida nas dores crônicas de seu corpo. Ao mesmo tempo, esse corpo dolorido convocava o olhar da analista, que o compreendia também como uma demanda de investimento libidinal, como um apelo ao acolhimento e à organização de suas vivências de desamparo.

As vivências e as lembranças de Marta como uma criança solitária, desamparada e exposta a um ambiente violento amontoaram-se ao longo de sua vida como uma "bagunça" indiferenciada, que, sem contar com a presença do outro para ajudá-la a ordenar, era vivida de forma desesperada e dolorida. A casa "horrorosa e assustadora" representava, ao mesmo tempo, a realidade objetiva de sua casa e sua realidade interna, claramente expressa em seus sonhos de angústia.

A precariedade de seus recursos psíquicos para lidar com tais vivências e com suas perdas trouxe a essas experiências a dimensão traumática. Desamparada quando criança, Marta tentou agarrar-se ao pai carinhoso, mas foi abandonada por ele e, mais tarde, espancada. É possível que tenha tentado ligar-se à mãe; porém, esta sucumbia à violência do marido. A mãe, que em princípio poderia protegê-la e a seus irmãos dessa violência, trancava-se com todos os filhos dentro de casa, gritando por várias horas, aumentando e prolongando o clima de terror. Marta provavelmente também buscou acolhimento e proteção na relação com Pedro, mas a traição dele reeditou a vivência de abandono. De todas as suas experiências de perda, essa parecia ter sido a mais dolorida, temida e marcada em sua pele. O impedimento de assistir a seu sepultamento acentuou a dificuldade de elaboração dessa perda, impossibilitando-a de imaginá-lo morto.

Nesse contexto, propício às vivências melancólicas, a ambivalência, o ódio e a destrutividade, resultantes do sentimento de perda e de abandono, passaram a oscilar entre as fantasias de dirigi-los aos objetos, como nas ideias de envenenar a filha e o marido, e as autorrecriminações, lamúrias e tentativas de suicídio. Por vezes, Marta se referia à sua filha de forma amorosa e, em outros momentos, imaginava-se envenenando-a.

A impossibilidade de representar e manifestar o ódio provocado pela ausência do outro, como nas férias da analista, voltou-se de forma extrema contra ela mesma nas duas tentativas de suicídio. Era grande sua dificuldade de verbalizar o que ocorrera naqueles momentos de passagens ao ato. Ficava em silêncio, sem poder falar sobre o que a levara a tal gesto. Ela permanecia fechada em si mesma, chorosa, manifestando apenas sua falta de vontade de viver. Culpava-se pelo fracasso da vida dos filhos, especialmente da filha mais nova, que parecia ter sido mais investida.

As dores, fruto de excessos que rompem barreiras de proteção, ao mesmo tempo resultam da desorganização psicossomática e a intensificam, trazendo consigo vazios representacionais e ameaças mortíferas. O corpo de Marta, contraído em um esforço de contenção e sustentação, bem como o corpo que por dias se trancava no quarto, quando adulta, expressava, ao mesmo tempo, a necessidade de se retirar do contato com os objetos e a dificuldade de investi-los e de minimamente proteger-se tanto do excesso como do vazio. Entre o retraimento melancólico e as dores físicas, Marta vivia "cheia" de dores e "vazia" de representações.

Nos momentos de análise, quando ela ainda não mencionara as experiências de perda por ela vividas, era seu corpo que evocava na analista a ideia de desamparo. Ao investir por meio da transferência as dores e a história de Marta, a analista produzia representações para vivências corporais, articulando-as com essa história. Diante de seu corpo que se encolhia, que parecia não conseguir se apoiar na cadeira, pensava no desamparo de um corpo sem apoios, no abandono incrustado na carne.

Aos poucos, a análise permitiu a esse corpo ser acolhido, enredado e significado pela linguagem, contendo e organizando os excessos, permitindo que Marta entrasse em contato e discriminasse os elementos de sua "bagunça" interna.

O trabalho da melancolia

Freud revela que, em função de suas características narcísicas e mais primitivas, os processos psíquicos da melancolia são mais difíceis de serem observados e compreendidos do que aqueles do luto. Apesar disso, ele afirma existir nas dinâmicas melancólicas um trabalho equivalente àquele que se processa no trabalho do luto.

> *No luto, verificamos que a inibição e a perda de interesse são plenamente explicadas pelo trabalho do luto no qual o ego é absorvido. Na melancolia, a perda desconhecida resultará num trabalho interno semelhante, e será, portanto, responsável pela inibição melancólica.*

A diferença consiste em que a inibição do melancólico nos parece enigmática porque não podemos ver o que é que o está absorvendo tão completamente (Freud, 1917/1980d, p. 251).

A despeito do retraimento, da anestesia e da precariedade, Freud aponta ainda existir nos estados melancólicos condições rudimentares de um trabalho psíquico. Segundo ele, a inibição "enigmática", o desinvestimento, a autodepreciação e a incapacidade de amor são frutos de um "trabalho interno que consome o ego" e que, mesmo desconhecido, é "comparável ao do luto" (Freud, 1917/1980d, p. 251). Esse "trabalho da melancolia" é ainda uma tentativa de preservação extrema da integridade e, no limite, da existência do sujeito.

Rosenberg (1991) afirma que a superação dos estados melancólicos depende da possibilidade de realização desse trabalho da melancolia. Um trabalho que: 1) promove o "desengate" da identificação narcísica do ego com o objeto perdido; 2) rompe com o investimento nacísico-idealizante desse objeto; 3) permite a expressão do ódio e do sadismo para que possam ser ligados pela intrincação com a pulsão de vida e, em seguida, elaborados; e que, 4) uma vez alcançado o desengate narcísico, propicia o reencontro com os objetos.

O pano de fundo desses processos é a transformação da destrutividade, do autossadismo, em um masoquismo "guardião da vida", que permite ao sujeito suportar o desprazer e o sofrimento resultantes das perdas, das frustrações e dos núcleos de desamparo (Rosenberg, 1991). O sucesso ou o fracasso do trabalho da melancolia depende *"de sua capacidade de ligar a pulsão de morte à pulsão de vida, de alcançar uma intrincação pulsional de boa qualidade para que cesse o estado melancólico"* (Rosenberg, 1991, p. 118).

Da perda à palavra

As dores corporais e as manifestações psíquicas de sofrimentos são diferentes formas de reação diante dos efeitos da violência, das perdas e do desamparo (Marty, 1990/1994; Volich, 2000/2010). As dores no corpo de Marta pareciam ter como função o preenchimento do vazio e a tentativa de organização de seus núcleos melancólicos. Inicialmente, sem poder falar de suas perdas no passado, sentia e falava das dores em seu corpo. Dores que assinalavam os lutos interrompidos e interditados, as perdas e as ausências, a violência do ambiente familiar na infância que só puderam minimamente inscrever-se pelo hiperinvestimento doloroso de partes de seu corpo. A partir dessas dores, intensas e persistentes, constituíram-se as queixas que ainda buscavam o acolhimento, a tradução e a transformação de seu desamparo pelo outro.

O acompanhamento das manifestações da economia psicossomática de Marta foi norteado pelas vivências de presença e de ausência vividas no campo transferencial. Fédida (2002) destaca a importância do desenvolvimento da "capacidade depressiva" do paciente para suportar a ausência do objeto, relacionando-a ao jogo *fort da*, descrito por Freud (1920/1980g): fazer desaparecer e reaparecer o objeto, a fim de interiorizar a presença do outro.

Na relação com Marta, a analista sentia-se participando com ela de uma brincadeira dessa natureza. Tanto durante as sessões como quando se ausentava, a paciente testava diferentes maneiras de verificar se a analista permanecia ali, à sua espera. Por intermédio desse jogo, Marta tentava uma interiorização do objeto-analista. Ela, que no início não faltava às sessões e apenas manifestava o medo de perdê-la, pôde, com o passar do tempo, ausentar-se e, por meio de telefonemas que aparentemente visavam reagendar a sessão, reassegurar-se da presença da analista. Foi durante esse jogo, nos moldes do *fort da*, que ocorreram as tentativas de suicídio. Podemos supor que as férias da analista representaram o rompimento do fio que, de forma ainda incipiente, permitia o jogo de presença/ausência, trazendo a essa separação a dimensão traumática.

Ao acolher as dores sem palavras de Marta, ao compreender e respeitar sua hipersensibilidade a ser "remexida" em suas vivências de perdas, inicialmente impossíveis de serem compartilhadas, e ao aceitar, com todos os riscos que comportava, a brincadeira de existir e desaparecer, a analista gradativamente propiciou à paciente a vivência da depressividade não mais solitária, mas com sua presença, e o processamento do trabalho da melancolia. Dessa forma, a análise promoveu uma melhor integração da economia psicossomática, das possibilidades de representação e de elaboração mental de tais experiências. Mesmo sem desaparecer completamente, ao longo desse processo, as dores corporais de Marta paulatinamente diminuíram, passando a ocupar um espaço menor em seu discurso e em sua vida.

Para além da melancolia

Como observamos em muitos outros processos terapêuticos e em relatos clínicos (Soares, Rua, Volich, & Labaki, 2015; Volich, Ranña, & Labaki, 2014), a análise de Marta evidencia o caráter indissociável das manifestações psíquicas e corporais do sofrimento.

Referidas ao desamparo, às frustrações e às perdas, elas se constituem como diferentes formas de organização da economia psicossomática para lidar com as intensidades pulsionais, de vida e de morte, implicadas nessas experiências.

A clínica revela a existência de diferentes hierarquias funcionais, dinâmicas e transferenciais da dor, do sofrimento e da angústia que compõem uma verdadeira semiologia da economia psicossomática (Volich, 2003). Por meio dela, é possível perceber os movimentos de integração e de desintegração dessa economia e modular o trabalho transferencial e o enquadre terapêutico.

Vividos pelo sujeito, dor, sofrimento e angústia comportam uma dimensão relacional na qual outro está sempre implicado (Volich, 2000/2010), seja por sua presença, seja por sua ausência, reais ou imaginárias. Assim, inevitavelmente, mobilizam nesse outro seus próprios núcleos de sofrimento. Consciente ou inconscientemente, a ele é endereçada uma demanda de acolhimento, de contenção e de alívio dessas vivências.

O contexto terapêutico potencializa essas dinâmicas com efeitos transferenciais e contratransferenciais não apenas nos processos psicanalíticos, mas em todas as relações terapêuticas, em especial com os médicos, diretamente implicados no tratamento das dores físicas. Apesar dos recursos eficientes da medicina para o alívio ou a eliminação dessas dores, é importante considerar que elas são também portadoras de demandas primitivas a serem compreendidas.

Além de sua etiologia e função fisiológica ou anatômica, essas dores sinalizam também um alerta da pulsão de vida sobre os riscos de desinvestimento e de destruição em curso pela ação da pulsão de morte. Como apresentamos em outro caso,[4] o silenciamento intempestivo e não elaborado de dores, mesmo as mais intensas, pode promover o desligamento dessas duas pulsões. Isso favorece o curso independente e silencioso da pulsão de morte e impede a elaboração do desamparo e dos núcleos mais primitivos do sujeito, a atividade de representação e a vinculação objetal.

A natureza primitiva da dor e do sofrimento frequentemente mobiliza vivências sensoriais aquém do discurso e das possibilidades de representação do paciente. Ela exacerba sua ambivalência com relação ao terapeuta e ao tratamento, alimentando núcleos agressivos e persecutórios. Os componentes destrutivos implicados nessas manifestações podem também perturbar a escuta e a capacidade de pensar do terapeuta, comprometendo o exercício de sua função.

Referências

Fédida, P. (2002). *Dos benefícios da depressão: elogio da psicoterapia*. São Paulo: Escuta.

Freud, S. (1980a). *Projeto para uma psicologia científica*. (Edição Standard Brasileira das Obras Psicológicas Completas de Sigmund Freud, vol. 1, Jaime Salomão, Trad.). Rio de Janeiro: Imago. (Obra original publicada em 1895).

Freud, S. (1980b). *Narcisismo: uma introdução*. (Edição Standard Brasileira das Obras Psicológicas Completas de Sigmund

---

4 Ver o caso de Isabelle em: Volich (1999, pp. 56-58), "De uma dor que não pode ser duas".

Freud, vol. 14, Jaime Salomão, Trad.). Rio de Janeiro: Imago. (Obra original publicada em 1914).

    Freud, S. (1980c). *O instinto e suas vicissitudes*. (Edição Standard Brasileira das Obras Psicológicas Completas de Sigmund Freud, vol. 14, Jaime Salomão, Trad.). Rio de Janeiro: Imago. (Obra original publicada em 1915).

    Freud, S. (1980d). *Luto e melancolia*. (Edição Standard Brasileira das Obras Psicológicas Completas de Sigmund Freud, vol. 14, Jaime Salomão, Trad.). Rio de Janeiro: Imago. (Obra original publicada em 1917).

    Freud, S. (1980e). *Introdução à psicanálise das neuroses de guerra*. (Edição Standard Brasileira das Obras Psicológicas Completas de Sigmund Freud, vol. 17, Jaime Salomão, Trad.). Rio de Janeiro: Imago. (Obra original publicada em 1919).

    Freud, S. (1980f). *O ego e o id*. (Edição Standard Brasileira das Obras Psicológicas Completas de Sigmund Freud, vol. 17, Jaime Salomão, Trad.). Rio de Janeiro: Imago. (Obra original publicada em 1923).

    Freud, S. (1980g). *Além do princípio do prazer*. (Edição Standard Brasileira das Obras Psicológicas Completas de Sigmund Freud, vol. 18, Jaime Salomão, Trad.). Rio de Janeiro: Imago. (Obra original publicada em 1920).

    Freud, S. (1980h). *O problema econômico do masoquismo*. (Edição Standard Brasileira das Obras Psicológicas Completas de Sigmund Freud, vol. 19, Jaime Salomão, Trad.). Rio de Janeiro: Imago. (Obra original publicada em 1924).

    Freud, S. (1992). *Inhibition, symptôme et angoisse*. (Œuvres complètes: psychanalyse, vol. XVII). Paris: PUF. (Obra original publicada em 1926).

Green, A. (1986). Pulsion de mort, narcissisme négatif, fonction désobjectalisante. In A. Green et al. *La pulsion de mort*. Paris: PUF.

Horn, A. (2003). Reflexão sobre a dor. *Estados gerais da psicanálise*. Segundo Encontro Mundial, Rio de Janeiro, RJ, Brasil. Disponível em: <http://egp.dreamhosters.com/encontros/mundial_rj/download/5c_Horn_106141003_port.pdf>. Acesso em: 20 jun. 2016.

Marty, P. (1994). *A psicossomática do adulto*. Porto Alegre: Artmed. (Obra original publicada em 1990).

Masson, J. M. (Org.). (1996). *A correspondência completa de Sigmund Freud para Wilhelm Fliess (1887-1904)*. Rio de Janeiro: Imago.

Pontalis, J.-B. (2015). *Entre o sonho e a dor*. São Paulo: Ideias e Letras. (Obra original publicada em 1977).

Rocha, Z. (2011). A dor física na metapsicologia freudiana. *Revista Mal-Estar e Subjetividade*, XI(2), 591-621.

Rosenberg, B. (1991). *Masochisme mortifère, masochisme gardien de la vie* (Le travail de la mélancolie, pp. 95-124). Paris: PUF.

Rua, C. R. (2015). Dor e depressão: uma articulação psicanalítica. In A. M. Soares, C. R. Rua, R. M. Volich, & M. E. P. Labaki (2015). *Psicanálise e psicossomática: casos clínicos, construções* (pp. 73-84). São Paulo: Escuta.

Soares, A. M., Rua, C. R., Volich, R. M., & Labaki, M. E. P. (2015). *Psicanálise e psicossomática: casos clínicos, construções*. São Paulo: Escuta.

Volich, R. M. (1999). De uma dor que não pode ser duas. In M. Berlink. *Dor*. São Paulo: Escuta.

Volich, R. M. (2003). O eu e o outro: esboço de uma semiologia psicossomática da angústia. In R. M. Volich, F. C. Ferraz, & W. Ranña (Orgs.). *Psicossoma III: interfaces da psicossomática.* São Paulo: Casa do Psicólogo.

Volich, R. M. (2010). *Psicossomática: de Hipócrates à psicanálise* (7. ed.). São Paulo: Casa do Psicólogo. (Obra original publicada em 2000).

Volich, R. M., Ranña, W., & Labaki, M. E. P. (Orgs.). (2014). *Psicossoma V: integração, desintegração e limites.* São Paulo: Casa do Psicólogo.

17. A vertigem na neurose atual

Ana Maria Baccari Kuhn

> *E assim a dor psíquica se transforma,*
> *frequentemente, em dor física.*
>
> Freud, 1893

    A angústia encontrou na vertigem uma via privilegiada de expressão. A associação entre vertigem e angústia procede de longa data, bem como as diferentes manifestações somáticas decorrentes do estado de angústia. O desequilíbrio corporal experimentado nas crises vertiginosas – a sensação física feitas por oscilação, náusea, vômito, inquietação e mal-estar – pode ser um sintoma substitutivo das crises de angústia. Ao lado da angústia, um cortejo de sintomas somáticos teve lugar de destaque nas investigações feitas por Freud, em especial na neurose de angústia que está inserida nas neuroses atuais.

    É interessante mencionar que, em seus primórdios, a psicanálise manteve uma estreita ligação com a otorrinolaringologia e que essa ligação surgiu da profunda amizade entre Freud e Fliess, dois médicos que professavam certos interesses comuns. Freud iniciava sua carreira como professor de neuropatologia na Universidade de Viena, enquanto Fliess já era considerado um importante otorrinolaringologista em Berlim.

Essa amizade foi totalmente documentada na importante *Correspondência completa de Sigmund Freud para Wilhelm Fliess (1887-1904)*.

A totalidade dessas cartas não consta na Edição Standard Brasileira das Obras Psicológicas Completas de Sigmund Freud. Contudo, em 1986, Masson contemplou o público psicanalítico com uma edição especial que continha essa correspondência na íntegra. Essa obra documenta a história, os fatos e as descobertas mais importantes da psicanálise, especial deferência em relação a seu amigo, além de sua autoanálise. A correspondência revela a espontaneidade, a generosidade, as insistências e os pormenores de suas reflexões e dúvidas, que permitiram os singulares achados a respeito do funcionamento da vida mental.

Como Masson afirmou em 1986:

> *Em nenhuma época, o criador de um campo totalmente novo do conhecimento humano revelou tão abertamente e com tantos detalhes os processos de raciocínio que conduziram às suas descobertas. Nenhum dos textos posteriores tem o imediatismo e o impacto dessas primeiras cartas, nem tão pouco revela tão dramaticamente os pensamentos mais íntimos de Freud no decorrer do próprio ato de criação.*

Entre essas cartas encontram-se alguns rascunhos ou manuscritos, discriminados por temas e catalogados em ordem alfabética, sendo que alguns são relativos à etiologia e aos mecanismos das psiconeuroses, outros dedicados à neurose de angústia, à melancolia, à paranoia, entre outros temas.

As observações clínicas realizadas por Freud mostraram a importância dos fatores sexuais na origem das psiconeuroses, bem como das neuroses atuais (neurastenia, neurose de angústia e depressão periódica branda). Essas observações influenciaram as investigações sobre a sexualidade adulta e culminaram com a importância da descoberta da sexualidade infantil.

A psicanálise insere a vertigem nas neuroses atuais, mais especificamente na neurose de angústia, que se encontra vinculada à primeira teoria da angústia e às observações clínicas dos distúrbios sexuais. Os rascunhos catalogados como A, B e E abordam os temas referentes à neurose de angústia, à etiologia das neuroses e à origem da angústia, textos que serão posteriormente abordados.

O interesse de Freud em evidenciar o mecanismo psicológico em uma série de afecções psíquicas resultou na classificação de dois grandes grupos de neuroses: as psiconeuroses e as neuroses atuais, sendo que, desde o início, ambas foram objeto de seus estudos e de suas primeiras publicações. Desse modo, torna-se indispensável caracterizar e diferenciar as psiconeuroses das neuroses atuais.

Das psiconeuroses

Freud considerou as psiconeuroses ou neuroses de transferência (a histeria, as obsessões e as fobias) como afecções psíquicas cuja etiologia deve ser buscada nas experiências do passado mais remoto, mais pormenorizadamente na sexualidade infantil.

Os sintomas neuróticos são entendidos como manifestações simbólicas dos conflitos psíquicos infantis, cujas defesas, em especial o recalcamento, desempenham um papel fundamental no mecanismo psíquico das neuroses.

Na Carta 52, de 6 de dezembro de 1896, Freud descreve o processo do recalcamento como uma falha de tradução de lembranças dolorosas que desencadeiam a liberação de desprazer. É como se o desprazer provocasse um distúrbio de pensamento que não permitisse a tradução.

> Essa tradução consiste na travessia das fronteiras entre os sistemas tópicos (inconsciente, pré-consciente-consciente) dentro de uma mesma fase psíquica e entre registros da mesma espécie, uma defesa normal se faz sentir graças à geração do desprazer. Mas a defesa patológica só ocorre contra os traços mnêmicos de uma fase anterior, que ainda não foram traduzidos (1896, pp. 208-209).

Essa carta cujo precioso conteúdo guarda os primeiros acordes da metapsicologia freudiana, como a representação gráfica do aparelho psíquico, ilustrado por um diagrama. Essa mesma representação gráfica encontra-se no capítulo VII de A interpretação dos sonhos. (Freud, 1900/1977c, pp. 541-645).

Em 1915, Freud constata que o psiquismo tende, de todas as formas, a se livrar dos estímulos que chegam até ele e afirma que:

> *Se o que estava em questão era o funcionamento de um estímulo externo, obviamente se deveria adotar a fuga como método apropriado; para a pulsão, a fuga não tem qualquer valia, pois o ego não pode escapar de si próprio (1915/1977e, p. 124).*

Uma vez que o ego não tem como escapar de si mesmo nem da pulsão, procura defender-se, afastando determinados conteúdos do consciente, mantendo-os distantes. Esse é o mecanismo do recalcamento. Ao questionar se a formação do sintoma neurótico coincide com a do recalque, Freud (1915/1977f, pp. 158-159) argumenta que é mais provável que sejam muito diferentes e que não seja o próprio recalque que produz formações substitutivas e sintomas, mas antes, que estes sejam indícios do retorno do recalcado e devam sua existência a processos inteiramente diferentes. Nas psiconeuroses, o retorno do recalcado é realizado por condensação, deslocamento e conversão etc.

Assim, os sintomas são processos psíquicos, desejos emocionalmente carregados de energia libidinosa que, por obra de um processo psíquico especial, o recalcamento, foram impedidos de obter descarga em atividade psíquica admissível à consciência. Deste modo, é o desejo que desencadeia o recalcamento.

O desejo inconsciente tende a se consumar ou, muitas vezes, a se realizar. Por esse motivo, o desejo liga-se aos sonhos, ao recalcado e às fantasias e se manifesta nos sintomas sob a forma de um compromisso, que nada mais é do que a própria realização do desejo inconsciente. Outro aspecto do sintoma que deve ser aqui mencionado: além de ser uma formação de compromisso, é também uma defesa.

No caso de Elizabeth von R., o desejo inconsciente pelo cunhado e a incapacidade de locomoção a impediam de ir até ele. A renúncia ao cunhado é uma troca, contudo, é a intensidade da libido que provoca o aparecimento do sintoma, que é o excesso, a crise, um corpo estranho que traz os veios do processo primário quase à flor da pele. Assim, os sintomas revelam a renúncia da satisfação pulsional, o porquê dessa renúncia, e eliminam a luta entre o eu e as pulsões.

Existe outra função psíquica que é a realização do desejo recalcado: o sonho. Assim, em *A interpretação dos sonhos*, Freud (1900/1977c, pp. 594-596) fornece valiosas informações a respeito do desejo, vinculando-o à vivência de satisfação:

> *Um componente essencial dessa vivência de satisfação é uma percepção específica (a da nutrição) cuja imagem mnêmica fica associada, daí por diante, ao traço mnêmico da excitação produzida pela necessidade. Em decorrência do vínculo assim estabelecido, na próxima vez que essa necessidade for despertada, surgirá de imediato uma moção psíquica que procurará reinvestir a imagem mnêmica da percepção e reevocar a própria percepção, isto é, restabelecer a situação original da satisfação.*

A realização do desejo é o motor de satisfação do psiquismo. Para a consciência, o desejo não deve ser confundido com um objeto satisfatório, porque são duas realizações distintas e contraditórias, em que uma parte é ligada ao recalcado e a outra, à consciência.

No texto *Fragmento da análise de um caso de histeria*, em o "Caso Dora", Freud (1905/1977d) introduz o conceito de complacência somática referindo-se à escolha da neurose histérica e à escolha do órgão sobre o qual se processa a conversão.

O corpo ou um determinado órgão em particular, especialmente nos histéricos, fornece material privilegiado à expressão simbólica do conflito psíquico. Assim, um *"sintoma histérico exige uma contribuição dos dois lados, ele não pode ser produzido sem uma certa complacência somática, que é fornecida por um processo normal ou patológico em um órgão do corpo, ou a este relacionado"* (Freud, 1905/1977d, pp. 47-48). É essa complacência somática que "dá aos processos psíquicos inconscientes uma saída no âmbito do corpo", lembrando ainda que uma doença somática pode servir de ponto de apoio à expressão do conflito inconsciente.

De acordo com Laplanche e Pontalis (2001, p. 69), a noção de complacência somática transcende o campo da histeria e mostra o poder expressivo do corpo e sua habilidade para significar o material recalcado. Essa transcendência explica a escolha do próprio corpo como meio de expressão, considerando as vicissitudes do investimento narcísico do corpo. A noção de transcendência na complacência somática torna-se interessante para o estudo do desequilíbrio corporal porque mostra a plasticidade do corpo e facilita o entendimento da vertigem, está inserida nas neuroses atuais e será discutida na neurose de angústia.

Resta salientar que a histeria é o paradigma das psiconeuroses e que o corpo histérico nada mais é do que o corpo erógeno, aquele que percorreu as diferentes etapas do desenvolvimento psicossexual sem, no entanto, chegar à genitalidade. Na histeria, o afeto é barrado da consciência, indo para a esfera somática. As dores, os espasmos, as anestesias expressam o desprazer, com o qual as histéricas são incapazes de lidar.

Assim Freud deu à histeria um lugar de destaque ao contemplá-la com a dignidade que lhe fora usurpada durante um longo tempo, por defendê-la e classificá-la como uma afecção psíquica de etiologia sexual e mecanismo psíquico específico, livrando-a do estigma da simulação.

Das neuroses atuais

Antes de descrever o campo das neuroses atuais, deve-se privilegiar algumas pinceladas a respeito das pulsões, das representações e do afeto, conceitos psicanalíticos indispensáveis ao entendimento dessas neuroses.

Freud (1915/1977, p. 127) explica a pulsão "*como um conceito fronteiriço entre o mental e o somático como o representante psíquico dos estímulos que se originam dentro do organismo e alcançam a mente*". Em outras palavras, a pulsão só se inscreve no psiquismo pelo representante e pela quota de afeto e, assim, a pulsão cumpre seu papel de representante das excitações endossomáticas. Por outro lado, a excitação somática precisa ser traduzida em linguagem psíquica, o que Laplanche (1988) denomina "caminho intrassubjetivo que se une ao "caminho intersubjetivo", e este, por sua vez, liga-se à díade mãe-bebê, responsável pela sustentação do desamparo inicial. Esse circuito é disparado pela pulsão de conservação e pelas experiências de satisfação que deixarão marcas, que constituem os traços mnêmicos.

Segundo Aisemberg (1999), nas neuroses atuais há um *deficit* no trajeto intrassubjetivo da excitação endossomática, o que compromete sua expressão no representante psíquico da pulsão. Assim, a excitação endossomática não possui representação psíquica e emerge como uma quantidade mais próxima à pulsão. Quantidade que leva ao tema dos afetos, que, por sua vez, invadem a cena quando não há representação para ligá-los.

Devemos lembrar que o afeto é a expressão qualitativa da quantidade de energia pulsional e de suas variantes. Sob essa perspectiva, ocorre que, nas neuroses atuais, esse caminho intrassubjetivo acha-se alterado, denunciando as falhas na tramitação da excitação endossomática em direção ao processo psíquico.

Por um lado, isso resulta na falta de representação psíquica e, por outro, na manifestação puramente qualitativa, o que significa a entrada no âmbito do afeto. Afetos que inundam o corpo, como consequência da falta de representação psíquica para ligá-los. Desse modo, mergulha-se no campo da angústia automática, fisiológica, no eixo da obra *Além do princípio do prazer* (Freud, 1920/1977g), sendo que a angústia e suas manifestações caracterizam-se pela escassa elaboração mental, vida fantasmática empobrecida e afetos pouco diferenciados.

Nas neuroses atuais, observam-se as disfunções somáticas da vida sexual atual, manifestações da excitação sexual não elaborada nas etapas anteriores do desenvolvimento psicossexual, e que não conseguem penetrar no campo psíquico, gerando uma inundação vivenciada como angústia. Esse processo se contrapõe à psicossexualidade infantil, à ressignificação dos conflitos do passado e à função defensiva do recalcamento.

Mesmo assim, Laplanche e Pontalis (2001, pp. 299-301) apontaram que *"mesmo no caso da deflagração de uma neurose atual, uma frustração só tem impacto quando se encontra em ressonância com uma problemática pessoal, em definitivo uma problemática infantil"*.

A formação do sintoma acata e percorre o campo do somático e, desse modo, a excitação somática é transformada em angústia ou desvia sua direção para alguns sistemas corporais, como o cardíaco, o respiratório, o digestivo e o auditivo, que são patrocinadores dos equivalentes somáticos da angústia.

Uma vez que esses sintomas se originam da transformação da excitação corporal em angústia, esses mesmos sintomas, além de serem predominantemente somáticos, exibem a privação da expressão simbólica do desejo inconsciente e dos conflitos defensivos.

O mecanismo das neuroses atuais deve ser buscado na fonte da excitação somática que não encontra um representante psíquico e que, como consequência, tornou-se incapaz de ser expressada simbolicamente.

Essas características contemplam um modo peculiar de funcionamento psíquico, que privilegia o aumento das excitações, mas fracassa nas ligações-representações.

Por sua vez, é interessante assinalar que os textos de Freud, referentes às neuroses atuais, serviram de paradigma para o desenvolvimento da moderna corrente psicossomática psicanalítica da Escola de Psicossomática de Paris, cujas importantes contribuições dizem respeito às relações existentes entre as afecções somáticas e o funcionamento mental – que são particularmente pertinentes à situação traumática atual – e ao aumento de excitação física, o que provoca no eu o sentimento de incapacidade para processá-lo, obrigando-o a fazer uso das vias somáticas, em suas manifestações.

Do ponto de vista nosológico, Freud incluiu nas neuroses atuais a neurastenia, a neurose de angústia e a depressão periódica branda.

A nosologia possibilitou diferenciar os diversos quadros clínicos, além dos diferentes mecanismos psíquicos envolvidos, favorecendo a identificação da estrutura psicopatológica.

Assim, as neuroses atuais caminham em direção oposta às psiconeuroses, quer do ponto de vista etiológico, quer do patogênico.

O principal interesse de Freud (1895/1977b, p. 93) pela neurastenia originou-se na possibilidade de demonstrar sua hipótese a respeito da etiologia sexual das neuroses a partir de fatores observáveis da vida sexual atual de seus pacientes e que eram responsáveis por certas patologias. Descreveu-a como uma neurose autônoma, cujo fator etiológico estaria ligado *"a um estado do sistema nervoso, tal como adquirido pela masturbação ou tal como procedente espontaneamente de emissões frequentes".*

A sintomatologia caracteriza-se pela fadiga física, falta de autoconfiança, pessimismo, enxaqueca, dispepsia, prisão de ventre e empobrecimento da vida sexual.

Evidentemente, observa-se nessa neurose o exaurir da energia sexual em virtude de uma prática sexual anormal, manifestada por uma incapacidade de resolver de forma adequada a tensão sexual, apontando a presença do fator econômico.

Contudo, seu importante tributo à área das neuroses atuais foi o de caracterizar e separar da neurastenia uma entidade clínica de sintomatologia e mecanismo específicos que denominou neurose de angústia. (Freud, 1895/1977b, p. 94).

O caminho percorrido pela neurose de angústia obriga a inserção de alguns "rascunhos".

Rascunho A

A primeira referência à neurose de angústia encontra-se no Rascunho A (1892/1986, p. 37). Trata-se de um texto condensado, contendo várias questões e respostas sobre o papel da angústia e da sexualidade nas neuroses e seus determinantes fatores etiológicos.

Uma dessas questões refere-se à depressão periódica branda, que pode se expressar como uma forma de neurose de angústia, como uma manifestação fóbica ou, ainda, como ataques de angústia.

Freud defende que a neurose de angústia é consequência da inibição da função sexual, e seu principal objetivo é demonstrar a etiologia sexual da neurastenia e da neurose de angústia.

Rascunho B: "A etiologia das neuroses" (1893)

Freud descreve especialmente a etiologia das neuroses atuais e afirma que a neurastenia se manifesta em função de uma vida sexual anormal marcada por pensamentos pessimistas e ideias caracterizadas pela aflição.

Os sintomas pertencentes a esse estado diferem consideravelmente daqueles da neurose de angústia. Foi nesse estudo que Freud isolou da neurastenia a neurose de angústia, devido ao fato de a angústia estar acompanhada de outros sintomas.

Nesse momento, a neurose de angústia apresenta-se sob duas formas de manifestações clínicas. Primeiro, como um estado crônico cujos sintomas são: a) angústia em relação ao corpo, que será correspondente à hipocondria; b) angústia em relação ao funcionamento do corpo, que diz respeito à agorafobia e que é defendida como um desejo sexual impossível de ser contido;

consequentemente, o sujeito sai à rua sempre acompanhado. A tontura das alturas tem ligação com a vertigem; e c) angústia em relação às decisões e à memória dizem respeito às ideias obsessivas.

A segunda forma de manifestação da angústia pode ser identificada por crises de angústia. Essas crises não se apresentam isoladamente, e estão sempre associadas aos sintomas crônicos.

Resta mencionar que a depressão periódica branda tem ligação com um trauma psíquico, embora não apresente a anestesia psíquica, que é um traço da melancolia. Quando essa depressão não é observada na neurose de angústia, sua manifestação ocorre nas fobias e nos ataques de angústia.

Rascunho E: "Como se origina a angústia" (1894)

Logo no início do texto, Freud mostra que a angústia tem uma estreita relação com a sexualidade. As diferentes queixas de seus pacientes exibiam queixas sexuais. A partir dos dados de sua observação, ele descreveu diferentes casos clínicos contendo como denominador comum a abstinência sexual devido ao acúmulo da tensão sexual física que não foi descarregada, e mostrou ainda que, diante da excitação exógena, há um aumento da excitação psíquica que diminui quanto à reação externa na mesma quantidade. Ele explicou esses achados, propondo que:

> *Podemos retratar aqui a tensão endógena como algo que cresce contínua e descontinuamente, mas que, de qualquer modo, só é percebida ao atingir um certo limiar. É somente acima desse limiar que ela se apresenta psiquicamente, entrando em relação com outro grupo de*

> *ideias, que então se põem a produzir as soluções específicas. Portanto, a tensão sexual física acima de certo valor desperta a libido psíquica, que leva então ao coito, e assim por diante (1894/1986, p. 80).*

Assim,

> *na neurose de angústia, contudo, tal transformação de fato ocorre, e isso sugere a ideia de que, nela, as coisas se desvirtuam da seguinte maneira: a tensão física aumenta e atinge o valor limítrofe em que é capaz de despertar afeto psíquico; no entanto, por diversas razões, a ligação psíquica que lhe é oferecida permanece insuficiente: o afeto sexual não pode formar-se, pois falta algo nos determinantes psíquicos. Por conseguinte, a tensão física não sendo psiquicamente ligada, transforma-se em angústia (1894/1986, p. 80).*

Os casos clínicos revelaram que, embora sua etiologia fosse sexual, esta deveria ser buscada na vida sexual atual, examinando-se minuciosamente as dificuldades ao lado de algumas disfunções sexuais. Esse raciocínio tem claras influências da fisiologia do século XIX, o que o leva à tentativa de estabelecer uma psicologia em termos neurológicos, resultando na dedução de que a angústia nada mais é do que a descarga inadequada de uma excitação sexual que se utiliza de vias somáticas. Assim, o mecanismo da formação do sintoma, nessa neurose deve ser buscado no campo somático, que se vale de caminhos fisiológicos, sem se deter em determinado órgão que tenha valor simbólico.

Essas concepções levam em consideração o ponto de vista econômico, uma vez que a angústia é a transformação do aumento de tensão física, capaz de despertar afeto, mas que, no entanto, não consegue ligar-se psiquicamente. Desse modo, a angústia é um afeto transformado, derivado da tensão sexual acumulada e posteriormente transformada. Essa angústia subentendida nos sintomas somáticos da neurose de angústia é a angústia somática que não se acompanha de seu afeto correspondente e que, portanto, não se liga a nenhuma representação psíquica. Diante desses fatos, Freud (1895/1977b, p. 110) afirmou que: "*A neurose de angústia é o resultado de todos os fatores que impedem a excitação sexual somática de ser exercida psiquicamente. As manifestações da neurose de angústia aparecem quando a excitação somática, que tenha se desviado da psique, for gasta subcorticalmente em reações totalmente inadequadas*".

Esse acúmulo de excitação física deve ser entendido como uma alteração econômica, uma vez que qualquer aumento de tensão se torna insuportável, principalmente se não houver possibilidade de descarrega, o que, entretanto, exige outras formas de soluções.

Assim, pode-se supor que a neurose de angústia é uma neurose de inundação, de represamento, uma vez que a angústia utiliza o corpo como uma forma de se manifestar. Um exemplo disso é a relação entre o aspecto afetivo e a motilidade, que pode ser claramente observada nas descargas vasomotoras e secretoras. Contudo, será em *Sobre os critérios para destacar da neurastenia uma síndrome específica denominada neurose de angústia* (Freud, 1895/1977a) que a referida neurose se tornará uma entidade clínica separada da neurastenia, exibindo diferenças essenciais em seu mecanismo, enquanto sua etiologia deve ser buscada na vida sexual atual.

Freud (1895/1977a, p. 109) defende que:

> *na neurose de angústia há um acúmulo de excitação e, a angústia correspondente à essa excitação acumulada é de origem somática, de modo que, o que está acumulado é a excitação somática; e, além do mais, essa excitação somática é de natureza sexual, ocorrendo paralelamente ao decréscimo da participação psíquica nos processos sexuais, todas essas indicações, levam-nos a esperar que o mecanismo da neurose de angústia deva ser procurado na de deflexão da excitação sexual somática da esfera psíquica, e no conseqüente emprego anormal dessa excitação.*

Neurose de angústia

Freud expôs toda a descrição clínica da neurose de angústia em "Rascunho E" (1894/1986, pp. 78-83) e, no texto *Sobre os fundamentos para destacar da neurastenia uma síndrome específica denominada neurose de angústia* (1895/1977a), concentrando-se mais precisamente na descrição de sua sintomatologia.

A neurose de angústia é uma entidade clínica que tem como pano de fundo a angústia livre ou crises de angústia que são expressadas por um cortejo de sintomas somáticos. Esses sintomas mostram o aumento excessivo de excitações internas e externas, além de uma falha no mecanismo do recalcamento. Desse modo, essa angústia não é derivada de um processo psíquico, mas da transformação do aumento da excitação sexual somática que não foi descarregada e que não pode ser transformada em material psíquico.

A designação "neurose de angústia" procede do fato de todos os seus sintomas terem estreita relação com a angústia e conservarem entre si uma ligação específica.

Os sintomas clínicos da neurose de angústia serão apresentados obedecendo a ordem proposta por Freud (1895/1977b, pp. 94-101).

Sintomatologia clínica da neurose de angústia

1. Irritabilidade geral. O estado de irritabilidade ocorre devido ao aumento da excitação e da impossibilidade de administrá-la. Uma de suas manifestações é a chamada hiperestesia auditiva, uma sensibilidade auditiva que tem relação com o medo, sendo na maioria das vezes a causa da insônia. Esse sintoma encontra-se relatado pelos pacientes vertiginosos. Sua manifestação foi estudada por Paiva (2002), cujos achados revelaram alta incidência da insônia e sua relação com o medo.

2. Expectativa ansiosa. É o estado afetivo permanente da neurose de angústia, aquilo que Freud denomina "visão pessimista das coisas", que pode se ligar em qualquer objeto. Ele a considera o sintoma nuclear dessa neurose. Quando essa visão pessimista estiver relacionada à saúde, denomina-se hipocondria.

3. Angústia. Esse afeto é o cenário dessa neurose, daí sua denominação. Pode se manifestar por um estado permanente de angústia, por ataques de angústia, ou ainda, ser substituído por equivalentes somáticos.

Esse afeto pode se ligar a qualquer conteúdo que lhe convenha, sendo, portanto, uma energia livre. Quando sua manifestação não se associa a nenhuma ideia, o resultado é um ataque de angústia puro. Alguns ataques de angústia estão privados de conteúdo representativo, enquanto outros estão ligados a uma representação ou sensação somática.

Os ataques de angústia privados de conteúdo representativo manifestam-se por sentimentos de aniquilação da vida, pelo medo de enlouquecer, ou ainda, por alguma disfunção corporal, distúrbios respiratórios, cardiológicos, digestivos e neurovegetativos.

Os distúrbios somáticos mascaram a angústia, que passa a desempenhar um papel coadjuvante, exprimindo-se por um simples mal-estar, ou até mesmo como uma queixa de cansaço, mas sem deixar de se ligar à disfunção somática.

Na atualidade, essas características sintomatológicas pertencem ao campo da psicossomática psicanalítica desenvolvida pela escola de Paris.

4. Ataques de angústia. Em relação ao diagnóstico, Freud orienta que existe uma diferença na mistura dos elementos que compõem um ataque de angústia e salienta que há ataques de angústia rudimentares e equivalentes a ataques de angústia, todos provavelmente com a mesma significação, exibindo uma riqueza de formas, que são estudadas no campo da psicossomática.

Em seguida, descreve uma lista que inclui diversas formas de ataques: distúrbios da atividade cardíaca, respiratórios, sudorese, tremores e calafrios, fome intensa, vertigem, digestivos e parestesias.

O que chama atenção nos equivalentes de ataques de angústia é a prevalência da sintomatologia somática e a inobservância da manifestação direta da angústia como afeto. Isso se deve ao fato de os equivalentes somáticos serem uma forma de expressão da angústia. De modo geral, esses pacientes costumam queixar-se de seus sintomas físicos, abstendo-se completamente das queixas psíquicas.

5. Acordar com medo à noite. É também uma das causas da insônia. Suas manifestações acham-se associadas a outros sintomas, como angústia, dispneia, tremores e sudorese. O medo ataca a possibilidade de pensar, o que contribui para uma paralisia e aumento desse sentimento.

6. Vertigem. A vertigem representa o papel de protagonista na neurose de angústia. Os vários sintomas mencionados que acompanham ou substituem um ataque de angústia, também aparecem na forma crônica. Nesse sentido são mais difíceis de se reconhecer, porque a sensação ansiosa é menos clara, do que o ataque de angústia. *Isso se aplica particularmente à diarreia, a vertigem e as parestesias. Assim, como um acesso de vertigem, pode ser substituído por um desmaio e a vertigem crônica pode ser substituída por uma sensação de fraqueza.*

Mas é nos equivalentes somáticos que o afeto da angústia parece estar ausente, e foi desse modo que Freud concedeu à vertigem um lugar de destaque, ao lado de outros sintomas somáticos, inserindo-a entre os mais graves dessa neurose, quando declarou que:

> *A vertigem da neurose de angústia não é rotatória, nem afeta especialmente certos planos ou direções como a de Meniére. Pertence à classe da vertigem locomotora ou coordenatória, tal como a vertigem na paralisia oculomotora. Caracteriza-se por um estado de desconforto,*

> *e de sensações em que o solo oscila, e de que se torna impossível manter-se em pé por mais tempo, provocando um mal-estar geral. Esse tipo de vertigem não provoca queda, entretanto pode ser seguida por desmaio. Por outro lado, gostaria de esclarecer que um ataque de vertigem desse gênero pode ser substituído por um profundo desmaio. Além da angústia, distúrbios respiratórios e cardíacos aparecem associados aos ataques de vertigem. As vertigens desencadeadas pelas alturas, precipícios fazem parte da neurose de angústia.*

O estudo de pacientes vertiginosos apontou a presença de vários sintomas psíquicos associados, tais como medo, ansiedade e depressão (Kuhn et al., 2001). O funcionamento mental desses pacientes mostrou a presença de desorganização mental, grave incapacidade de simbolização, empobrecimento fantasmático, fixações e regressões. O desequilíbrio interno tem o patrocínio da ausência da função materna eficiente no início da vida, acarretando prejuízo do desenvolvimento mental adequado.

7. Fobias. Em *Obsessões e fobias*, Freud (1895/1977b, p. 85) declara que "a angústia presente em todas as fobias não resulta de qualquer lembrança", e que estas são

> *uma parte da neurose de angústia e quase sempre outros sintomas do mesmo grupo as acompanham. Podemos verificar que uma fobia se desenvolveu no início da moléstia como um sintoma da neurose de angústia. A ideia que constitui a fobia e que está associada ao estado de*

temor pode ser substituída por uma outra ideia ou pelo procedimento protetor que pode aliviar o medo.

Para explicar as fobias da neurose de angústia, Freud faz uso da participação de dois sintomas, a expectativa ansiosa e os ataques de angústia associados à vertigem, que justificam dois tipos de fobias, as fisiológicas e as de locomoção.
As fobias relacionadas à expectativa ansiosa podem se ligar aos fenômenos da natureza, como tempestades, raios, trovões ou, até mesmo, animais selvagens. São exatamente aquelas que Freud (1895/1977b, p. 98) denominou fisiológicas. Ele prossegue, explicando que o *"que torna essas experiências importantes, e sua lembrança duradoura, é apenas a angústia que pode emergir no momento [da experiência] e que, da mesma maneira, pode emergir agora. Tais impressões permanecem poderosas apenas em pessoas com expectativa ansiosa".*
Nas fobias de locomoção, ele enfatiza a agorafobia com todas as suas formas secundárias e suas manifestações, que algumas vezes ocorrem após um ataque de vertigem. Constata que: *"após um primeiro ataque de vertigem sem angústia, a locomoção continua possível sem restrição, embora daí por diante, seja constantemente acompanhada de uma sensação de vertigem".*
Existem diferenças e semelhanças quanto aos mecanismos das fobias, da neurose de angústia e das psiconeuroses, mas só nestas últimas prevalece a etiologia psíquica. Entretanto, em ambas, existe um afeto disponível que é transposto para uma representação. *A angústia é o afeto das fobias da neurose de angústia. Essas fobias não procedem de nenhuma representação recalcada. Ora, se o afeto não prove de nenhuma representação recalcada, a angústia não foi desligada de um acontecimento esquecido. Assim sendo, o mecanismo de substituição das psiconeuroses, não*

se emprega às fobias da neurose de angústia. Esse fato traz como consequência a ausência de qualquer significado simbólico.

Assim,

> uma representação torna-se obsedante por sua conexão com um afeto disponível. O mecanismo da transposição do afeto é, portanto, valioso para as duas espécies de fobias. Contudo, nas fobias da neurose de angústia esse afeto tem sempre o mesmo matiz, que não deixa de ser a angústia; e como não provém de nenhuma representação recalcada, mostra-se irredutível à análise psicológica, nem é equacionável à psicoterapia. Portanto, o mecanismo da substituição não se mantém para as fobias da neurose de angústia.

O mecanismo da transposição mostra que o afeto e a representação têm destinos diferentes e que são deslocáveis entre si, mas esse afeto disponível, que é transposto para uma representação, é comum tanto nas fobias da neurose de angústia quanto nas psiconeuroses.

8. Distúrbios das atividades digestivas. Esses distúrbios, assim, como os cardíacos, têm estreita ligação com o sistema nervoso autônomo. Alguns deles, como vômito, náuseas e ataques isolados de fome ou associados com outros sintomas podem provocar um ataque de angústia.

9. Parestesias. Freud relaciona as parestesias tanto às sensações de aura quanto a uma espécie de conversão. O clássico exemplo de parestesia é a dormência ou o formigamento. Geralmente, esse sintoma não se manifesta isolado, mas associado às crises

de angústia e às crises vertiginosas. Outro aspecto importante é aquele do aumento da sensibilidade à dor, de especial interesse aos psicossomaticistas e profissionais que se dedicam a área da dor.

10. Sintomas crônicos. Alguns sintomas, como a diarreia, a vertigem e as parestesias são manifestações frequentes de ataques de angústia. As crises vertiginosas podem ser substituídas por um desmaio, enquanto a vertigem crônica, por um sentimento permanente de fraqueza, cansaço ou mal-estar e medo.
Na clínica da vertigem, esses sentimentos são queixas relatadas pelos pacientes. O medo da queda e da impossibilidade de se manter no comando de suas tarefas mascara uma característica constante, pois sentem-se controlados pela vertigem; no entanto, controlam o meio com a própria vertigem (Kuhn, 2002).

Até 1911, Freud continuou afirmando que a angústia e a vertigem não derivavam de nenhuma fonte psíquica. Em 1912, modificou seu modo de pensar e atribuiu que seu "mal-estar" de origem somática tem, sem dúvida, a colaboração de influências psíquicas e, após alguns desmaios, substituiu tanto o termo desmaio quanto a expressão crise de angústia, consagrando a terminologia vertigem, e passou a atribuir crescente atenção aos motivos psíquicos geradores de sintomas.

Essa mudança ocorreu devido ao grave desentendimento entre Freud e Jung durante o Congresso Internacional de Psicanálise realizado em Munique. Ao entender o significado dos sintomas e inseri-los na mesma ordem dos sonhos como realizações de desejo, e, portanto, como algo que precisa ser camuflado, deformado e deslocado e do qual se extrai grandes benefícios, percebeu a possibilidade de compreender suas próprias vertigens e de observar que seu "mal-estar" era sucedido por uma crise de angústia, e esta, por sua vez, por uma vertiginosa.

Em trabalhos anteriores (Kuhn & Casagrande, 1999; Kuhn et al., 1995, 1998, 2001) foi salientado que as crises de angústia podem ser a causa, a consequência ou aparecer concomitantemente às crises vertiginosas. Estas ocorrem logo após uma situação traumática, carregadas de intenso sentimento de angústia. De fato, essas crises ocorreriam sem suscitar nenhuma reminiscência, como pode-se observar nos casos de histeria.

As perdas, financeiras ou não, os lutos, as separações, os abandonos, o desamparo, as mudanças sociais podem ser sentidos como insolúveis e, algumas vezes, como intoleráveis e irreparáveis. É nesses casos que a vertigem ocorre como defesa, desviando a atenção do fato ocorrido e propondo uma solução questionável. Todas as situações sentidas como perigosas, quando provocadas por experiências penosas, culminam com intensos sentimentos de angústia.

Nas crises de angústia observam-se alterações predominantemente somáticas, e essas crises podem ser substituídas pelas vertigens, mascarando a angústia, esse "afeto menos elaborado e mais próximo da descarga energética pura" que se manifesta por uma via substituta, a via corporal.

Uma vez que a vertigem é um sintoma, qual a razão dos sintomas? Os sintomas se formam a fim de evitar a angústia, esse sentimento de inundação que provoca o aparecimento da desorganização interna. O sintoma é uma formação que garante uma couraça psíquica na batalha diária, uma manobra bem-sucedida usada pelo eu para enfrentar e ludibriar os traumas, mas, ao mesmo tempo, para reatualizar os traumas, do mesmo modo que as defesas imunológicas protegem o corpo. Tudo isso faz com que o sintoma vertigem seja também uma manifestação defensiva.

As defesas surgem diante dos afetos desagradáveis, como o desprazer, a dor e a angústia, e, ainda, frente às situações traumáticas que produzem desequilíbrio interno e estado de desamparo.

As situações traumáticas desencadeiam a angústia como um recurso do qual o eu lança mão para lidar com as situações de perigo, mas a angústia é invasiva e desorganizadora como um dique que se rompe e invade a cidade; essa angústia, denominada automática, se derrama pelo corpo, não respeitando seus limites. Dessa maneira, a angústia automática é mais primitiva e desorganizadora que a angústia sinal, que impede que um ataque de angústia se instale.

Referências

Aisemberg, M. (1999). Les douleurs dans le rêve. *Revue Française de Psychosomatique, 15,* 87-94.

Freud, S. (1977a). *Sobre os fundamentos para destacar da neurastenia uma síndrome específica denominada neurose de angústia.* (Edição Standard Brasileira das Obras Psicológicas Completas de Sigmund Freud, vol. 3, Jaime Salomão, Trad.). Rio de Janeiro: Imago. (Obra original publicada em 1895).

Freud, S. (1977b). *Obsessões e fobias: seu mecanismo psíquico e sua etiologia.* (Edição Standard Brasileira das Obras Psicológicas Completas de Sigmund Freud, vol. 3, Jaime Salomão, Trad.). Rio de Janeiro: Imago. (Obra original publicada em 1895).

Freud, S. (1977c). *A interpretação dos sonhos.* (Edição Standard Brasileira das Obras Psicológicas Completas de Sigmund Freud, vols. 4 e 5, Jaime Salomão, Trad.). Rio de Janeiro: Imago. (Obra original publicada em 1900).

Freud, S. (1977d). *Fragmento da análise de um caso de histeria*. (Edição Standard Brasileira das Obras Psicológicas Completas de Sigmund Freud, vol. 7, Jaime Salomão, Trad.). Rio de Janeiro: Imago. (Obra original publicada em 1905).

Freud, S. (1977e). *Os instintos e suas vicissitudes*. (Edição Standard Brasileira das Obras Psicológicas Completas de Sigmund Freud, vol. 14, Jaime Salomão, Trad.). Rio de Janeiro: Imago. (Obra original publicada em 1915).

Freud, S. (1977f). *Repressão*. (Edição Standard Brasileira das Obras Psicológicas Completas de Sigmund Freud, vol. 14, Jaime Salomão, Trad.). Rio de Janeiro: Imago. (Obra original publicada em 1915).

Freud, S. (1977g). *Além do princípio do prazer*. (Edição Standard Brasileira das Obras Psicológicas Completas de Sigmund Freud, vol. 18, Jaime Salomão, Trad.). Rio de Janeiro: Imago. (Obra original publicada em 1920).

Freud, S. (1986). *A correspondência completa de Sigmund Freud para Wilhelm Fliess (1887-1904)*. Rio de Janeiro: Imago.

Freud, S., & Breuer, J. (1977). *Estudos sobre a histeria*. (Edição Standard Brasileira das Obras Psicológicas Completas de Sigmund Freud, vol. 2, Jaime Salomão, Trad.). Rio de Janeiro: Imago. (Obra original publicada em 1895).

Kuhn, A. M. B. (2002). *Das Implicações Psicológicas nos Distúrbios da Audição e do Equilíbrio Corporal*. Dissertação apresentada para obtenção do título de Livre Docente, na Disciplina de Otoneurologia, do Departamento de Otorrinolaringologia da Universidade Federal de São Paulo, São Paulo.

Kuhn, A. M. B., Bocchi, E. A., & Porto, A. A. M. (1995). A study of the personality of a special patient with Ménière Disease: Van Gogh. In C. F. Claussen, E. Sakata & A. Itoh. *Vertigo, nausea, tinnitus and hearing loss in central and peripheral vestibular disease* (pp. 337-339). Proceeding do XXII Annual Meeting of the International Neurootologie and Equilibriometric Society. Amsterdam, Holanda: Elsevier.

Kuhn, A. M. B., & Casagrande, M. C. (1999). A contribuição da avaliação psicológica. In M. M. Ganança. *Vertigem tem cura? O que aprendemos nos últimos 30 anos* (pp. 127-133). Franca, SP: Lemos.

Kuhn, A. M. B., Bocchi, E. A., Bulbarelli, K., & Casagrande, M. C. (1998). In M. M. Ganança, R. M. Vieira, & H. H. Caovilla. *Princípios de Otoneurologia* (pp. 101-105). São Paulo: Atheneu.

Kuhn, A. M. B., Bocchi, E. A., Pasquale, A. M. S., & Lunedo, S. M. (2001). A vertigem na Otoneuropsicologia. *Acta Awho, 20*(4), 221-223.

Laplanche, J. (1998). *A angústia.* São Paulo: Martins Fontes.

Laplanche, J., & Pontalis, J.-B. (2001). *Vocabulário de psicanálise.* São Paulo: Martins Fontes.

Paiva, A. D. (2001). *Prevalência de sintomas psicológicos associados aos sintomas otoneurológicos.* Monografia apresentada no Curso de Otoneuropsicologia para obtenção do Título de Especialista em Otoneuropsicologia, da Disciplina de Otoneurologia, do Departamento de Otorrinolaringologia e Distúrbios da Comunicação Humana, da Universidade Federal de São Paulo, São Paulo.

18. A doença de Crohn e a dor

Flavio Steinwurz

A doença de Crohn é crônica, de causa e cura ainda desconhecidas e, via de regra, causa transtornos significativos a seus portadores. Afeta, em grande parte, os indivíduos jovens, tendo sua maior incidência na faixa etária dos 15 aos 40 anos de idade.

Acredita-se que cerca de 15% a 20% dos portadores estejam na faixa etária da infância ou da adolescência, podendo sofrer também, além das consequências habituais, com o prejuízo do crescimento. Não há dúvida em se afirmar que se trata de uma doença com características geográficas especiais.

As taxas de incidência (número de casos novos/100 mil habitantes/ano) que constam nos registros de diferentes cidades ou países sugerem como áreas de alta incidência a Escandinávia, a Grã-Bretanha e a América do Norte; moderada no Oriente Médio, na África do Sul e na Austrália; e baixa na América do Sul, na Ásia e na África (Shivananda, Pena, Nap, Weterman, Mayberry, Ruitenberg, & Hoedemaeker, 1987; Rose, Roberts, Williams, Mayberry, & Rhodes, 1988; McDermott, Whelan, St. John, Barnes,

Elliott, Herrmann, Schmidt, & Smallwood,1987; Colombel, Dupas, Cortot, Salomez, Marti, Gower-Rousseau, Capron-Chivrac, Lerebours, Czernichow, & Paris, 1990). Algumas variações regionais também foram identificadas e devem refletir não somente as dificuldades anteriormente citadas, mas também as diferenças genéticas ou ambientais, ou mesmo étnicas, próprias de cada população estudada, como, por exemplo, a maior incidência proporcional em judeus, que já fora aventada em 1960, e em indivíduos da raça branca (Shivananda & Mayberry, 1993; Segal, 1984; Korelitz, 1979; Acheson, 1960; Gismera & Aladrén, 2008). Em um país como o Brasil, com grande miscigenação racial, condições ambientais tão diversas e acesso aos sistemas de atenção à saúde, por vezes tão precário, é praticamente impossível, mesmo utilizando amostragens cientificamente válidas, obter qualquer avaliação, ainda que aproximada, da prevalência da doença de Crohn entre nós. Para citar como exemplo, a colonização europeia nos estados da região Sul é totalmente diferente da que ocorreu no Nordeste, onde houve razoável participação escandinava, o que, geneticamente, mudaria a predisposição de seus descendentes para o surgimento ou não de alguma doença inflamatória intestinal idiopática.

A doença de Crohn parece ocorrer mais nas áreas urbanas do que nas áreas rurais, e, também, nas classes socioeconômicas mais elevadas. Acomete, de forma indistinta, homens e mulheres, ainda que pareça que pessoas do sexo feminino corram um risco discretamente maior de apresentar a doença, ao menos quando diz respeito às populações do norte da Europa e dos Estados Unidos (McDermott et al., 1987; Korelitz, 1979).

Parece que, nos dias de hoje, a incidência da doença de Crohn tende a se estabilizar nos países em que é alta, como os do norte da Europa, os Estados Unidos, o Canadá e outros; e parece ter tendência a aumentar em países do sul da Europa, da Ásia, da

América do Sul, entre outros. Questiona-se o aumento da incidência nos últimos anos e algum fator relacionado com os tempos modernos (Gismera & Aladrén, 2008).

Uma hipótese que explica a diferença da incidência entre as nações desenvolvidas e em desenvolvimento é a hipótese da higiene, que sugere que as pessoas menos expostas a infecções e parasitas na infância ou a condições insalubres perderiam organismos potencialmente amigáveis ou micro-organismos que promoveriam o desenvolvimento das células T reguladoras. Outra explicação seria o desenvolvimento de um repertório imunológico suficiente, porque não estariam expostas a organismos nocivos. Esses indivíduos apresentariam maior incidência de doenças autoimunes crônicas, inclusive a doença de Crohn (Elliot, Summers, & Weinstock, 2007).

Quando indivíduos migram para países desenvolvidos antes da adolescência, aqueles que inicialmente pertenciam a populações de baixa incidência mostram aumento da incidência da doença de Crohn. Isso se vê, particularmente, na primeira geração de indivíduos dessas famílias, já nascidos em um país com alta incidência. Um estudo muito interessante foi realizado em Israel; envolveu 269 colônias agrícolas (*kibutz*) e um total de 117 mil pessoas, ou seja, 2,4% da população do país. Verificou-se que de 1997 a 2007 houve um aumento marcante de incidência e prevalência da doença de Crohn. Nesse estudo, observou-se uma grande diferença inicial desses parâmetros quanto ao grupo étnico, que foi diminuindo com o tempo, o que sugere que, provavelmente, o fator ambiental se sobreponha à predisposição genética (Zvidi, Hazari, Birkenfeld, & Niv, 2009).

Nos países desenvolvidos, surgiu primeiro a colite ulcerativa, seguida da doença de Crohn. Nos últimos vinte anos, a doença de Crohn tem superado, em geral, a colite ulcerativa em taxas de incidência. Nos países em desenvolvimento nos quais tem emergindo a doença inflamatória intestinal, o habitual é que a colite ulcerativa seja mais comum do que a doença de Crohn. Na Índia e no México, por exemplo, há estudos que descrevem a relação de colite ulcerativa/doença de Crohn como 9 para 1.

Há uma tendência contínua do aumento de incidência e prevalência da doença inflamatória intestinal na Ásia (particularmente no Leste Asiático). Na Coreia, um estudo mostrou que a doença de Crohn teve aumento de incidência, ao mesmo tempo que ocorreu uma redução dos índices de tuberculose intestinal, no período entre 1998 e 2007 (Chung, Kim, Park, Lim, Ryang, Jeong, Lee, Park, Lee, Choi, & Rew, 2008). Embora isso esteja acontecendo nas nações em desenvolvimento, também se vê no Japão, um país social e economicamente avançado.

Um dado muito interessante foi encontrado em estudo realizado no Reino Unido. Em um levantamento de incidência da doença de Crohn em Cardiff em 75 anos, verificou-se um lento, mas progressivo aumento da incidência; porém, com o surgimento de mais casos da forma colônica, que passou a ser a mais frequente na região (Gunesh, Thomas, Williams, Roberts, & Hawthorne, 2008).

A dor é, indubitavelmente, um dos maiores fatores limitantes a uma boa qualidade de vida para portadores de doenças inflamatórias intestinais, principalmente a doença de Crohn. Apesar dos grandes avanços terapêuticos, muitos pacientes ainda sofrem de dor crônica.

Um estudo extenso recém-realizado correlacionou o uso de drogas analgésicas e narcóticas com a gravidade da doença e a qualidade de vida e constatou que uma relação direta entre maior uso de medicações contra dor e grau de gravidade da doença, assim como concomitante queda nos índices de qualidade de vida desses indivíduos (Cross, Wilson, & Binion, 2005). Recentemente, observou-se maior incidência de efeitos colaterais e risco em pacientes em tratamento com drogas biológicas que associaram sedativos ou narcóticos (Lichtenstein, Cohen, Feagan, Sandborn, Salzberg, Chen, Pritchard, & Diamond, 2005).

O uso de drogas para controlar a dor também é maior por parte de pacientes do sexo feminino em relação ao masculino e, também, em fumantes e usuários de mais de cinco tipos de medicamentos distintos para tratamento da doença (Cross, Wilson, & Bionion, 2005; Lichtenstein et al., 2005).

A indicação médica para o uso desse tipo de medicação deve restringir-se aos casos em que não se consiga caracterizar qualquer atividade ou complicação que possa explicar o sintoma. Evidentemente, todas as drogas anti-inflamatórias não esteroides devem ser evitadas pelo risco de causarem atividade da doença.

A doença de Crohn é uma doença inflamatória crônica, granulomatosa, que pode acometer qualquer parte do trato gastrointestinal; porém afeta, mais frequentemente, o íleo terminal e o ceco, ou seja, o segmento final do intestino delgado e o segmento inicial do grosso. A causa da doença ainda é desconhecida e, portanto, não tem cura. Ocorre, provavelmente, por uma reação imune inadequada a um ou a vários estímulos ambientais ainda desconhecidos em pessoas geneticamente predispostas. Existem alguns genes de suscetibilidade, já definidos, que explicam alguns dos casos de doença de Crohn que afetam membros de uma mesma família. Talvez por essa questão a doença tenha uma incidência muito maior na população de origem judaica, principalmente Ashkenazi (Bernstein, Eliakim, Fedail, Fried, Gearry, Goh, Hamid, Khan, Khalif, Ng, Ouyang, Rey, Sood, Steinwurz, Watermeyer, & Lemair, 2016).

Os principais sintomas da doença de Crohn são: dor abdominal, muitas vezes na região inguinal direita, por vezes simulando apedicite, além de diarreia prolongada, emagrecimento, distensão abdominal, febre e presença de lesões proctológicas, especialmente fissuras múltiplas, abscessos recorrentes e fístulas (Bernstein et al., 2016).

Essa doença evolui em surtos, com sequelas digestivas entre eles que podem provocar estenoses, ou seja, estreitamentos das alças intestinais e, consequentemente, quadros de suboclusão ou oclusão intestinal (incapacidade parcial ou total do fluxo alimentar através do intestino) (Bernstein et al., 2016).

O diagnóstico da doença de Crohn é confirmado a partir de suspeita clínica, exames laboratoriais e de imagem. Entre os laboratoriais destacam-se os exames de sangue – hemograma, hemossedimentação, proteína C reativa, ferro e ferritina –, que podem detectar anemia, atividade inflamatória e deficiência de ferro, além de marcadores apropriados (ASCA), e o exame de fezes – calprotectina e lactoferrina fecal –, que também pode avaliar a atividade inflamatória e, inclusive, quantificá-la. Os exames de imagem são os que fecham o diagnóstico por meio da demonstração cabal das lesões; são eles os exames endoscópicos, principalmente a colonoscopia, e os radiológicos, os quais, na atualidade, são mais usados, como a tomografia e a ressonância magnética, com estudos diretamente focados no intestino (enterografias). Raras vezes persiste a dúvida diagnóstica; mas, se isso ocorrer, o inventário precisa ser completado com exames ainda mais especializados, com exploração visual de todo o intestino delgado por meio de uma videocápsula (cápsula endoscópica) ou da enteroscopia com duplo-balão, que permite a realização de biópsias (Bernstein et al., 2016).

O diagnóstico diferencial sempre deve ser feito para que se afaste a possibilidade de outra patologia, principalmente de doenças infecciosas. É fundamental lembrar do diagnóstico diferencial com a retocolite ulcerativa, que nem sempre é fácil de distinguir da doença de Crohn quando esta acomete apenas o cólon. A pesquisa de anticorpos pode, algumas vezes, ajudar na definição diagnóstica. Na retocolite ulcerativa, é mais comum haver anticorpos contra o citoplasma dos neutrófilos (ANCA e, na doença de Crohn, é mais comum a presença de anticorpos contra a *Saccharomyces cerevisiae* (ASCA) (Bernstein et al., 2016).

Infelizmente, não há como prevenir a doença, mas apenas como tratá-la. O tratamento da doença de Crohn tem como objetivo livrar o paciente dos sintomas e evitar novos surtos da doença e consequentes complicações, proporcionando uma evolução favorável e uma boa qualidade de vida ao doente.

Os remédios utilizados são os derivados da sulfa, corticoides, imunossupressores, e, mais recentemente, drogas biológicas que, sem dúvida, deram um novo impulso ao tratamento, principalmente nos casos moderados a graves ou com presença de complicações (Bernstein et al., 2016).

Quem é portador da doença de Crohn pode levar uma vida normal. Deve, é claro, se cuidar, fazer o tratamento adequado e evitar o fumo, anti-inflamatórios e alimentos condimentados. Acima de tudo, lembrar que ser feliz ajuda muito.

A doença de Crohn é, sem dúvida, um transtorno para quem por ela é acometido e, muitas vezes, pode trazer sintomas importantes e a redução da qualidade de vida. É, também, muito pouco divulgada e conhecida, o que leva a uma grande preocupação por parte do doente e de seus familiares quando o diagnóstico é feito. Além disso, muitos sintomas extraintestinais e complicações podem surgir. Se não houver noção prévia dessa possibilidade, é possível que haja uma definição postergada e um tratamento realizado de forma inadequada.

Com todos esses elementos, a educação do paciente torna-se fundamental, já que o próprio deve colaborar com seu tratamento e reconhecer a melhor maneira de interagir com a equipe que o trata. Há inúmeras maneiras de informar o paciente sobre a condição. Dentre elas, destacam-se brochuras, livros especialmente dirigidos, sites, reuniões e palestras para leigos, grupos de apoio e, acima de tudo, uma importante relação médico-paciente que permita liberdade quanto aos questionamentos que a doença possa trazer. Um benefício importante que os pacientes podem ter vem da participação em grupos de apoio, os quais lhes possibilitam expressar seus sentimentos, elaborar questões e trocar experiências de vida com pessoas que apresentam o mesmo tipo de problema, podendo, assim, sentir-se mais confortáveis para conversar, além de mais bem acolhidos.

Nos Estados Unidos, há mais de sessenta anos, surgiu a primeira entidade voltada especificamente à ajuda de doentes e profissionais relacionados com as doenças inflamatórias intestinais, a CCFA (do inglês, Crohn's and Colitis Foundation of America). Várias se sucederam na Europa, onde se congregaram e formaram a EFCCA (do inglês, European Federation for Crohn's and Colitis Associations). No Brasil, em 1999, foi fundada a Associação Brasileira de Colite Ulcerativa e Doença de Crohn (ABCD).

Atualmente, existem entidades em quase todos os países do mundo com alguma incidência dessas doenças e, mais importante: todas se inter-relacionam no sentido de buscar o melhor para todos com a união de esforços.

A psicóloga Denise Aizemberg Steinwurz, que é a responsável pelos grupos da ABCD, aponta para a importância da psicoterapia em pacientes com doença de Crohn. Ela afirma que, partindo do princípio de que a doença de Crohn possivelmente tem repercussões emocionais tanto no aparecimento dos sintomas quanto em seu agravamento, a psicanálise é um instrumento importante no trabalho com esses pacientes. Segundo ela, esse tipo de abordagem possibilita ao paciente elaborar seus conteúdos internos, tanto conscientes quanto inconscientes. Esses conteúdos, quando não simbolizados, podem expressar-se no corpo por meio de manifestações clínicas (Steinwurz, 2007). Reitera que, embora do ponto de vista físico os sintomas da doença sejam similares em vários pacientes, sob o aspecto psíquico as causas podem ser diferentes. Daí a importância de um trabalho psicanalítico, para que o paciente possa desenvolver-se e, com isso, tentar minimizar os sintomas (D. Steinwurz, 2007).

É muito importante ter em mente que o paciente com doença inflamatória intestinal é, via de regra, um indivíduo jovem, que de uma hora para outra se depara com uma enfermidade crônica, ou seja, que terá que literalmente carregar consigo por toda sua vida. Não obstante a impossibilidade de cura, ainda pode haver prejuízos no desenvolvimento profissional e social, principalmente em pessoas acometidas de quadros mais graves e que, por vezes, necessitam de internações hospitalares e/ou cirurgias. Evidentemente, esses pacientes sofrem de dor emocional e tristeza vivenciadas em decorrência das limitações proporcionadas pelas manifestações da doença, somadas ao quadro clínico já estabelecido. Como se não bastasse, estudos demonstraram que pacientes que fazem uso de drogas antidepressivas e/ou ansiolíticas têm maior risco de complicações, ou seja, apresentam maiores taxas de morbidade e de mortalidade. Como resultado disso, o tratamento psicológico que evita medicamentos psicotrópicos deve ser estimulado (F. Steinwurz, 2011).

Felizmente, o tratamento das doenças inflamatórias intestinais tem evoluído muito nos últimos anos em decorrência não apenas do aumento de casos que buscam uma resposta para seus sintomas, mas também graças a pesquisas que puderam decifrar parte do mecanismo de desencadeamento do quadro inflamatório. As novas medicações, em grande parte, são compostos biológicos que atuam inativando um fator responsável pela inflamação, ou seja, são anticorpos contra o mediador inflamatório. Esses produtos são muito caros, fazendo com que os governos tenham que proporcioná-los aos cidadãos, e, evidentemente, trazem grandes lucros às indústrias farmacêuticas que os desenvolvem. Isso torna o investimento para pesquisa bastante elevado também.

Referências

Acheson, E. D. (1960). The distribution of ulcerative colitis and regional enteritis in United States veterans with particular reference to the Jewish religion. *Gut, 1*, 291-293.

Bernstein, C. N., Eliakim, A., Fedail, S., Fried, M., Gearry, R., Goh, K. L., Hamid, S., Khan, A. G., Khalif, I., Ng, S. C., Ouyang, Q., Rey, J. F., Sood, A., Steinwurz, F., Watermeyer, G., & LeMair, A. (Revs.). (2016). Inflammatory Bowel Disease. World Gastroenterology Organisation Global Guidelines. *J Clin Gastroenterol, 50*, pp. 803-818.

Chung, K. M., Kim, H. S., Park, S. Y., Lim, S. R., Ryang, D. Y., Jeong, H. K., Lee, W. S., Park, C. H., Lee, J. H., Choi, S. K., & Rew, J. S. (2008). The changes in incidence of Crohn's disease and intestinal tuberculosis in Korea. *The Korean Journal of Gastroenterology, 52*(6), 351-358.

Colombel, J. F., Dupas, J. L., Cortot, A., Salomez, J. L., Marti, R., Gower-Rousseau, C., Capron-Chivrac, D., Lerebours, E., Czernichow, B., & Paris, J.C.. (1990). Incidence of inflammatory bowel disease in the Nord-Pas-de-Calais region and the Somme area of France in 1988. *Gastroenterol Clin Biol, 14*(8-9), 614-618.

Cross, R. K., Wilson, K. T., & Binion, D. B. (2005). Narcotic use in patients with Crohn's disease. *The American Journal of Gastroenterology, 100,* 2225-2229.

Elliott, D. E., Summers, R. W., & Weinstock, J. V. (2007). Helminths as governors of immune-mediated inflammation. *International Journal for Parasitology, 37,* 457-464.

Gismera, C. S., & Aladrén, B. S. (2008). Inflammatory bowel diseases: a disease(s) of modern times? Is incidence still increasing? *World Journal of Gastroenterology, 14*(36), 5491-5498.

Gunesh, S., Thomas, G. A., Williams, G. T., Roberts, A., & Hawthorne, A. B. (2008). The incidence of Crohn's disease in Cardiff over the last 75 years: an update for 1996-2005. *Aliment Pharmacology & Therapeutics, 27*(3), 211-219.

Korelitz, B. I. (1979). From Crohn to Crohn's disease: an epidemiological study in New York City. *Mount Sinai Journal of Medicine, 46,* 533.

Lichtenstein, G. R., Cohen, R. D., Feagan, B. G., Sandborn, W. J., Salzberg, B. A., Chen, D. M., Pritchard, M., & Diamond, R. H. (2005). Safety of infliximab and other Crohn's disease therapies: updated TREAT™ registry data with over 10,000 patient – years of follow-up. *Gastroenterology, 128*(4) (Supl 2), A580.

McDermott, F. T., Whelan, G., St. John, D. J., Barnes, G. L., Elliott, R., Herrmann, R., Schmidt, G. T., & Smallwood, R. A. (1987). A relative incidence of Crohn's disease and ulcerative colitis in six Melbourne hospitals. *Medical Journal of Australia, 146*(10), 525, 528-529.

Rose, J. D., Roberts, G. M., Williams, G., Mayberry, J. F., & Rhodes, J. (1988). Cardiff Crohn's disease jubilee: the incidence over 50 years. *Gut, 29*(3), 346-351.

Segal, I. (1984). Intestinal tuberculosis, Crohn's disease and ulcerative colitis in an urban black population. *South African Medical Journal, 65,* 37-44.

Shivananda, S., & Mayberry, J. F. (1993). Epidemiology of inflammatory bowel disease. *Current Opinion in Gastroenterology, 9,* 560-565.

Shivananda, S., Peña, A. S., Nap, M., Weterman, I. T., Mayberry, J. F., Ruitenberg, E. J., & Hoedemaeker, P. J. (1987). Epidemiology of Crohn's disease in Regio Leiden, The Netherlands: a population study from 1979 to 1983. *Gastroenterology, 93*(5), 966-974.

Steinwurz, D. A. (2007). *Doença de Crohn e repercussões emocionais: um estudo clínico.* Dissertação de mestrado, Pontifícia Universidade Católica de São Paulo (PUC-SP), São Paulo, SP, Brasil.

Steinwurz, F. (2011). *Doença de Crohn na prática médica* (2. ed.). Rio de Janeiro: Elsevier.

Zvidi, I., Hazazi, R., Birkenfeld, S., & Niv, Y. (2009). The prevalence of Crohn's disease in Israel: a 20-year survey. *Digestive Diseases and Sciences, 54,* 848-852.

19. Fisiopatologia da dor

Manoel Jacobsen Teixeira
Daniel Ciampi de Andrade

Dor é uma percepção, ou seja, é uma experiência que implica a integração de diversas dimensões: sensitivas, afetivas e comportamentais. Seu componente sensitivo-discriminativo (localização, duração, intensidade e tipo de dor) é mediado pelas vias nociceptivas (trato neoespinotalâmico) que percorrem predominantemente a região anterolateral da medula espinal e transmitem as informações do complexo ventrobasal do tálamo (núcleos ventropóstero lateral e medial), que se projetam nos córtices parietal e insular. Além do componente sensitivo-discriminativo, a dor apresenta a dimensão afetivo-motivacional, integrada no giro cingulado anterior e na ínsula anterior, ativados por neurônios oriundos dos núcleos mesiais (centromediano e parafascicular) do tálamo.

A dor também gera pensamentos, induz comportamentos e envolve crenças e funções integradas pelo córtex pré-frontal, dorsolateral e orbitofrontal. Informações nociceptivas são transmitidas da medula espinal ao tronco encefálico, à amígdala (componente emocional das memórias da dor), ao hipotálamo (relacionado ao controle do sono e às reações neurovegetativas, neuroendócrinos e neuroimunitários), à substância cinzenta periaquedutal e ao mesencefálico, que orquestra a resposta modulatória rostrocaudal facilitária ou inibitória diante dos estímulos dolorosos. Esse conjunto de estruturas possibilita que a dor seja uma percepção, uma experiência completa, com aspectos discriminativos, emocionais e comportamentais que atuam conjuntamente como uma experiência única e individual (subjetiva) que se insere no contexto pessoal e social de cada indivíduo.

A dor aguda sinaliza a ocorrência de lesão e, portanto, apresenta valor biológico fundamental de defesa, que alerta para a ocorrência de anormalidade tecidual, em via de se instalar ou já instalada, e induz no indivíduo reações de defesa, de fuga ou de remoção do agente causal. A dor crônica despe-se desse valor biológico: corresponde a mecanismos de adaptação, especialmente musculoesqueléticos e psicocomportamentais, que induzem à incapacidade e a repercussões biopsicossociais desfavoráveis.

O primeiro passo na sequência dos eventos que originam o fenômeno sensitivo doloroso é a transformação dos estímulos ambientais intensos (mecânicos, químicos ou térmicos) em potenciais de ação, transferidos por fibras nervosas do sistema nervoso periférico (SNP) para o sistema nervoso central (SNC). O processo de transdução das informações dolorosas em potenciais de ação limita-se à região da membrana axional das fibras finas amielínicas do grupo C (velocidade de condução inferior a 2 m/s) ou mielizadas finas do tipo A-δ (velocidade de condução de 25 a 50 m/s), com poucas centenas de micrômetros na extremidade distal, denominada terminação nervosa livre. Esta é rica de diversos tipos de receptores sensíveis a estímulos potencialmente nocivos. Deformação mecânica, modificação da temperatura ou a ação de substâncias químicas alteram as propriedades dos nociceptores e deflagram os potenciais dos receptores (potenciais geradores).

Somados, esses potenciais geram o potencial de membrana que culmina na geração dos potenciais de ação.

Os nociceptores reagem a estímulos químicos (radicais, capsaicina, bradicinina serotonina, fatores tróficos [purinas]), mecânicos (pressão) e/ou térmicos (quente e frio). Incluem os canais dependentes de ATP (trifosfato de adenosina), os canais iônicos ativados pelo calor nocivo, os canais regulados por prótons (ASIC) e que detectam acidez ou pH abaixo de 6,5 e o canal de Na$^+$ resistente à tetrodotoxina etc. Há também nociceptores que, em condições normais, não são responsíveis a esses estímulos "nociceptores silenciosos", que se tornam ativos quando ocorre lesão tecidual e exposição aos elementos inflamatórios.

Os receptores mecânicos de limiar baixo codificam a textura e a conformação dos estímulos que entram em contato com o tegmento e desencadeiam uma corrente de geração relacionada ao fluxo iônico, especialmente de Na$^+$, em canais ativados pelo estiramento. Os receptores envolvidos na transdução mecânica localizam-se em neurônios que apresentam proteínas localizadas, que sinalizam o tato nos aferentes nociceptivos. Os canais de sódio 1.7 (Nav1.7) exercem papel importante na deflagração de potenciais geradores. Quando superexpressos, devido a defeitos genéticos, podem causar dores intensas paroxísticas, como ocorre em doentes com eritromelalgia familiar ou Doença da Dor Intensa Paroxística. Em casos de Insensibilidade Congênita à Dor (Neuropatia Hereditária Sensitiva e Autonômica tipos IV e V), há uma mutação que gera a inatividade desses canais. Os doentes apresentam ausência de nocicepção, não reagem e não percebem os estímulos nociceptivos, como traumatismos, queimaduras e lesões inflamatórias, o que pode repercutir na instalação de infecções repetidas etc. Há polimorfismo, versões do canal de sódio dependente de voltagem 1.7 nas pessoas normais, que tornam o limiar à dor mais baixo. Há polimorfismo genético que se associa à maior intensidade da dor em doentes com dores neuropáticas, como a neuralgia do trigêmeo.

Os receptores térmicos e de capsaicina, denominados vaniloides (TRPV1), localizam-se predominantemente nas fibras finas e de diâmetro médio (fibras C e A-δ do tipo II, respectivamente), são sensíveis ao calor nocivo moderado (≥ 43 °C) e abrem os canais de cátions permeáveis ao Ca^{++}, aos radicais ácidos e aos lipídios. O receptor TRPV1 é membro da família dos receptores de potenciais transitórios (RPT). A transformação dos estímulos frios ocorre em receptores de frio e de mentol do tipo I (CMR1) ou receptores de potencial melastatina 8 (TRPM8), ativados por temperaturas baixas (8° °C a 28 °C) ou por agentes químicos como o mentol e a icilina. Tanto os receptores TRPV1 como os CMR1/TRPM8 abrem um canal não seletivo de cátions. Os receptores CMR1/TRPM8 são expressos em 5% a 10% dos neurônios nociceptivos C e A-δ. As fibras C mediam a dor secundária ou a dor "lenta", descrita como uma sensação vaga de queimor ou peso. Fibras A-∂, sensíveis aos estímulos mecânicos e ao quente, mediam a primeira percepção diante de um estímulo doloroso, chamada de "primeira dor". Há pelo menos duas populações de fibras A-∂. As do tipo I, que se localizam na pele glabra e pilosa, mediam a dor "em picada" gerada por estímulos mecânicos (apresentam baixo limiar mecânico e alto limiar aos estímulos térmicos, por exemplo ao calor), têm velocidades de condução maiores que as fibras do tipo II (apresentam alto limiar mecânico e baixo limiar ao calor), mediam o calor e estão presentes exclusivamente na pele pilosa.

As fibras A-β são relacionadas aos receptores táteis de Merkel, aos corpúsculos de Meissner e aos folículos pilosos; mediam a sensação mecânica de baixa intensidade e há evidências de que algumas delas veiculem informações nociceptivas em condições normais ou após a ocorrência de lesão tecidual e sensibilização neuronal por substâncias inflamatórias. As fibras nociceptivas C são classificadas quanto à sua reação diante dos agentes químicos e dos fatores neurotróficos. Um grupo de fibras C contém substância P (sP), o peptídeo relacionado ao gene da calcitonina (PRGC), expressa o neuropetptídeo TrkA e tem elevada afinidade para o fator de crescimento nervoso (FCN) (fibras peptidérgicas). Outro grupo de fibras C não expressa o neuropeptídeo TrkA e apresenta em sua superfície o carboidrato α-D-galactose, que se liga à lectina IB4 e expressa o receptor P2X3, subtipos no canal iônico aos quais se ligam moléculas de ATP (fibras não peptidérgicas). Existe certa segregação funcional entre as fibras C peptidérgicas e não peptidérgicas. Praticamente todos os aferentes das vísceras, grande parte musculares, e somente metade dos aferentes provenientes da pele são peptidérgicos. Projetam-se às camadas I e II do corno posterior da substância cinzenta da medula espinal (CPME), enquanto as fibras não peptidérgicas inervam preferencialmente as porções mais superficiais da pele e projetam-se preferencialmente na lâmina II do CPME.

Quando ocorre inflamação prolongada ou lesão nervosa, os nociceptores são sensibilizados e geram dor persistente. A sensibilização dos nociceptores pode decorrer da maior responsividade a determinados estímulos nociceptivos (hiperalgesia) ou da redução de seu limiar a estímulos não nocivos (alodínea). Em caso de lesão tecidual, íons, péptides, lípides, fatores de crescimento e citocinas sensibilizam os nociceptores. Os prótons desempenham um papel importante no processo inflamatório, excitam diretamente os nociceptores, ativam tanto os canais de ASIC quanto os canais TRPV1 e aumentam a reação dos neurônios a outros estímulos nocivos, incluídos o calor e a capsaicina. A bradicinina sensibiliza os nociceptores aos estímulos térmicos nocivos, aumenta as correntes evocadas pelo calor, ativa a proteína-cinase C (PCC) – gama, que, por sua vez, modifica o receptor TRPV1, hidrolisa o fosfato de fosfaditina inozitol que libera o canal TRPV1 em sua forma ativa. O fosfatidil inositol e os fatores tróficos, envolvidos na sobrevida celular e na diferenciação fenotípica nos alvos de inervação, modulam também os mecanismos de transdução gênica. A creatinofosfocinase C, liberada pelos eritroblastócitos e fibrosblastos quando há lesão tecidual, induz hiperalgesia, pois sensibiliza os nociceptores aos estímulos térmicos e induz alterações de longa duração na expressão genética nos neurônios sensitivos. A hiperalgesia induzida pela FCC requer extratos de TRPV1 e recrutamento de fosfolipase-C (PLC) - gama no receptor TrkA. Esses processos induzem à transcrição de novos genes, muitos deles atuando como promotores ou supressores que controlam dezenas de outras reações intracelulares. O resultado é a produção (ou a destruição) de proteínas e receptores. A célula sofre alterações não somente de sua função, mas também de sua forma, do número de sinapses, do número de brotos neuronais e do padrão de facilitação de inibição pós-sináptica. Isso explica por que o tratamento da dor crônica requer tempo prolongado, a fim de que as alterações estruturais relacionadas à doença sejam revertidas e normalizadas.

Os receptores sofrem fadiga e sensibilização. A aplicação de estímulos repetitivos resulta em redução da sensação evocada pelo estímulo (fadiga). Quando há lesão tecidual, há aumento da percepção dolorosa (sensibilização). As substâncias algiogênicas são capazes de sensibilizar o nociceptor e são liberadas no ambiente tecidual em condições anormais. Dentre elas destacam-se a acetilcolina (Ach), a bradicinina, a histamina, a serotonina (5-HT), os leucotrienos, a substância P (sP), o fator de ativação plaquetário, as purinas, os radicais ácidos, os íons K^+, as prostaglandinas (PGs) (especialmente a PGE2 e a tromboxana [TBX]), as interleucinas (IL-1β, IL-6, IL-8), o fator de necrose tumoral (TNE) α, o fator de crescimento nervoso (FCN) e a adenosina monofosfatocíclica (AMPc). Vários mediadores pró-inflamatórios, especialmente os prostanoides, metabólitos do ácido araquidônico, como as PGs, PGG2, PGH2, PGI2 e PGE2, e a TBX A2, sensibilizam as terminações nervosas. O ácido araquidônico é liberado dos proteolipídeos das membranas celulares devido à ação da fosfolipase A2. A fosfolipase A2 induz à hiperalgesia mecânica, mas não térmica. As PGs sensibilizam os neurônios aferentes aos estímulos nocivos químicos, ao calor e à estimulação mecânica. A PGE2 e outros prostanoides apresentam propriedades mecanossensibilizadoras aos estímulos cutâneos. A PGE2 potencializa o efeito da bradicinina. O ATP pode ser liberado nos tecidos pelas células mortas quando há isquemia tecidual, estimulação neuronal de elevada frequência ou despolarização celular. A liberação de ATP no tecido lesado atua nos neurônios sensitivos e nas células inflamatórias, especialmente nos macrófagos, que apresentam receptores para esse neurotransmissor. Concentrações elevadas de AMPc reduzem o limiar dos receptores polimodais. Os purinoceptores P2X são canais ionotrópicos que mediam a transmissão sináptica rápida induzida pelo ATP extracelular.

O glutamato, ao despolarizar neurônios sensitivos e abrir canais iônicos, gera inflamação e hiperalgesia. A 5-HT é liberada pelas plaquetas e pelos mastócitos em decorrência da lesão tecidual e atua nos neurônios sensitivos, reduzindo o limiar dos aferentes primários aos estímulos nociceptivos. A histamina é liberada pelos mastócitos, atua nos neurônios sensitivos e evoca dor na dependência de sua concentração. A bradicinina atua nos receptores B1 e B2, ativa as vias periféricas do sistema nervoso neurovegetativo simpático (SNNVS) e sensibiliza os receptores aos movimentos e à deformação mecânica. A sensibilização à bradicinina é muito mais intensa nos nociceptores das fibras C: cerca de 85% das fibras C sofrem sensibilização induzida pela bradicinina e pelo calor.

Os aferentes nociceptivos polimodais não apresentam atividade espontânea a não ser que se tornem sensibilizados pelos mediadores da inflamação. Quando isso ocorre, passam a fazê-lo e despolarizam prolongadamente os neurônios do CPME. Os aferentes primários não são apenas vias de condução de estímulos do ambiente tecidual para o SNC, pois colaterais das fibras nervosas periféricas regulam a atividade dos gânglios da cadeia neurovegetativa, a vasoatividade, e geram inflamação neurogênica em áreas vizinhas às ativadas originalmente (Figura 1).

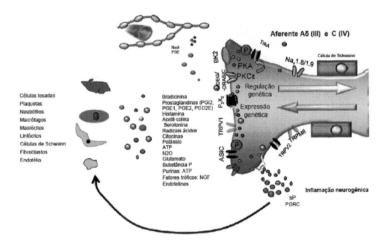

Figura 1: *Receptor nociceptivo. Representação artística de terminação nervosa livre contendo receptores para vários neurotransmissores, para acionamento por ação do calor ou sob deformação mecânica intensa. Gera potenciais de ação que são veiculados ao sistema nervoso central. A sensibilização dos receptores pode decorrer do acúmulo de substâncias algiogênicas concentradas nos tecidos, decorrentes da lesão tecidual, do processo da inflamação neurogênica, da liberação de Nadr ou dos prostanoides pelo sistema nervoso simpático. Fonte: elaboração própria.*

PG: Prostaglandina; ATP: adenosina trifosfato; NGF: fator de crescimento neuronal; BK: receptor de bradicinina; sP: substância P; PGRC: peptídeo geneticamente relacionado ao gene da calcitonina; TRPV: receptor de potencial transitório vaniloide; TRPM8: receptor de potencial transitório melastatina; N_2O: óxido nitroso; P2X: receptor de ATP; PCA: ASIC: canais iônicos sensíveis a ácido; PKC: fosfoquinase C; TrkA: receptor tirosinoquinase (receptor do fator de crescimento de nervo); Nav: canal de sódio dependente de voltagem.

Assim, em condições fisiológicas, os nociceptores são silenciosos. Dessa forma, por ocasião de lesão nervosa periférica, não somente os aferentes nociceptivos mas também o conjunto de aferentes periféricos podem desenvolver potenciais de ação ectópicos (potenciais gerados em locais não coincidentes das terminações nervosas livres) no local da lesão periférica da placa de desmielinização, dos botões sinápticos das fibras que se regeneram após o traumatismo, nos corpos celulares do gânglio da raiz sensitiva etc. Algumas substâncias podem aumentar a frequência dos potenciais ectópicos, como as catecolaminas circulantes e as citocinas pró-inflamatórias (TNF-α, IL-1ß, FCN). Quando os potenciais ectópicos foram mensurados em seres humanos com microneurografia, foi revelado que havia correlação entre a atividade anormal das fibras mielinizadas de grosso calibre, responsáveis pela sensação de tato não doloroso, as parestesias e as disestesias. No entanto, ainda permanece elusiva a relação direta entre a presença de potenciais ectópicos nas fibras finas C e de fenômenos dolorosos. Estudos recentes sugerem que a atividade anormal esteja mais relacionada à lesão nervosa do que à ocorrência de dor propriamente dita.

A lesão nervosa causa modificações profundas na síntese de neuropeptídeos (mudanças fenotípicas), como sP, peptídeo geneticamente relacionado à calcitonina (PGRC), neuropeptídeo Y, polipeptídio vasoativo intestinal (PVI), galanina e colecistoquinina (CCK), assim como fatores tróficos (fator neurotrófico derivado do cérebro [FNDC]). Há estudos que sugerem que, em casos de dor nociceptiva, há aumento da síntese de sP e PRGC, ao passo que as neuropáticas apresentariam redução de sua produção. Demonstrou-se que, após lesão nervosa, fibras mielinizadas do tipo A-ß, relacionadas à condução de estímulos não dolorosos, passam a produzir sP e FNDC, normalmente expressos unicamente em neurônios nociceptivos A-∂ ou C. Essas fibras passariam a conduzir, nos casos de neuropatias dolorosas, estímulos integrados como dolorosos na medula espinal.

Efases são conexões funcionais causadas pela aposição direta de segmentos de fibras, nas quais não há bainha de mielina íntegra, nos locais em que ocorrem "curtos-circuitos" entre fibras mielinizadas e não mielinizadas. Apesar de nunca ter sido documentado no ser humano, esse fenômeno poderia estar relacionado à ocorrência de dor neuropática, quando os potenciais de ação das fibras sensitivas não nociceptivas ou das fibras motoras ativam aferentes primários nociceptivos.

Lesões causam alterações nas unidades do sistema nociceptivo do SNC, incluindo a reorganização da reapresentação cortical da estrutura desaferentada, a degeneração das terminações centrais dos aferentes primários (degeneração transvaleglionar) ou dos neurônios de segunda ordem localizados na medula espinal (degeneração transináptica) etc. Após a lesão de um nervo periférico, as fibras mielinizadas de grosso calibre (tato não doloroso), que normalmente terminam nas lâminas mais profundas do CPME lâminas (III e IV), passam a apresentar brotamento neuronal que invade a camada II, na qual fazem sinapse em neurônios nociceptivos. Este é um dos substratos anatômicos que explica o mecanismo da presença da alodínea mecânica dinâmica, condição na qual o estímulo tátil desencadeia a dor.

A hiperexcitabilidade dos neurônios nociceptivos no CPME pode ser mantida ou iniciada por mecanismos neuro-humorais relacionados à micróglia. As lesões do SNC causam ativação da micróglia no CPME ipsilateral à lesão. Esta representa de 5% a 10% das células gliais e equivale aos macrófagos periféricos, ou seja, pertence ao sistema imunitário. As células da micróglia ativadas sofrem profundas modificações quanto à expressão genética e à produção de proteínas, liberam mediadores pró-inflamatórios que agem em receptores P2X4 (ATP) – MAPK (proteína quinase p38) P2Y e de fractalinas dos neurônios pró-nociceptivos.

As vias nervosas aferentes primárias têm o corpo celular localizado nos gânglios sensitivos, de onde as fibras se dividem em ramos proximais e distais (neurônios psedounipolares). Os neurônios dos gânglios sensitivos são sensibilizados quando há estimulação nociceptiva.

Na zona de entrada das raízes nervosas, os ramos proximais dos aferentes primários agrupam-se em radículas e penetram na medula espinal pelas raízes posteriores. Em um ponto situado a, aproximadamente, 1 a 5 milímetros antes da penetração das radículas na medula espinal, a bainha de mielina produzida pela oligodendrologia se junta à bainha de mielina produzida pelas células de Schwann constituindo a "zona de entrada" das raízes nervosas. Foram observados aferentes primários nociceptivos recorrentes nas raízes sensitivas que penetram na medula espinal com as raízes ventrais; aproximadamente 30% das fibras das raízes ventrais são amielínicas e, provavelmente, nociceptivas.

Na medula espinal, os aferentes primários bifurcam-se em ramos rostrais e caudais e entram na constituição do trato de Lissauer. Este é composto de fibras amielínicas e de menor número de fibras mielinizadas originadas, predominantemente, dos aferentes primários e também das projeções axonais dos neurônios localizados no CPME. As fibras aferentes nociceptivas com projeção rostral deslocam-se lateralmente e as caudais, medialmente. Em seu segmento interno, há predomínio de fibras mielinizadas finas e amielínicas que se projetam no CPME e, na porção externa, predominam as fibras intersegmentares oriundas principalmente da substância gelatinosa da medula espinal. A secção da região medial do trato de Lissauer resulta em aumento do campo receptivo das unidades nociceptivas do CPME, enquanto a secção de sua região lateral, em redução.

O CPME não é apenas uma estação de coleta de potenciais conduzidos pelos aferentes primários. Contém interneurônios que interferem no processamento das informações sensitivas, inibindo ou facilitando a transmissão dos potenciais veiculados pelos aferentes primários para os sistemas de projeção suprassegmentares. Além das aferências oriundas dos nervos periféricos destinados aos neurônios nele situados, recebe também projeções originadas no córtex cerebral, nas estruturas subcorticais e no tronco encefálico, que participam do mecanismo de modulação segmentar da atividade sensitiva.

O princípio mais aceito atualmente para a organização das unidades que compõem a substância cinzenta da medula espinal foi proposto por Rexed, que a dividiu em dez lâminas, de acordo com o padrão arquitetônico de suas células. O CPME corresponde às seis primeiras lâminas da organização proposta por Rexed e é dividido de acordo com a citoarquitetura bioquímica e a atividade neuronal diante de estímulos de diferentes naturezas das unidades celulares que o constituem, ou em função das fibras de projeção suprassegmentares que originam. A lâmina I, ou lâmina marginal de Waldeyer, é constituída de camada delgada de células localizadas no ápice do CPME, na qual penetram feixes de axônios mielinizados; daí seu aspecto esponjoso ou reticular. É composta de neurônios grandes e de células pequenas que se dispõem transversalmente e dos dendritos que se orientam longitudinalmente no plano mediolateral. Os neurônios grandes apresentam dendritos longos e poucas arborizações, que permanecem na mesma lâmina ou projetam-se profundamente na lâmina II. Os neurônios da lâmina I recebem aferências do plexo marginal e do trato de

Lissauer, que se projetam na porção proximal dos dendritos e no corpo celular das células grandes. Os aferentes primários constituídos de fibras finas fazem sinapse nos dendritos distais. Os aferentes nociceptivos A-δ projetam-se nessa lâmina. Os neurônios da lâmina I entram na constituição do trato espinotalâmico contralateral, do trato proprioespinal homo e contralateral e do trato de Lissauer.

A lâmina IV é a maior das lâminas do CPME. Apresenta limites precisos e aspecto heterogêneo. Seus neurônios reagem à estimulação não nociva oriunda dos folículos pilosos e da pele. Sua atividade aumenta quando a estimulação mecânica nociva é aplicada. Origina fibras que se projetam na substância gelatinosa e outras que, via substância branca lateral, constituem o trato espinocervical homolateral que alcança o núcleo cervical lateral, assim como fibras que constituem o trato espinotalâmico. A lâmina V corresponde ao colo do CPME. A lâmina V recebe aferências A-δ originadas do tegmento, das vísceras, das estruturas musculares e do plexo longitudinal. Seus neurônios reagem tanto à estimulação nociva e como a não nociva, ou seja, reagem amplamente a estímulos de natureza variada (*widedynanicrange neurons*). A região medial da lâmina V recebe aferências de fibras grossas que aí se projetam sem distribuição somatotópica, aferências da lâmina IV, assim como das vias corticoespinais motoras e sensitivas, rubroespinais, tetoespinais e reticuloespinais. Seus neurônios originam fibras que entram na constituição do trato espinotalâmico contralateral, do trato espinocervical homolateral e do trato do funículo posterior homo e contralateral. Alguns axônios dos neurônios mediais da lâmina V originam colaterais próximos ao corpo celular, que podem alcançar as lâminas II, III e IV. Em virtude da intensa convergência de informações periféricas e do grande número de neurônios multimodais nessa lâmina, admite-se que o fenômeno da "dor referida" seja aí processado, fenômeno de convergência-facilitação, convergência-somação, e de sensibilização neuronal. A dor decorrente de afecções viscerais é referida nos músculos e a decorrente de afeções musculoesqueléticas, no tegmento. A lâmina VI está presente apenas nos segmentos cervicais e lombossacrais da medula espinal. Recebe projeções de aferentes primários de grosso calibre do tipo Ia e Ib, que veiculam informações proprioceptivas, incluindo-se as que reagem à estimulação gerada pela movimentação articular, assim como à estimulação cutânea e a aferências de sistemas rostrocaudais. Os neurônios da lâmina VI originam projeções para os tratos espinotalâmico contralateral, espinocervical e proprioespinal. Os neurônios da região medial da lâmina VI originam projeções para as lâminas IV, V e VII e colaterais recorrentes próximos aos corpos celulares que lhes dão origem.

Estímulos fracos e moderados liberam uma pequena quantidade de ácido glutâmico e de sP, que despolarizam a membrana neuronal e geram uma sensação dolorosa momentânea. Esta se deve, predominantemente, à ação do glutamato nos receptores ativados pelo ácido 2-amino-3-hidróxi-5-metil-4-isoxasol-propiônico (AMPA) envolvidos no mecanismo de localização temporo-espacial e na quantificação da dor. A ativação dos receptores AMPA resulta em influxo de Na^+ e Ca^{++} para o interior do neurônio e efluxo de K^+ e despolarização rápida da membrana neuronal durante um curto período de tempo. Quando os estímulos nociceptivos são mantidos, ocorre a ativação dos receptores N-metil-D-aspartato (NMDA) dos canais iônicos dependentes de voltagem, ativados por aminoácidos e modulados por neuropéptides (sP), atuando na presença de glicina e de glutamato, centenas de milissegundos após a chegada dos estímulos, e propiciando influxo citoplasmático de Ca^{++} e Na^+ e efluxo de K^+. O receptor NMDA normalmente mantém-se inativo porque seu canal é parcialmente bloqueado pelo Mg^{++}. A ativação dos receptores de NMDA e a liberação do glutamato despolarizam parcialmente a membrana neuronal e reduzem o bloqueio causado pelo Mg^{++}, possibilitando o influxo de Ca^{++} para o interior do citoplasma, que resulta na despolarização prolongada da membrana neuronal. O glutamato ativa receptores metabotrópicos, que, por sua vez, ativam a fosforilase-C, que promove a formação dos segundos-mensageiros (trifosfato de inositol (TPI3) e diacil-glicerol (DAG), e causa a fosforilação das membranas neuronais tornando-as hiperexcitáveis. A DAG estimula a translocação da PCC para as membranas celulares. O TPI3 libera Ca^{++} das reservas microssomais intracelulares e acarreta a formação de ácido araquidônico. O ácido araquidônico é um substrato da COX na produção de PGs. A ativação mantida e o aumento da sensibilidade do receptor NMDA resultam em sensibilização e, consequentemente, em aumento do campo receptivo dos neurônios amplamente dinâmicos do CPME diante dos estímulos mecânicos e em reação intensa diante das estimulações nociceptiva e não nociceptiva. Como resultado, os estímulos não nociceptivos, como toques leves, passam a ser interpretados como dolorosos (alodínea), mecânica secundária, e os estímulos nociceptivos passam a ser interpretados como mais intensos (hiperalgesia secundária). A atividade dos aferentes nociceptivos C promove a somação temporal de estímulos devido à liberação de neurotransmissores que ativam receptores metabotrópicos e ionotrópicos dos neurônios do CPME.

Os estímulos dolorosos induzem à expressão de diversos genes. Alguns deles têm sua expressão modificada em um curto período de tempo após a abertura dos canais NMDA, como o gene c-fos, expressado em várias estruturas do SNC envolvidas no processo nociceptivo, incluindo-se a medula espinal, a substância periquedutal mesencefálica, os núcleos parabraquiais e o tálamo. Outros proto-oncogens (ou genes precoces) são também ativados após a aplicação de estímulos dolorosos, incluindo-se o Krox-24, o c-jun, o jun-B, o fos-B, o MGS-1/A, o MGF-1 e o SRF. A expressão desses genes relaciona-se à atividade neuronal e à intensidade da dor. Em condições de nocicepção e imediatamente após a lesão de nervos periféricos, ocorre a expressão de genes imediatos. A estimulação supraespinal ou a administração de morfina reduz a expressão das proteínas do c-fos na medula espinal. A expressão dos genes imediatos relaciona-se ao estado neuronal antes da lesão. A expressão do gens imediatos é sensível aos mesmos sistemas de receptores excitatórios envolvidos no fenômeno de *wind-up* e indica hiperexcitabilidade central. Esses proto-oncogenes transcrevem o RNA-mensageiro que é liberado no citoplasma dos neurônios. Em seguida, a informação é transferida para moléculas percussoras que contêm a sequência dos neuropeptídeos. Devido à ação enzimática, as proteínas são lisadas e a sequência de neuropeptídeos é formada. A ativação da PCC é condição crítica para a sensibilização neuronal e para a instalação da hiperalgesia secundária. Esses genes ativados podem ser facilmente acionados e transformar a dor temporária em dor permanente. Os proto-oncogenes são marcadores da atividade neuronal relacionada às vias nociceptivas (porém não específicas) e podem ser utilizados para documentar a mudança do padrão da expressão gênica em áreas do SNC distantes do estímulo nociceptivo.

Lesões de nervos periféricos causam redução da concentração de ácido-gama-aminobutírico (GABA) no CPME. O GABA é um potente inibidor da função celular. A ativação de receptores GABA-A hiperpolariza as células e, menos frequentemente, gera potenciais da ação. Disfuncionamento ou morte de interneurônios inibitórios GABAérgicos no CPME podem causar morte neuronal e, consequentemente, desinibição decorrente do aumento da transmissão glutamatérgica pró-nociceptiva. Em situações de desinibição central, neurotransmissores inibitórios como o GABA poderiam exercer efeito excitatório. Um cotransportador potássio-cloro (CK2) disfuncionante perde a capacidade de manter baixas as concentrações de cloro no meio intracelular. As baixas concentrações fisiológicas possibilitam que as moléculas de GABA abram os canais de cloro e hiperpolarizem (inibam) o neurônio e a hiperestimulação nociceptiva. Em casos de dor crônica, a deficiência de CCK2 permite que o cloro em excesso acumule-a no interior da célula, de modo que, quando seus canais são abertos pelo GABA, haja pouca penetração de cloro, reduzindo seu poder inibitório. Em casos extremos, pode ocorrer escoamento de cloro da célula, ou seja, de modo paradoxal, instala-se a despolarização neuronal devido à ativação GABA, que contribui para a desinibição segmentar. O mal funcionamento do CCK2 se deve à ativação da micróglia e à secreção de FNDC, mediado pelo aclopamento de ATP nos receptores P2X4. A sensibilização neuronal ocorre também nos núcleos talâmicos e do sistema límbico. Neurônios da medula espinal participam de reflexos motores e neurovegetativos segmentares. O acionamento das unidades da coluna intermediolateral da medula espinal resulta na ativação das vias neurovegetativas simpáticas regionais, no aumento da resistência vascular periférica e de vários órgãos, em retenção urinária e em alentecimento do trânsito intestinal. A ativação das unidades neuronais da ponta anterior da substância cinzenta da medula espinal causa uma hipertonia muscular que modifica o reflexo de flexão, gera aumento do tono muscular e induz espasmos musculares com a consequente redução da expansibilidade da caixa torácica, que leva à isquemia muscular, a anormalidades posturais e a síndromes dolorosas miofasciais.

O processamento de informações nociceptivas da medula espinal para estruturas encefálicas é realizada mediante vários sistemas neuronais representados pelos tratos espinotalâmico, espinorreticular, espinomesencefálico, espinocervical, pós-sináptico do funículo posterior, espino-ponto-amigdaliano e intracornual. O maior contingente dos tratos caudorrostrais envolvidos na nocicepção está presente no quadrante anterior da medula espinal, no qual as fibras nervosas são geralmente mielinizadas e 50% são de calibre fino. Cerca de dois terços dos neurônios que originam os tratos espinotalâmicos responde à estimulação nociva; alguns são ativados rapidamente por estímulos nocivos intensos e outros reagem lentamente. O maior contingente de fibras do trato espinotalâmico cruza, após emergência, a linha mediana na comissura branca anterior e desloca-se rostralmente, via quadrante anterolateral oposto da medula espinal. A maioria dessas fibras veicula estímulos dolorosos e não dolorosos, havendo pequeno número de fibras nociceptivas específicas. Devido ao mecanismo da convergência que ocorre no CPME, há menor número de fibras no trato espinotalâmico que nos aferentes primários. No ser humano, suas fibras projetam-se nos núcleos do complexo ventrobasal e nos núcleos centrolateral e intralaminar do tálamo. Colaterais do trato espinotalâmico projetam-se na formação reticular do bulbo, da ponte e do mesencéfalo, incluindo-se os núcleos gigantocelular, paragigantocelular e a substância cinzenta periaquedutal mesencefálica.

Há evidências de que as fibras nociceptivas do trato espinorreticular originam-se nas lâminas VII e VIII da substância cinzenta da medula espinal. Suas fibras homo e contralaterais projetam-se no núcleo gigantocelular e no tegmento pontino lateral. Da formação reticular ativada pelos tratos espinorreticulares, a informação é transferida para os núcleos intralaminares do tálamo, do tálamo ventral e do hipotálamo. Os neurônios que originam o trato espinorreticular são ativados por estímulos nocivos e não nocivos superficiais e profundos. Há evidências de que o sistema espinorreticular não seja fundamental para a discriminação da dor e esteja envolvido com o fenômeno do despertar, contribuindo para a ocorrência das manifestações emocionais, afetivas, neurovegetativas neuroimunitárias e neuroendocrinológicas associadas à dor. Ele também participa do mecanismo de modulação facilitária e inibitória das unidades nociceptivas segmentares, via sistemas rostrocaudais originados na formação reticular do tronco encefálico.

As fibras do trato espinomesencefálico originam-se nos neurônios nas lâminas I e V e, menos densamente, nas lâminas vizinhas, e projetam-se na formação reticular mesencefálica, incluindo-se o subnúcelo lateral da substância cinzenta periaquedutal e o teto mesencefálico. A maior parte das fibras do trato espinomesencefálico é contralateral à sua origem na medula espinal.

O sistema espino-ponto-amigdaliano origina-se nas lâminas I e V do CPME e projeta-se rostralmente via funículo dorso lateral no núcleo parabraquial da ponte, de onde neurônios projetam-se no complexo amigdaliano do lobo temporal. Esse sistema está envolvido nas reações de medo e de memória da dor, assim como nas reações neurovegetativas e comportamentais diante de eventos nocivos, incluindo-se a vocalização, a dilatação pupilar, as reações cardiorrespiratórias, o congelamento etc.

Nos tratos espinocervical e pós-sináptico dos funículos posteriores, presentes nos quadrantes posteriores da medula espinal, há fibras que veiculam estímulos nociceptivos. As fibras do trato espinocervical originam-se nas lâminas I, III e IV do CPME e projetam-se, via quadrante lateral homolateral da medula espinal, no núcleo cervical lateral, no qual fazem sinapses com neurônios que originam fibras que cruzam a linha média e projetam-se no complexo ventrobasal do tálamo, formação reticular do tronco encefálico e diencéfalo.

O complexo nuclear envolvido no processamento da informação exteroceptiva da face e da cavidade oral é subdividido, citoarquitetonicamente, em núcleos mesencefálico e principal, situados rostralmente, e núcleo do trato espinal do nervo trigêmeo, situado caudalmente. Essa última estrutura foi subdividida, com base em sua composição celular, em subnúcleos caudal, interpolar e oral. Há unidades nociceptivas no subnúcleo caudal e nas regiões superficiais e profundas do subnúcleo interpolar, nos núcleos oral e principal. Admite-se que todo o complexo nuclear trigeminal espinal e o núcleo trigeminal principal estejam envolvidos na nocicepção facial. A sensibilidade nociceptiva da face é, principalmente, mas não exclusivamente, processada no subnúcleo caudal. As três divisões do nervo trigêmeo estão representadas em todo o complexo trigeminal e podem alcançar o CPME até o quarto segmento cervical. As divisões mandibular, maxilar e oftálmica dispõem-se com arranjo dorsoventral, respectivamente. A representação sensitiva da face é organizada, tal qual lâminas concêntricas centradas na representação das regiões oral e nasal, situadas nas regiões mais centrais e rostrais do subnúcleo caudal do trato espinal do nervo trigêmeo. Existe uma intensa superposição das terminações centrais das divisões no complexo nuclear trigeminal. As fibras de grosso calibre do nervo trigêmeo, ao penetrarem na ponte, dividem-se em ramos com projeção rostral, que se destinam ao núcleo principal e mesencefálico, e em ramos com projeção caudal, destinados aos vários componentes do complexo trigeminal do trato descendente. Cerca de 50% dos aferentes primários das raízes trigeminais são representados pelas fibras C, que penetram no trato trigeminal descendente e alcançam a região caudal do núcleo do trato espinal e do CPME cervical rostral. As aferências viscerais veiculadas pelos nervos intermediário, vago e glossofaríngeo cursam pelo trato espinal do nervo trigêmeo e projetam-se na subdivisão caudal do complexo nuclear e no núcleo do trato solitário. Do núcleo caudal do complexo trigeminal, as fibras projetam-se no complexo ventrobasal contralateral do tálamo e nos núcleos intralaminares. As fibras do núcleo sensitivo principal projetam-se no complexo ventrobasal homo e contralateral do tálamo. Os neurônios do subnúcleo caudal exercem importância capital no processamento da dor facial, embora não originem fibras trigeminotalâmicas diretas, e influenciam a dor secundariamente, mediante projeções nos núcleos sensitivos principais. Os núcleos rostrais processam a dor da região oral e da região central da face. No subnúcleo caudal envolvido, as regiões da face são organizadas em "casca de cebola".

Na formação reticular mesencefálica há neurônios envolvidos com os mecanismos nociceptivos que reagem à estimulação nociceptiva e projeções reticulotalâmicas que exercem atividade inibitória nos núcleos do complexo ventrobasal talâmico. É possível que a via espinomesencefalotalâmica aumente a inibição tônica no complexo ventrobasal do tálamo. A área pontina parabraquial parece participar também de alguns aspectos do processamento nociceptivo, uma vez que recebe aferências da lâmina I da medula espinal e origina fibras que se projetam na amígdala e, provavelmente, no tálamo. Essa via parece participar dos aspectos emocionais relacionados à dor.

As estruturas que compõem o sistema límbico recebem aferências do núcleo ventral anterior, da formação reticular do tronco encefálico e de núcleos posteriores do tálamo. O hipotálamo recebe aferências da formação reticular mesencefálica, do núcleo ventral anterior do tálamo e do córtex frontal. Poucos neurônios da área sensitiva principal reagem à estimulação nociva. Na região posterior da área SII há neurônios multimodais que reagem à estimulação nociceptiva, apresentam grandes campos receptivos e são ativados por estímulos bilaterais. Nas áreas de associação fronto--orbitárias há neurônios multimodais que reagem aos estímulos nocivos e não nocivos. O núcleo centromediano origina projeções para o córtex cerebral via núcleos ventrolateral, ventromedial, ventral anterior e da linha média. Os núcleos da linha média projetam-se no córtex cerebral via núcleo dorsal anterior do tálamo.

O grupamento nuclear talâmico posterior projeta-se na área SII. A projeção dos núcleos da linha média no complexo ventrobasal do tálamo é inibitória. A dor aguda aumenta a atividade talâmica no núcleo caudado. Quando a dor é crônica, a hiperatividade desaparece. A tomografia por emissão de positrons revelou aumento do fluxo sanguíneo na região anterior do córtex, do cíngulo, nos córtices somatossensitivos primário e secundário, tálamo contralateral, ínsula, pré-frontal, núcleo lentiforme e cerebelo, após a aplicação de estímulos dolorosos.

A área motora primária projeta-se nos núcleos talâmicos específicos e inespecíficos. Há projeções oriundas dos córtices cerebrais sensitivo, motor e orbitário e giro temporal superior, com atividade excitatória ou inibitória na formação reticular do tronco encefálico e dos córtices sensitivo primário e motor principal no corno anterior e posterior da medula espinal, além de projeções do córtex orbitário nas lâminas profundas do CPME. Há também projeções oriundas dos córtices sensitivo, parietal, occipital e temporal nos núcleos do funículo posterior.

Diferentemente das vias relacionadas ao tato e à propriocepção, as projeções do trato espinotalâmico no córtex sensitivo primário são escassas. A maior parte das projeções corticais das vias espinotalâmicas ocorre no córtex insular posterior (insula granular, ~ 40%), no opérculo parietal medial (~ 30%) e nas regiões motoras do giro cingulado médio (~ 24%). A ínsula posterior conecta-se com o complexo suprageniculado posterior, núcleos ventral-póstero-inferiores e pulvinar medial-oral do tálamo, enquanto o opérculo parietal recebe a maior parte de suas projeções dos núcleos ventral póstero-inferiores. A ínsula posterior e a área opercular parietal são recipientes de informações provenientes do trato espinotalâmico e constituem unidade funcional que recebe cerca de 70% das projeções espinotalâmicas que alcançam o córtex cerebral. Não são, no entanto, exclusivas das vias nociceptivas. Estímulos táteis leves realizados no sentido oposto aos pelos, chamado de tato sensual, são veiculados por fibras C e projetam-se nessas áreas, do mesmo modo que as informações referentes ao prurido e à sensação da temperatura (frio) ambiental.

Aferentes viscerais chegam ao encéfalo por duas vias principais. A maior parte dos aferentes vagais apresenta corpos celulares nos gânglios vagais superiores (jugular) e inferiores (nodoso) e projeta-se ao núcleo do trato solitário, que, por sua vez, projeta-se em neurônios do tronco encefálico, do hipotálamo e do prosencéfalo límbico (amígdala e ínsula anterior). Cerca de 5% de suas fibras projetam-se diretamente em segmentos da medula espinal. A segunda via é composta de nervos espinais que inervam vísceras e projetam-se nas lâminas I, V e X do CPME, para onde também convergem estímulos exteroceptivos. No entanto, durante seu trajeto até o CPME, essas fibras fazem sinapse nos gânglios simpáticos para e pré-espinhais e influenciam o controle neurovegetativo das vísceras. Somente 5% das células dos gânglios das raízes sensitivas contêm oriundos das vísceras, achado que justifica a baixa localização espacial dessa modalidade sensitiva. Após a primeira sinapse, os neurônios projetam-se via trato espinotalâmico e via trato pós-sináptico das colunas posteriores (principalmente dos segmentos sacrais e torácicos médios) e projetam-se parcialmente ao córtex insular posterior após sinapses nos núcleos talâmicos.

Mecanismos de modulação da dor

A transferência das informações nociceptivas do CPME para as estruturas rostrais do SNC não é um processo passivo, no qual impulsos dolorosos são transmitidos livremente até atingirem o estágio de percepção. Ao contrário, seja no tecido periférico lesado, seja nas sinapses, a informação nociceptiva é constantemente modulada, podendo ser atenuada ou facilitada, de acordo com a atividade dos sistemas chamados "moduladores da dor". Um marco importante na conceituação da existência de sistemas moduladores específicos no CPME foi a apresentação da "teoria de comporta" (R. Melzack & Wall, 1965). De acordo com esses autores, a ativação das fibras de grosso calibre bloqueia a transferência das informações dos aferentes primários para os neurônios do CPME, assim como as influências hiperpolarizantes dos aferentes de calibre fino. Essa teoria, que se fundamenta no fato de diferentes modalidades e qualidades sensitivas interagirem entre si e modificarem mutuamente suas expressões, constituiu o modelo que abriu perspectivas terapêuticas para tratamento da dor.

A importância das influências suprassegmentares no processamento da dor na medula espinal foi demonstrada quando se verificou que os neurônios da lâmina V do CPME tornavam-se hipersensíveis à estimulação nociceptiva em animais descerebrados, o que indica que estruturas encefálicas, provavelmente da formação reticular do tronco encefálico, exercem atividades inibitórias segmentares. A evidenciação da importância dos sistemas neuronais rostrocaudais na contribuição da modulação da dor foi confirmada quando Reynolds, em 1969, demonstrou que a estimulação elétrica da substância cinzenta periaquedutal mesencefálica em animais deprimia a atividade dos neurônios das lâminas I e V do CPME e resultava em analgesia, sem comprometer outras modalidades sensitivas. A reprodução desses resultados, com a estimulação elétrica da mesma região e da substância cinzenta periventricular, contribuiu significativamente para despertar nos investigadores o interesse pela pesquisa dos mecanismos de supressão da dor.

Outros trabalhos ressaltaram a importância que os estímulos discriminativos veiculados pelo SNP exercem nos circuitos inibitórios nociceptivos da medula espinal. A demonstração da existência de receptores opioides na amígdala, no hipotálamo, no núcleo caudado, na substância cinzenta periaquedutal mesencefálica, no tálamo e na substância gelatinosa do CPME (cornos posteriores da medula espinal) e o fato de a injeção de morfina na substância cinzenta periaquedutal mesencefálica resultar em aumento da inibição do procedimento da informação nociceptiva devem-se à atividade de tratos inibitórios rostrocaudais e à ativação de sistemas neuronais e neuroquímicos comuns, que dão suporte ao conceito da existência de um sistema supressor da dor. Dentre os neuropeptídeos opioides destacam-se as encefalinas e, entre elas, a leucina e a metionina-encefalina, presentes naturalmente nos locais em que há receptores opioides, incluindo-se o estriado, a ponte, a amígdala, o hipotálamo, a substância cinzenta periaquedutal mesencefálica, o tegmento pontomesencefálico dorsolateral, a região ventromedial do bulbo rostral, o córtex insular, a medula espinal e os tecidos periféricos. Destaca-se também a β-endorfina produzida no hipotálamo na circulação sistêmica. Os receptores opioides μ (MOR) são importantes para a atividade analgésica da morfina no compartimento supraespinal e estão concentrados nas vizinhanças da substância cinzenta periaquedutal mesencefálica, no estriado, na habênula, no tálamo, no córtex cerebral e nas lâminas superficiais do CPME. Os receptores κ (KOR) estão presentes no hipotálamo, no claustro e na substância cinzenta periaquedutal mesencefálica. Os receptores δ (DOR) são escassos no encéfalo, mas estão presentes em elevada concentração nas lâminas superficiais do CPME. Aproximadamente 75% dos receptores opioides são encontrados nas regiões pré-sinápticas, principalmente das terminações centrais dos aferentes primários e os demais, pós-sinapticamente, nos neurônios do CPME. Na medula espinal, inibem as reações dos neurônios espinais diante dos efeitos dos neurotransmissores aferentes. Os receptores opioides inibem as correntes de Ca^{++} dependentes de voltagem, suprimem a liberação de neurotransmissores, inclusive do glutamato e da sP. Atuam também pós-sinapticamente hiperpolarizando os neurônios do CPME. O acionamento dos receptores opioides µ e δ resulta em hiperpolarização das terminações das fibras C, em decorrência da abertura dos canais de K^+ e da redução de sua excitabilidade e, em consequência, da liberação de neurotransmissores excitatórios. Essas diferenças quanto aos tipos e locais dos receptores de morfina parecem ter importância funcional. Os receptores MOR são os mais eficazes na supressão da dor. A eficácia dos receptores MOR reduz-se em animais deles desprovidos, o que sugere que seus agonistas devem liberar opioides endógenos que atuam nos receptores MOR.

A região tegmentar pontomesencefálica dorsolateral inclui todos os neurônios noradrenérgicos que se projetam no bulbo ventromedial rostral e na medula espinal. O núcleo do *loco cerúleo* e os grupamentos noradrenérgicos A5 e A7 são a sede mais importante de projeções noradrenérgicas para o CPME. O grupamento nuclear A7 conecta-se reciprocamente com o bulbo rostral ventromedial. A sP é liberada na região A7. Essa projeção induz efeito antinociceptivo, que é bloqueado com a administração intratecal de agonistas adrenérgicos α. O maior contingente de vias rostrocaudais oriundas da formação reticular origina-se do componente ventrolateral do núcleo da rafe. A projeção da substância cinzenta periaquedutal mesencefálica na medula espinal é muito escassa e ocorre especialmente via bulbo rostral ventromedial, de onde emergem neurônios que se projetam fundamentalmente nas lâminas I, II e V do CPME. A influência inibitória noradrenérgica na medula espinal é mediada pelos receptores adrenérgicos α2.

Vários neurônios modulam a dor no tronco encefálico. Na região rostromedial do bulbo há três classes de neurônios, aqueles que descarregam logo após a reação de retirada diante dos estímulos térmicos nocivos (neurônios ON), aqueles que deixam de ter atividade precedendo o reflexo de retirada (neurônios OFF) e aqueles que não sofrem alterações consistentes da atividade quando há evocação de reflexo de retirada (neurônios neutros). Os neurônios ON e OFF projetam-se nas lâminas I, II e V do CPME e são excitados com a estimulação elétrica da substância cinzenta periaquedutal mesencefálica. Os neurônios células OFF são ativados com a morfina e são mais relacionados à supressão da transmissão nociceptiva. Os neurônios ON, por sua vez, são inibidos com a administração de morfina por via sistêmica, ou na substância cinzenta periaquedutal mesencefálica, ou na região ventral e rostral do bulbo. Os neurônios ON, presentes na região rostral e ventral do bulbo, aumentam a atividade dos reflexos de retirada, ou seja, facilitam a transmissão nociceptiva no CPME. Há, também, o correspondente aos três tipos de neurônios na substância cinzenta periaquedutal mesencefálica e no tegmento dorsolateral pontomesencefálico, sugestivo de mecanismo de ação dos opioides ser semelhante nas três regiões. Os neurônios modulatórios do bulbo ventral e rostral, da substância cinzenta periaquedutal mesencefálica e do tegmento dorsolateral pontomesencefálico apresentam campos receptivos muito amplos e, praticamente, cobrem toda a superfície corpórea.

Há o sistema inibitório difuso que torna mais bem delineada a área da dor. Atua via mecanismo de inibição lateral, ou seja, de analgesia ou supressão de neurônios envolvidos na sensibilidade das áreas vizinhas àquelas em que a dor é percebida e aumenta a atividade dos neurônios nas áreas de dor. Foram identificados neurônios no núcleo reticular dorsal do bulbo, que recebem aferências de toda a medula espinal e inibem os neurônios do CPME.

Esses neurônios transmitem estímulos nociceptivos para várias regiões do tálamo, atuam como componente do sistema espinorreticulotalâmico e são a fonte mais importante do sistema de controle espinobulboespinal. Igualmente, parecem ser a fonte das fibras facilitatórias rostrocaudais, que apresentam contatos com axônios da lâmina I, que, por sua vez, projetam-se no núcleo reticular dorsal. Essa organização neuronal está envolvida no fenômeno de contrairritação, no qual um estímulo doloroso aplicado em uma região do corpo reduz a intensidade de um segundo estímulo doloroso aparecido em outra região do corpo. O sistema difuso parece ser bloqueado pela morfina e depende da atuação das estruturas supraespinais, entre elas, o núcleo magno da rafe e a região ventral do núcleo reticular paragigantocelular, assim como da integridade das vias rostrocaudais presentes no funículo dorsolateral homolateral da medula espinal. Parece permitir que neurônios multimodais reconheçam sinais nociceptivos e atenuem a atividade dos neurônios convergentes vizinhos aos ativados, melhorando, desse modo, o caráter discriminativo dos estímulos processados por essas unidades sensitivas. É esse o mecanismo da atenuação da dor pelo método da contrairritação.

As projeções rostrais das estruturas do tronco encefálico parecem relevantes para o processamento rostral da dor. Núcleos serotoninérgicos dorsais da rafe, sob a influência de vias encefalinérgicas, exercem atividade moduladora no núcleo *acumbens*, na amígdala e na habênula. As projeções dos núcleos pedunculopontino e reticular talâmico exercem atividade inibitória no complexo ventrobasal do tálamo. O efeito inibidor tônico na nocicepção parece ser influenciado por vários mecanismos. A modificação dos paradigmas comportamentais e da atividade do SNP altera a atividade dos neurônios do CPME. Frequentemente, os indivíduos não percebem imediatamente a dor gerada por traumatismos, enquanto, em outras situações, o estímulo nociceptivo é percebido com intensidade exagerada. Esses mecanismos de controle da nocicepção parecem atuar rapidamente, mesmo antes que haja percepção do estímulo nociceptivo.

Quando a dor torna-se crônica, o comportamento do indivíduo modifica-se e há alterações fisiológicas em vários órgãos. O sistema analgésico intrínseco, que atua como mecanismo regulador complexo, é ativado com a estimulação nociceptiva, e atenua a dor. Nos ratos e, provavelmente, em outras espécies animais, esse sistema inibe neurônios polimodais presentes nas lâminas superficiais do CPME e no subnúcleo do trato espinal do nervo trigêmeo. É ativado por estímulos álgicos aplicados em qualquer região do corpo, mesmo distante do campo de distribuição do neurônio nociceptivo. Parece que estímulos não nociceptivos não são atuantes. A inibição resultante de sua ativação perdura durante vários minutos. A estimulação nociceptiva intensa resulta em elevação dos níveis basais de 5-HT, Nadr e encefalinas no líquido cefalorraquidiano e de encefalinas no CPME. Os neurônios da substância cinzenta periaquedutal mesencefálica e da formação reticular bulbar ventromedial são ativados por estímulos nocivos e pelo despertar, o que sugere que a atenção e o alerta estejam envolvidos em sua atividade. O estímulo nocivo é um dos mais eficazes na indução da analgesia, talvez por acionar de modo marcante o sistema supressor. Em seres humanos e em animais, parece atuar na supressão da dor de longa duração, mas não na dor aguda. Essa observação sugere que a duração da dor e o estresse sejam elementos importantes na ativação dos sistemas moduladores. No mecanismo de ativação do sistema supressor interagem fatores ambientais complexos de atenção e de condicionamento (Figura 2).

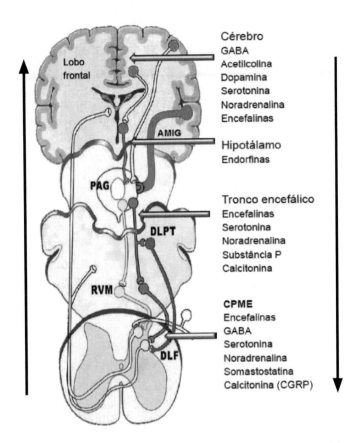

Figura 2: *Sistema modulador de dor. Representação artística da medula espinal, da formação reticular do tronco encefálico e das estruturas corticais e subcorticais envolvidas na modulação da dor. Os tratos discriminativos neoespinotalâmico e espinomesencefálico ativam unidades neuronais na formação reticular do tronco encefálico, do tálamo, do córtex cerebral e do hipotálamo, que, por sua vez, originam sistemas de fibras segmentares e rostrocaudais que inibem as unidades nociceptivas em várias regiões do sistema nervoso central. O hipotálamo também libera, na articulação sistêmica β, endorfina, que exerce atividade supressora nas terminações nervosas teciduais. Fonte: elaboração própria.*

DLF: funículo dorsolateral; CPME: corno posterior da medula espinal; RVM: bulbo rostral ventromedial; AMIG: amígdala; PAG: substância cinzenta periaquedutal mesencefálica; GABA: ácido gama-aminobutírico; DLPT: tegmento pontino dorsolateral. Linha descendente: sistema modulatório rostrocaudal de dor. Linha ascendente: aferências nociceptivas.

Podemos concluir, portanto, que as unidades neuronais, os canais sensitivos e os neurotransmissores envolvidos no mecanismo de supressão e de ativação das vias nociceptivas atuam conjugadamente. Assim, a ativação dos receptores de morfina ou de glutamato do tronco encefálico e a estimulação elétrica do tálamo, do hipotálamo lateral, da substância cinzenta periaquedutal mesencefálica e da formação reticular ventromedial do bulbo podem bloquear as unidades nociceptivas espinais, por meio de excitação das vias bulboespinais inibitórias. As vias rostrocaudais podem inibir os circuitos nocicepivos diretamente ou ativar vias segmentares que liberam neurotransmissores inibitórios. A sP e o glutamato parecem liberar encefalinas nas terminações nervosas do CPME. A supressão do mecanismo de modulação resulta em aumento aparente da intensidade do estímulo, tal como ocorre em situações em que há bloqueio da ação do GABA, da glicina ou após a administração da estricnina ou da bicuculina. Essas observações sugerem que existe atividade tônica inibitória intensa, ativada pelos estímulos aferentes de várias intensidades.

Síndromes dolorosas

A avaliação do doente com dor inclui a anamnese e o exame físico direcionado à identificação das principais síndromes dolorosas, assim como as particularidades e os fatores (emocionais, psicossociais, culturais) que interferem em sua expressão.

As síndromes dolorosas apresentam mecanismos fisiopatológicos específicos. O tratamento da dor fundamenta-se no tratamento e na eliminação, quando possível, de suas causas, em uso de medidas sintomáticas, fármacos, reabilitação, psicoterapia, procedimentos de medicina física, anestésicos e neurocirúrgicos funcionais adequados aos mecanismos de geração dos sintomas e da prevenção de sua recorrência. As diferentes síndromes dolorosas pode agrupar-se em três grandes grupos, de acordo com seus mecanismos e bases fisiopatológicas.

Dor nociceptiva

Ao ocorrer inflamação ou estímulo nociceptivo (calor, frio, inflamação, isquemia, estímulos mecânicos), os receptores nociceptivos modificam-se lentamente, gerando dor prolongada em decorrência da alteração da estrutura subcelular e da funcionalidade do SNP e do SNC e da liberação de substâncias algiogênicas nos tecidos e de neurotransmissores excitatórios no SNC. A sensibilização dos neurônios periféricos gera hiperalgesia e alodínea primárias e a termomecânica dos neurônios centrais, hiperalgesia e alodínea mecânica secundária. As anormalidades neuroplásticas segmentares e suprassegmentares, as anormalidades comportamentais psíquicas primárias ou secundárias e a adoção de comportamentos anormais pelo reforço da condição de mal-estar contribuem para sua cronificação.

Dor neuropática

Dor neuropática é aquela iniciada ou causada por doença ou lesão do sistema somatossensitivo no SNP ou no SNC. É espontânea e referida nos locais nos quais são observadas alterações da sensibilidade e, geralmente, de outras funções neurológicas. Pode, entretanto, ocorrer em situações em que anormalidades neurológicas não são evidenciadas. Lesões nervosas semelhantes geram sinais e sintomas diferentes (alodíneas térmica e mecânica, hiperalgesia etc.), ao passo que lesões diferentes podem causar sinais e sintomas semelhantes, ou seja, não há relação linear entre o tipo de lesão nervosa (etiologia) e o mecanismo implicado na geração de sinais e sintomas. A seguir estão alguns exemplos de síndromes clínicas nas quais as dores neuropáticas podem ocorrer.

Neuropatias periféricas

Ao ocorrer traumatismo de estruturas do SNP, os nociceptores modificam-se lentamente, gerando dor prolongada em decorrência da alteração de sua estrutura anatômica e funcional e da liberação de substâncias algiogênicas nos tecidos e de anormalidades secundárias no SNC. Se houver lesão axonial, potenciais ectópicos podem surgir ao longo das fibras dos troncos das raízes nervosas ou dos gânglios sensitivos das fibras nociceptivas A-d e C ou nos correspondentes dos aferentes A-β quando há sensibilização central. Na presença de lesão de estruturas do SNP, os neutrófilos atraem monócitos que se diferenciam em macrófagos, e as células de Schwann reagem, fagocitando os resíduos da lesão celular e regenerando a bainha de mielina ao redor dos axônios lesados, além de sintetizar citocinas pró-inflamatórias, inclusive fatores de crescimento nervoso envolvidos na regeneração nervosa, TNF, IL-1 e IL-6, que geram hipersensibilidade e atividade neural espontânea. Há aumento do RNA-mensageiro envolvido na síntese do FCN ao longo do segmento nervoso distal e nos tecidos periféricos comprometidos. O FCN aumenta a síntese, o transporte axonal e o conteúdo neuronal de neuropeptídeos algésicos como a sP nas terminações nervosas periféricas e centrais, além de liberar autocoides. Em condições de desaferentação parcial, sensibiliza as fibras C aos estímulos térmicos, causa hiperalgesia térmica e prolonga os potenciais de ação nas fibras aferentes. O fator básico de crescimento de fibroblastos estimula a mitogênese e atua como fator neurotrófico na regeneração dos neurônios. O TGF-b, induzido pela axonotomia, inibe a ativação macrofágica e a proliferação das células T, contrastando com os efeitos pró-inflamatórios da IL-6 e do óxido nítrico (NO) produzido pelos macrófagos. A produção de IL-1 secretada no plasma, no fluido intersticial e no encéfalo encontra-se aumentada em casos de traumatismo de nervos periféricos e do SNC (ativação de micróglia, astrócitos). A IL-1β induz a produção de sP, causa hiperalgesia e exerce efeito antinociceptivo potente nos tecidos inflamados, mas não nos não inflamados, talvez porque estimule a liberação dos peptídeos opioides das células imunitárias e aumente os receptores opioides transportados pelos axônios. Em baixas concentrações, inibe a potencialização em longo prazo da atividade nervosa e, em concentrações elevadas, causa liberação de NO e de ácido araquidônico, que aumenta a atividade neuronal prolongada. O IFN-d é envolvido na hiperalgesia pós-traumática. A IL-6 é sintetizada por monócitos, células endoteliais, fibroblastos, micróglia, astrócitos e células de Schwann como reação a IL-1 e ao TNF e, ao ativar os astrócitos, geram alodínea, que se segue à lesão de nervos periféricos. A IL-10 suprime a atividade macrofágica, a adesão celular e a síntese de algumas citocinas (IL-1-β, IL-6, IL-8, fator de necrose tumoral α/a), além de limitar a hiperalgesia inflamatória. A lesão dos nervos periféricos gera modificações anatômicas nos núcleos dos neurônios dos gânglios sensitivos. A síntese de proteínas responsáveis pela constituição dos canais iônicos e receptores, que ocorre nos corpos celulares das raízes sensitivas, resulta em atividade neuronal aumentada e constitui fonte adicional de potenciais anormais que se somam àqueles produzidos pelos neuromas.

Imediatamente após a lesão de nervos periféricos ocorre a expressão dos genes imediatos c-fos, Krox-24, c-jun, jun-B, fosB e MGS-1/A, MGF-1 e SRF em várias estruturas do SNC envolvidas no processamento nociceptivo e no fenômeno do *wind-up* e de outros mecanismos que acarretam hiperexcitabilidade central, incluindo-se a medula espinal, a substância cinzenta periquedutal mesencefálica, os núcleos parabraquiais e o tálamo. Ocorre modificação da anatomia e da fisiologia das projeções centrais dos aferentes primários, o que resulta na desorganização sináptica central, inclusive o aumento do número dos receptores e das dimensões das sinapses das fibras nervosas remanescentes, após ocorrência de traumatismos de fibras nervosas periféricas.

Em animais, ocorre proliferação das terminações axonais nas regiões desaferentadas. sP e CGRP nos gânglios sensitivos, reduz a concentração de sP e de somatostatina nas terminações nervosas da medula espinal e resulta em aumento das fibras aminérgicas e serotoninérgicas e da expressão c-fos na medula espinal, ou seja, de pró-oncogenes envolvidos nas reações prolongadas dos neurônios da medula espinal aos estímulos nociceptivos em animais de experimentação. O peptídeo vaso ativo intestinal (PIV) eleva-se nos gânglios das raízes sensitivas correspondentes nas regiões da medula espinal, nas quais outros neuropeptídeos são depletados em casos de neuropatias periféricas, e participa da reorganização do sistema nervoso. As alterações na expressão genética, e não apenas da atividade de neuropeptídeos, gera hiperalgesia prolongada à estimulação térmica. Após a rizotomia, há redução na concentração de sP nas lâminas I, II e V do CPME, que, por sua vez, retorna aos níveis pregressos em cerca de quatro semanas, fenômeno devido, provavelmente, à ocorrência de sP em interneurônios ou ao brotamento das fibras nervosas residuais. Ocorre também redução, seguida de elevação, do PIV no CPME. Em casos de gangliectomia, a atividade da colecistocinina e da sP recupera-se, embora o mesmo não seja observado em relação à somatostatina. A rizotomia reduz a concentração de receptores opioides nas lâminas II e III.

Ocorre hipoatividade das unidades inibitórias segmentares e das fibras rostrocaudais contendo monoaminas em casos de dor neuropática periférica, fenômeno que contribui para a hiperatividade neuronal. A desinibição das vias nociceptivas, a excitação e a supressão do mecanismo de modulação resultam no aumento da intensidade do estímulo. O resultado da atuação desse sistema é a interpretação do estímulo ser ou não nociceptivo. A alodínea cede com a interrupção das aferências dolorosas, enquanto a hiperalgesia pode ser evocada quando as aferências sensitivas calibrosas são interrompidas, o que demonstra o papel inibitório mediado pelo GABA e pela glicina, liberados pela ativação das fibras de grosso calibre. Ocorre, tardiamente, hiperatividade neuronal talâmica contralateral à lesão das raízes nervosas e aumento do campo receptivo dos neurônios dos núcleos dos tratos dos funículos posteriores e do tálamo. Em casos de neuropatia, há redução do fluxo sanguíneo no tálamo contralateral e ativação do giro do cíngulo direito, o que sugere que o cíngulo processe a dor neuropática.

Parece haver uma diferença genética entre indivíduos que determina maior ou menor excitabilidade dos receptores e ocorrência de maior ou menor frequência de dor em casos de neuropatia periférica.

Dor decorrente da amputação

O fenômeno fantasma é habitualmente observado em casos de amputação de membros, mama, reto, nariz, genitais externos e ânus, avulsões ou neuropatias plexulares e secção transversa da medula espinal. O esquema corporal é condicionado geneticamente e se desenvolve no córtex cerebral, como resultado de estímulos periféricos de diferentes modalidades. Esse esquema não se altera com a amputação, que dá lugar ao fenômeno fantasma. A dor fantasma, por sua vez, caracteriza-se pela incorporação da sensação dolorosa à imagem do membro fantasma. A ocorrência de manifestações neurovegetativas, o agravamento da dor em situações de hiperatividade visceral, a formação de neuromas, de abscessos ou de tecido cicatricial, ou no caso de se aplicar irritação mecânica, química ou elétrica no coto de amputação, assim como a melhora observada em alguns casos, após bloqueios anestésicos, indicam haver alguma participação de mecanismos periféricos em sua gênese. A possibilidade de a dor ocorrer indefinidamente, de zonas de gatilho se dispersarem para regiões sadias do corpo, bem como o fato de ser abolida após a apresentação de estímulos discriminativos, sugere haver marcante participação do SNC em sua gênese. Incluem-se anormalidades dos mecanismos supressores e sensibilizadores do SNC, geradoras de hiperatividade dos circuitos neurais autoexcitatórios reverberantes no CPME, conduzida ao encéfalo. A hipoatividade do sistema supressor de dor parece também contribuir para a ocorrência de dor no órgão fantasma. A ausência de estímulos sensitivos oriundos do órgão amputado reduziria a inibição tônica e possibilitaria a ocorrência de atividade nociceptiva autoalimentadora. A dor prolongada seria consequência da persistência da atividade neuronal aberrante segmentar, do recrutamento de unidades neuronais adjacentes e da ocorrência de numerosos focos de anormalidade neuronal no SNC. Esses fenômenos segmentares sofrem influência das estruturas encefálicas, justificando a modificação da expressão da síndrome álgica diante de mudanças no estado emocional dos doentes. As teorias psicogênicas baseiam-se no fato de que os conflitos, gerados pela mutilação e pela incapacidade, são mais evidentes em doentes que apresentam ansiedade e dificuldade no ajustamento social. Os doentes com dor fantasma não aceitariam a mutilação e apresentariam alucinações que se manifestariam como sensação da presença do membro. A dor seria um sonho e o desejo da preservação da integridade anatômica do corpo expressados de modo distorcido. A dor no corte da amputação é decorrente de mecanismos semelhantes àqueles decorrentes de lesões do SNP.

Síndrome complexa de dor regional (SCDR)

É constituída pela dor associada a manifestações neurovegetativas. As alterações circulatórias e nutricionais na região acometida pela SCDR, que resultam da excitação das unidades neuronais responsáveis pela inervação de locais remotos do território de distribuição dos nervos lesados, a sensibilização dos nociceptores pela hiperatividade do SNNVS e o tratamento de colaterais dos neurônios do SNNVS, a partir das estruturas perivasculares, têm como resultado vários fenômenos. Vasoespasmo, isquemia, ativação dos mecanoceptores, aumento da densidade dos receptores adrenérgicos a nos nociceptores periféricos, comprometimento da modulação dos receptores opioides nos gânglios do SNNVS, instalação de processo inflamatório tecidual secundário à peroxidação de radicais livres, aumento da perfusão e da permeabilidade vascular e acúmulo de macromoléculas no ambiente tecidual, produtos da inflamação neurogênica, organização de correntes efáticas entre as fibras simpáticas eferentes e sensitivas aferentes, atividade neuronal ectópica, intensificação da atividade dos neurônios internunciais, sensitivas do SNNVS simpático na medula espinal e modificações transsinápticas centrais. A atividade aferente decorrente do traumatismo sensibiliza e torna mais efetivas as sinapses entre os mecanoceptores de limiar baixo e os neurônios multimodais da lâmina V do CPME, o que leva à instalação da dor, da alodínea e da liberação de sP e de outros neuropeptídeos na medula espinal, que desencadeiam anormalidades motoras (tremor, distamia, dificuldade para iniciação dos movimentos) e neurovegetativas simpáticas. O processamento distorcido das informações na medula espinal desregula a função neurovegetativa do membro afetado e compromete o mecanismo de alternância da atividade vasomotora cutâneo-muscular nos locais acometidos pela SCDR. A hipofunção dos neurônios inibitórios do CPME e da formação reticular do tronco encefálico propiciaria a geração de circuitos neuronais autoalimentadores. A alteração da fisiologia do sistema límbico causa hiperatividade a-adrenérgica que, por sua vez, resulta em intensificação da dor nos momentos de tensão emocional.

Dor central

É a "dor" causada por lesão ou disfunção no SNC. Ocorrem em casos de lesões do encéfalo, da medula espinal, da avulsão de raízes nervosas e de determinadas crises epilépticas. Decorre da desorganização da integração funcional das unidades neuronais sensitivas. Resulta do comprometimento anatômico ou funcional dos tratos ou núcleos das unidades sensitivas no SNC, o que resulta no comprometimento da interação entre as terminações nervosas, os corpos celulares, as relações sinápticas, os receptores e os neurotransmissores que veiculam, integram ou suprimem a informação nociceptiva.

Dor nos casos de lesão encefálica

A dor central encefálica resulta da desorganização do mecanismo de integração funcional das unidades neuronais sensitivas. O desarranjo fundamental na percepção, na desintegração e no alentecimento da condução da informação nociceptiva nas estruturas infrassegmentares do SNC daria lugar à ocorrência de sensações desagradáveis, de disestesias e de atividade anormal no tálamo ventral posterior, que poderiam constituir o evento primário ou o reflexo de eventos ocorridos em outras regiões do SNC, incluindo-se o tronco encefálico, os núcleos talâmicos e o córtex cerebral. Isso significa que a desaferentação das unidades discriminativas, e, portanto, supressoras da dor, causa hipersensibilidade neuronal nas unidades nociceptivas. A lesão das unidades discriminativas neoespinotalâmicas resulta na liberação da atividade não discriminativa espinorreticulotalâmica e palioespinotalâmica. A lesão do SNC priva regiões do encéfalo de suas aferências, o que compromete o padrão da atividade neuronal responsável pela percepção sensitiva e pelo esquema corporal. Altera os mecanismos excitatórios (glutamato) ou inibitórios (encefalinas, GABA), mesmo à distância da lesão original, a densidade e a distribuição dos receptores excitatórios (NMDA) das membranas neuronais, as relações sinápticas interneuronais, assim como a produção de neurotransmissores excitatórios e inibitórios. Ocorre também entre a atividade excitatória glutamatérgica nos núcleos ventrais posteriores do tálamo somatossensitivo e as unidades gabaérgicas intratalâmicas e corticotalâmicas. Os núcleos reticulares gabaérgicos que inibem os núcleos ventrais posteriores do tálamo e tornam-se menos ativos em casos de dor central encefálica (DCE). Podem liberar a atividade do circuito reverberante corticotalâmico e a desregulação da atividade das unidades espinotalamocorticais, que modulam a atividade das vias rostrocaudais e caudorrostrais supressoras presentes no tronco encefálico e relacionam-se à ocorrência da DCE. A ativação microglial também gera anormalidades talâmicas que há lesão DCE.

Dor decorrente de avulsão das raízes nervosas

A dor resultante da avulsão de plexos nervosos é central e produto da hiperatividade neuronal segmentar em consequência da desaferentação. O queimor constante resulta das descargas neuronais de baixa amplitude e os paroxismos, de surtos de atividade de frequência elevada. A lesão associada dos tratos espinotalâmico, espinorreticular e de Lissauer contribui para a geração da dor nessa eventualidade. O campo receptivo dos neurônios do CPME amplia-se em grau menor que, após rizotomia, há da b-encefalina e da sP nas terminações das diferentes primárias nas lâminas I e II, e da somatostatina na lâmina II, fenômeno que se acentua na semana subsequente à lesão, concomitantemente ao desaparecimento quase completo da sP na lâmina V. Após dezesseis semanas, ocorre discreta elevação na concentração de somatostatina na lâmina II e da sP nas lâminas I e V, mas não das encefalinas nas lâminas I, II e V do CPME.

Dor mielopática

A dor em doentes com afecções da medula espinal pode ser somática, não visceral (musculoesquelética), somática visceral, neuropática ou psicogênica. A dor neuropática central decorre do comprometimento anatômico e funcional dos tratos sensitivos curtos (trato de Lissauer, neurônios da substância cinzenta da medula espinal) e longos na medula espinal. Sensibilização dos neurônios nociceptivos no SNC, modificação na morfologia das sinapses, instabilidade das membranas neuronais, reorganização sináptica, expansão dos campos receptivos dos neurônios sensitivos e hipofunção dos mecanismos supressores de dor resultam em hiperatividade dos neurônios do CPME e dos neurônios suprassegmentares, que processam a nocicepção e tornam os estímulos nociceptivos mais intensos e prolongados, o que justifica a instalação da dor, da alodínea e da hiperpatia nos doentes com mielopatia. Para a ocorrência da dor distal ou da dor fantasma, concorrem mecanismos encefálicos e, para a dor segmentar, a lesão do trato de Lissauer, com a consequente desaferentação dos neurônios dos segmentos rostrais àqueles nos quais se localiza a lesão medular.

Síndromes dolorosas disfuncionais

Engloba grande quantidade de síndromes dolorosas que se caracterizam pela ausência de lesão tecidual que as justifiquem. Acredita-se que os principais mecanismos de sua ocorrência sejam a disfunção dos sistemas moduladores da dor e a sensibilização central. São exemplos dessas síndromes as cefaleias primárias (migrânea), cefaleia do tipo tensão, a fibromialgia e as síndromes do intestino irritável, da bexiga irritável, da ardência bucal etc.

Conclusão

A dor pode ser fisiológica, aguda ou crônica, nociceptiva, neuropática ou desmodulatória. Vários mecanismos estão envolvidos na ativação, na sensibilização e na modulação das estruturas nociceptivas. Traumatismos físicos e químicos ambientais ativam e sensibilizam os nociceptores nos tecidos, o que leva à liberação tecidual de neurotransmissores excitatórios, que sensibilizam e ativam as vias nociceptivas no SNC e no SNP, inclusive as relacionadas às unidades envolvidas nos mecanismos sensitivo-discriminativos, afetivo-motivacionais e cognitivo-avaliativos da sensibilidade. Isso significa que as vias nociceptivas influenciam o alerta, a memória, as ideias, as crenças, o contexto do meio interno, o afeto e o humor, que, integradamente, geram a percepção da dor. No SNP e no SNC há mecanismos que modulam positiva ou negativamente a dor. A modulação supressora depende da liberação de neurotransmissores inibitórios diante da apresentação de estímulos discriminativos. Do balanço entre a atividade das unidades excitatórias e supressoras depende ocorrer ou não da dor. Incluem as estruturas corticais, do tronco encefálico e da medula espinal que, constantemente, inibem, facilitam e criam contraste espacial, para que as informações nociceptivas sejam percebidas de acordo com o contexto comportamental do indivíduo.

Referências

Albe-Fessard, D., Nashold, B. S., Lombard, M. C., Yamaguchi, Y., & Boureau, F. (1979). Rat after dorsal rhizotomy, a possible animal model for chronic pain. In J. J. Bonica, J. D. Liebeskind, & D. G. Albe-Fessard. *Advances in pain research and therapy* (vol. 3, pp. 761-766). New York: Raven Press.

Andersen, P., & Eccles, J. C. (1962). Inhibitory phasing of neuronal discharge. *Nature, 196*, 645-647.

Apkarian, A. V., Stevens, R. T., & Hodge, C. J. (1985). Funicular location of ascending axons of lamina I cells in the cat spinal cord. *Brain Research, 334*, 160-164.

Basbaum, A. I. (1974). Effects of central lesions on disorders produced by multiple dorsal rhizotomy in rats. *Experimental Neurology, 42*, 490-501.

Basbaum, A. I., & Fields, H. L. (1978). Endogenous pain control mechanisms: review and hypothesis. *Annals of Neurology, 4*, 451-462.

Besson, J. M., & Oliveras, J. L. (1980). Analgesia induced by electrical stimulation of the brain stem in animals: involvement of serotoninergic mechanisms. *Acta Neurochirurgica (Wien), 30*(Suplemento), 201-217.

Besson, P., & Perl, E. R. (1969). Responses of cutaneous sensory units with unmyelinated fibers to noxious stimuli. *Journal of Neurophysiology, 39*, 1025-1043.

Bowsher, D. (1976). Role of the reticular formation in response to noxious stimulation. *Pain, 2*, 361-378.

Cervero, F., & Iggo, A. (1980). The substantia gelationosa of the spinal cord: a critical review. *Brain, 103*, 717-772.

Cesaro, P., Mann, M. W., & Moretti, J. L. (1991). Central pain and thalamic hyperactivity: a single photon emission computerized tomographic study. *Pain, 47*, 329-336.

Cook, A. J., Woolf, C. J., Wall, P. D., & McMahon, S. B. (1987). Dynamic receptive field plasticity in rat spinal cord dorsal horn following C-primary afferent input. *Nature, 325*(7000), 151-153.

Coull, J. A., Boudreau, D., Bachand, K., Prescott, S. A., Nault, F., Sík, A., De Koninck, P., & De Koninck, Y. (2003). Trans-synaptic shift in anion gradient in spinal lamina I neurons as a mechanism of neuropathic pain. *Nature, 424*(6951), 938-942.

Coull, J. A., Beggs, S., Boudreau, D., Boivin, D., Tsuda, M., Inoue, K., Gravel, C., Salter, M. W., & De Koninck, Y. (2005). BDNF From microglia causes the shift in neuronal anion gradient underlying neuropathic pain. *Nature, 438*(7070), 1017-1021.

Craig, A. D. (1991). Supraspinal pathways and mechanisms relevant to central pain. In K. L. Casey. *Pain and central nervous disease: the central pain syndromes* (pp. 157-170). New York: Raven Press.

Déjerine, J., & Roussy, G. (1906). Le syndrome thalamique. *Revue Neurologique* (Paris), *14*, 521-532.

Denny-Brown, D., & Yanagisawa, N. (1989). The function of thees. In P. D. Wall & R. Melzack. *Textbook of pain* (pp. 63-81). Edinburgh: Churchill Livingstone.

Denny-Brown, D., Kirk, E. J., & Yanagisawa, N. (1973). The tract of Lissauer in relation to sensory transmission in the dorsal horn of spinal cord in the macaque monkey. *Journal of Comparative Neurologyi, 151*(2), 175-200.

Dickenson, A. H. (1986). A new approach to pain relief ? *Nature, 320,* 681-682.

Dickenson, A. H. (1990). A cure for wind-up: NMDA receptor antagonists as potential analgesic. *Trends in Pharmacological Sciences,11,* 307-309.

Fields, H. L. (1984). Neurophysiology of pain and pain modulation. *The American Journal of Medicine, 10,* 54-68.

Fields, H. L., & Basbaum, A. I. (1999). Central nervous system mechanisms of pain modulation. In P. D. Wall & R. Melzack. *Textbook of pain* (pp. 309-329). Edinburgh: Churchill Livingstone.

Foix, C., Chavany, J. A., & Bascourret, R. (1925). Syndrome thalamique avec troubles végétatifs. *Revue Neurologique* (Paris), *32,* 124-128.

Hodge, C. J., Jr., Apakrian, A. V., Owen, M. P., & Hanson, B. S. (1983). Changes in the effects of stimulation of locus coeruleus and nucleus raphe magnus following dorsal rhizotomy. *Brain Research, 288,* 325-329.

Hughes, J., & Kosterlitz, H. W. (1977). Opioid peptides. *British Medical Bulletin, 33,* 157-161.

Hughes, J., Smith, T. W., Kosterlitz, H. W., Fothergill, L. A., Morgan, B. A., & Morris, H. R. (1975). Identification of two related pentapeptides from the brain with potent agonist activity. *Nature, 258*(5536), 577-580.

Leriche, R. (1916). De la causalgie, envisagée comme une névrite du sympathique et son traitement par la dénudation et excision des plexus nerveux péri-arteriels. *La Presse Medicale*, 24, 178-180.

Lhermittre, J. (1925). Les syndromes thalamiques dissociés; les formes analgiques et hémialgiques. *Annals of Medicine* (Paris), *17*, 488.

Melzack, M., & Wall, P. D. (1962). On the nature of cutaneous sensory mechanisms. *Brain*, 85, 331-356.

Melzack, R., & Wall, P. D. (1965). Pain mechanisms: a new theory. *Science*, 150, 971-979.

Nathan, P. W. (1947). On the pathogenesis of causalgia in peripheral nerve injuries. *Brain*, 70, 145-170.

Nathan, P. W. (1977). Pain. *British Medical Bulletin*, 33, 149-156.

Noordenbos, W. (1960). Einige theorestische Berkungen üeber den zentralen Schmerz. *Acta Neurochirurgica (Wien)*, 8, 113.

Pimenta, C. A. M., & Teixeira, M. J. (1997). Avaliação da dor. *Rev Med*, 76, 27-35.

Simons, D. G. (1981). Myofascial trigger points, a possible explanation. *Pain*, 10, 106-109.

Sindou, M. (1972). Étude de la jonction radiculo-medullaire posterienre. La radicuolotomie posterieure sélective dans la chirurgie de la douleur. Tese. *Travail de l'Hospital Neurologique et de l'Unité de Recherchers de Physiopathologie du Systéme Nerveux*, Lyon, França.

Sindou, M., & Keravel, Y. (1976). La thermocoagulation percutanée du trijumeau. Nouveau traitement neurochirurgical de la nevralgie faciale essentialle. *La Nouvelle Presse Médicale, 5,* 1583-1584.

Teixeira, M. J. (1984). *A rizotomia percutânea por radiofrequência e a descompressão vascular do nervo trigêmeo no tratamento das algias faciais.* Dissertação de mestrado, Faculdade de Medicina da Universidade de São Paulo, São Paulo, SP, Brasil. 425 p.

Teixeira, M. J. (1988). Tratamento neurocirúrgico da dor. In A. A. Raia & E. J. Zerbini (Eds.). *Clínica Cirúrgica Alípio Correa Netto* (vol. 2, pp. 541-572). São Paulo: Sarvier.

Teixeira, M. J. (1989). Dor crônica. In R. Nitrini (Ed.). *Condutas em neurologia (1989-1990)* (pp. 143-148). São Paulo: Clínica Neurológica.

Teixeira, M. J. (1990). *A lesão do trato de Lissauer e do corno posterior da substância cinzenta da medula espinal e a estimulação elétrica do sistema nervoso central para o tratamento da dor por desaferentação.* Tese de doutorado, Faculdade de Medicina da Universidade de São Paulo, São Paulo, SP, Brasil. 256 p.

Teixeira, M. J. (1994). Fisiologia. In M. J. Teixeira, C. F. Correa, & C. A. M. Pimenta (Eds.). *Dor: conceitos gerais.* São Paulo: Limay.

Teixeira, M. J. (1997a). Fisiopatologia da dor. *Rev Med, 76,* 7-20.

Teixeira, M. J. (1997b). Protocolo de avaliação. *Rev Med, 76,* 35-45.

Teixeira, M. J. (1997c). Controvérsias no uso de morfínicos no tratamento da dor não-oncológica. In C. F. C. Correa, M. J. Teixeira, M. K. Shibata, & C. A. M. Pimenta (Eds.). *Anais do III Simbidor – Simpósio Internacional de Dor* (pp. 2-9), São Paulo, SP, Brasil.

Teixeira, M. J., & Pimenta, C. A. M. (1994). Epidemiologia da dor. In M. J. Teixeira (Ed.). *Dor: conceitos gerais* (pp. 57-61). São Paulo: Limay.

Teixeira, M. J., Pimenta, C. A., Lin, T. Y., & Figueiró, J. A. B. (1998). Assistência ao doente com dor. *Revista Médicus* (HC-FMUSP), *1*, 104-109.

Wall, P. D., & Gutnick, M. (1974). Properties of afferent nerve impulses originating from a neuroma. *Nature, 248,* 740-743.

Woolf, C. J., Shortland, P., & Coggeshall, R. E. (1992). Peripheral nerve injury triggers central sprouting of myelinated afferents. *Nature, 355*(6355), 75-78.

20. Síndrome fibromiálgica (SFM)

Helena Hideko Seguchi Kaziyama

Introdução

É caracterizada por dor musculoesquelética *generalizada e crônica* associada à fadiga, rigidez matinal, alterações de sono e de humor e presença de pontos dolorosos denominados *tender points*. É prevalente e estimada em cerca de 2% a 4% da população adulta em geral, predominantemente mulheres (de 7 a 9 mulheres para cada homem). Os sintomas de SFM podem ser desencadeados ou exacerbados por uma grande variedade de estressores biológicos ou psicossociais, como infecções, insatisfações pessoais, doenças autoimunes, traumatismos físicos e anormalidades psicológicas, que, entre outros, contribuem para a percepção e o agravamento da dor. A SFM é uma desordem persistente e altamente incapacitante com impacto negativo em termos de qualidade de vida, capacidade para o trabalho, atividades da vida diária, além de relações interpessoais e familiares.

Sua etiologia ainda não está totalmente esclarecida. Estudos recentes evidenciam que os sintomas da SFM são de origem neurogênica. O estudo da ressonância magnética funcional demonstrou que em doentes com SFM, a menor pressão no leito ungueal do polegar ativava a área sensitiva do cérebro em comparação aos pacientes controle normais, demonstrando que ocorre resposta anormal ao estímulo doloroso pelo sistema nervoso central.

A SFM é caracterizada principalmente pela alodínea (resposta dolorosa a estímulo normalmente inócuo), pela hiperalgesia (reação dolorosa extrema ao estímulo que normalmente é doloroso) e por dor persistente com área de dor referida aumentada. Os doentes com SFM apresentam alteração na percepção devido ao processamento central anormal da dor. Entretanto, não há evidência suficiente para considerar uma base fisiopatológica para o processamento anormal da dor, considerando-se a percepção aumentada da dor em vários estudos desenvolvidos em SFM. Várias anormalidades periféricas (como pele e músculos) são descritas na SFM. Nenhuma dessas alterações é específica da SFM, embora a maioria possa ser responsável por ou estar relacionada aos estímulos nociceptivos repetitivos, que podem disparar o fenômeno denominado neuroplasticidade, além de poderem estar envolvidos na manutenção das alterações do sistema nervoso central. Portanto, além dessas anormalidades funcionais estruturais e funcionais periféricas não específicas, desordens na sensibilização periférica não detectadas ou aberrações na transmissão nervosa periférica podem ser consideradas mecanismos.

Há inúmeros fatores que condicionam o início e a manutenção da SFM. Entre eles, a genética e os aspectos ambientais são cruciais. Muitas evidências sugerem a predisposição genética em SFM. Parentes de primeiro grau de doentes com SFM têm risco oito vezes maior de desenvolver essa desordem do que doentes com AR (artrite reumatoide). A mais provável via de transmissão é a poligênica. Entre os genes candidatos, vários estudos confirmam que aqueles relacionados à serotonina exercem papel relevante na SFM (transportador de serotonina, receptor 5-hidróxitriptamina 2A). De acordo com outros dados, a SFM pode estar relacionada aos genes polimorfos da catecolamina (catecol-o-metiltransferase) e da dopamina (receptor D4 de dopamina). Todas essas monoaminas exercem um papel importante em resposta ao estresse e às vias do sistema sensitivo.

O mecanismo central da dor

A sequência dos eventos que causam a SFM não está definida, mas certamente implica anormalidades bioquímicas e metabólicas. Algumas das alterações vistas no sistema nervoso central (SNC), como níveis baixos de serotonina, aumento significativo do fator de crescimento neural e elevada concentração de substância P, sugerem fortemente que a SFM não é uma condição subjetiva e indicam a presença de um processamento central anormal da dor nociceptiva. De fato, o doente com SFM apresenta várias características de sensibilização central.

Alguns autores descrevem a SFM como uma desordem no controle da intensidade sensitiva. Muitos doentes mostram limiar baixo não somente à dor, mas também a outros estímulos sensitivos, como barulho, odor, sabor e luz.

A estimulação nociceptiva repetitiva pode resultar ou na adaptação, com respostas dolorosas reduzidas, ou na sensibilização, com resposta álgica. Portanto, atividade intensa e/ou prolongada do corno posterior da medula espinal causada por estímulos nóxicos intensos sustentados, podem resultar em resposta neuronal aumentada ou em sensibilização central. Isso significa que o SNC pode aprender e, portanto, se alterar. Assim, as características da dor crônica se alteram o tempo todo. Contrariamente, a dor é capaz de alterar a resposta do SNC, devido à neuroplasticidade. Essa neuroplasticidade e a subsequente sensibilização do SNC, inclui alterações em termos de função de seus vários sistemas (como químico, eletrofisiológico), o que causa alodínea e hiperalgesia. Sensibilização central é um mecanismo fisiopatológico comum e unifica o conceito para SFM e outros relacionados, similar e síndromes de sobreposição (como cefaleia crônica, síndrome do intestino irritável, desordem temporomandibular, síndrome das pernas inquietas, sensibilidade múltipla, cistite intersticial, dismenorreia primária, dor pélvica "funcional" e depressão), sem se evidenciar patologia estrutural. O que define a sensibilização central é a resposta aumentada à estimulação, que é mediada pela sinalização amplificada do SNC. Para isso ele deve recrutar um mecanismo que sinalize uma resposta nóxica, mesmo que a agressão não seja prejudicial. A disfunção do sistema nervoso pode amplificar a dor periférica, e esse fenômeno pode envolver a medula espinal e o tálamo. A sensibilização central envolve atividade nervosa espontânea, expansão de campos receptivos – com maior distribuição topográfica da dor – e resposta aumentada a estímulos, como somação temporal anormal ou *wind-up*. O *wind-up* é um mecanismo central da medula espinal no qual os estímulos nóxicos repetitivos resultam em somação temporal lenta, sentido nos indivíduos como dor aumentada. O mecanismo de amplificação da dor na medula espinal está relacionado à somação temporal, "dor secundária" ou *wind-up*. Essa "dor secundária" é mais sustentada e, principalmente, relacionada à dor crônica, embora possa ocorrer em todos os indivíduos; porém é mais intensa em doentes com SFM. Durante a transmissão dos estímulos, como "dor secundária", pelas fibras C, os receptores N-metil-D-aspartato (NMDA) do segundo neurônio estão ativados. O NMDA amplifica o afluxo de cálcio para dentro dos neurônios do corno dorsal, o que leva à ativação da sintetase do óxido nítrico.

A síntese de óxido nítrico induz a liberação da substância P e de outros neuropeptídios dos neurônios pré-sinápticos que facilitam a hiperalgesia e a manutenção da sensibilização central. A substancia P reduz o limiar de excitabilidade sináptica e expande os campos nociceptivos e a ativação dos impulsos pelas vias aferentes não nociceptivas.

A desregulação das vias dolorosas inibitórias descendentes pode também estar relacionada à sensibilização álgica. Em indivíduos saudáveis, os sinais cerebrais regulam negativamente as respostas da medula espinal para estímulos dolorosos. Essa resposta modulatória é também conhecida como controle inibitório nóxico difuso (CIND). Em doentes com SFM, a modulação da dor, após a aplicação de estímulos nóxicos, está ausente, e as vias descendentes da facilitação da dor tornam-se muito importantes.

As células gliais exercem um papel importante na sinalização da modulação da dor. Elas são ativadas pelos estímulos dolorosos e pelos neurotransmissores sinalizadores de dor. Essas células receptoras se expressam não somente pelos neurotransmissores, mas também pelos vírus e pelas bactérias. Quando ativadas por estímulos dolorosos, liberam um grupo de substâncias neuroativas, como prostaglandinas, leucotrienos, fator de crescimento neural, óxido nítrico e aminoácidos excitatórios. Astrócitos e células gliais também liberam citocinas pró-inflamatórias (como α-TNF, interleucina-1 e IL-6). Todos esses fenômenos podem aumentar a sinalização e a percepção da dor e podem causar expansão dos campos receptivos.

Em um ou em vários momentos da vida, algum estressor ambiental pode interagir com os fatores determinados geneticamente. O risco individual de SFM pode ser precipitado por um insulto externo (como traumatismo, infecção e doenças), um estresse emocional ou um evento psicossocial. Esses fatores precipitantes podem ser agudos ou crônicos. Após o desencadeamento da SFM, sua manifestação pode ser mantida por meio de fatores perpetuantes relacionados a estilo de vida, atividade profissional, condicionamento físico, hipervigilância, desordem do humor, catastrofização ou comportamento de enfrentamento.

Quadro clínico

A dor difusa é uma característica da SFM; trata-se de uma dor persistente, extenuante e incômoda. Ela é predominantemente axial na distribuição, mas não é incomum nas mãos e nos pés, e pode conduzir a um diagnóstico de artrite reumatoide. Muitos pacientes descrevem uma sensação de inchaço em seus tecidos moles, frequentemente localizada na região periarticular, o que pode levar ao autodiagnóstico da artrite e ao encaminhamento para a reumatologia. Rigidez articular ocorre em cerca de 80% dos casos. A rigidez articular e a artralgia simulam condições artríticas e apresentam magnitude variada; costumam ser mais intensas pela manhã e ao anoitecer e podem ser agravadas pelo excesso de atividade física.

Fadiga generalizada crônica, traduzida por uma sensação de falta de energia, exaustão e fatigabilidade durante a execução de exercícios físicos triviais, esforço mental e diante de estressores psicológicos, é relatada por 85% dos doentes. Expressa-se ao longo de todo o dia e pode melhorar pela manhã ou manifestar-se como cansaço extenuante com o passar das horas do dia. Em doentes com SFM, dois principais contribuintes na fadiga são a depressão e o sono não reparador.

A disfunção cognitiva é comum em doentes com SFM, que se queixam de dificuldades para recordar eventos, processar informações e realizar tarefas, o que afeta adversamente a capacidade competitiva no trabalho. Problemas de memória de curto prazo têm sido associados a uma intervenção desproporcionada de distração. Alguns pesquisadores notaram que os *deficits* cognitivos em SFM podem ser resultado de fadiga associada, dor e depressão; porém outros não conseguiram encontrar alterações significativas na avaliação neuropsicológica utilizando a tecnologia de imagem automatizada.

Alterações no sono estão muito presentes. Dificuldade para a instalação do sono, despertares frequentes durante a noite, dificuldade na retomada do sono, sono agitado e superficial e despertar precoce ocorrem em aproximadamente 65% dos doentes. É comum a queixa de sono não reparador: o doente acorda cansado e com dor no corpo. Estudos de polissonografia revelam padrão anormal de ondas α durante os estágios 2, 3 e 4 do sono não REM em doentes com SFM. Entretanto, esse achado não é específico da SFM.

A síndrome do cólon irritável, caracterizada por dor, distensão abdominal, alteração do hábito intestinal (obstipação, diarreia ou alternância) que melhora com a evacuação, é observada em cerca de 20% dos indivíduos da população geral e em 60% dos doentes com SFM. A síndrome da bexiga irritável, caracterizada por desconforto suprapúbico, urgência para esvaziamento vesical e, frequentemente, disúria, é referida por 40% a 60% dos doentes. A síndrome de sensibilidade química múltipla ou síndrome de hipocondria e intolerância medicamentosa é produto do desordenamento do processamento sensorial, que resulta em ampliação de muitas sensações.

O diagnóstico não é de exclusão, mas, sim, baseado na característica dos sintomas clínicos. Não há exames complementares ou de imagem que comprovem essa condição. Os testes laboratoriais são indicados quando se suspeita de outras morbidades associadas a essa síndrome.

Critério de classificação da fibromialgia do Colégio Americano de Reumatologia (1990)
História clínica: Dor musculoesquelética difusa pelo corpo. Dor dos lados direito e esquerdo do corpo, acima e abaixo da cintura, face anterior do tórax além de dor no esqueleto axial (duração maior que três meses).
Exame físico: dor em 11 de 18 pontos dolorosos específicos à digitopressão (4 quilogramas).
(Sensibilidade: 88,4%; Especificidade: 81,1%)

Fonte: Wolfe et al. (1990), 33(2),160-172.

Localização dos pontos dolorosos (*tender points*)
Occipital (2) – inserção do músculo suboccipital
Cervical baixa (2) – face anterior do espaço intertransverso de C5-C7
Trapézio (2) – ponto médio da borda superior
Supraespinal (2) – nas origens, sobre a espinha da escápula próxima à borda medial
Segunda costela (2) – superolateral da segunda junção costocondral
Epicôndilo lateral (2) – dois centímetros distal dos epicôndilos
Glúteos (2) – no quadrante superoexterno do glúteo na prega anterior do músculo
Grande trocanter (2) – proeminência posterior trocantérica
Joelho (2) – na interlinha articular, gordura proximal medial

> **Critérios preliminares para diagnóstico de Fibromialgia do Colégio Americano de Reumatologia (2010)**
> IDD + EGS
>   IDD ≥ 7 + EGS ≥ 5   ou   IDD 3-6 + EGS ≥ 9
> 2) Sintomas com valores similares por três meses.
> 3) Ausência de desordem que explique a dor.

Fonte: Wolfe et al. (2010), 62, 600-610.
Legenda: **IDD** = índice de dor difusa; **EGS** = escore de gravidade dos sintomas.

IDD equivale a regiões do corpo que correspondem à dor localizada na região da mandíbula (2), ombros (2), braços (2), antebraços (2), coluna cervical (1), coluna dorsal (1), coluna lombar (1), tórax (1), abdome (1), face lateral dos quadris (2), coxas (2) e pernas (2), totalizando 19 pontos. EGS equivale a sono, fadiga e alteração na cognição (memória e concentração) avaliada em graus: (zero) sem alteração, (1) pequena, (2) moderada e (3) intensa, além de outras alterações, como cefaleia, depressão e dor abdominal (sim ou não), avaliada em 1 ponto para sim, totalizando 12 pontos (Clauw, 2014).

A soma de IDD + EGS ≥ 13 confirma o diagnóstico de síndrome fibromiálgica pelo critério do Colégio Americano de Reumatologia de 2010, revisado por Clauw.

Diagnóstico diferencial de dor crônica difusa

Clínica	Doença neurológica
Doença inflamatória reumatológica crônica	Miopatia inflamatória
Hepatite C crônica	Miopatia metabólica
Doença inflamatória intestinal	Miopatia degenerativa
Doença celíaca	Miopatia endócrina
Osteoporose	Miotonia

(continua)

Diagnóstico diferencial de dor crônica difusa *(continuação)*

Clínica	Doença neurológica
Hiper/hipoparatireoidismo	Mialgia tóxica
Hiper/hipotireoidismo	Mialgia em doenças raras (Síndrome de stiff-person)
Deficiência de vitamina D	Mialgia com lesão do sistema nervoso central (SNC) e do sistema nervoso periférico (SNP)

Fonte: Häuser e F. Wolfe (2012).

Drogas indutoras de miopatias

Miopatia inflamatória	Outras miopatias	Miopatias e neuropatias
Cimetidina	Inibidores de aromatase	Amiodarone
D-penicilamina	Carbimazole	Colchicina
Cocaína	Clofibrate	Heroína
Levodopa	Ácido cromoglicin	Interferon
Penicilina	Ciclosporina	L-triptofano
Procainamida	Enalaprina	Vincrisitina
Sulfonamida	Exitimibe	
Zidovudine	Inibidores de reductase HMG-CoA	
	Minoxidil	
	Inibidores de bomba de próton	
	Salbutamol	

Fonte: Häuser e Wolfe (2012).

Tratamentos

Terapia farmacológica

A monoterapia não é eficaz na SFM devido à heterogeneidade em sua apresentação e sua etiologia, que ainda não está totalmente estabelecida. No tratamento farmacológico, o antidepressivo tricíclico foi a droga inicial mais estudada. Essa medicação aumenta a concentração sináptica de serotonina e noradrenalina no SNC e reduz a sinalização da dor. Inúmeras pesquisas demonstraram melhora da dor e dos padrões de sono por um curto período de tempo, mas estudos a longo prazo apontaram uma baixa eficácia. Os eventos adversos que podem limitar a efetividade da terapia incluem fadiga, sedação, dificuldade na cognição, boca seca e arritmia cardíaca, embora agente tal com a nortriptilina.

A ciclobenzaprina apresenta propriedades farmacológicas semelhantes às dos antidepressivos tricíclicos, mas agem no cérebro e induzem ao relaxamento do sistema musculoesquelético via redução da atividade tônica dos neurônios α e γ. Estudos a curto prazo demonstraram melhora na dor e na fadiga, mas estudos a longo prazo não mostraram vantagem sobre o uso de placebo.

A tizadinina é um agonista α-2 adrenérgico de ação central que pode ser útil na cefaleia e na lombalgia. Em modelos animais, mostraram uma redução do líquido cefalorraquidiano e da substância P em ratos. Todos os miorrelaxantes são limitados pelo efeito colateral de fadiga e sonolência.

Os inibidores seletivos de recaptação de serotonina (ISRSs) aumentam a disponibilidade de serotonina na sinapse neuronal. Estudos mostram que a fluoxetina pode ser tão efetiva quanto a amitriptilina e que a combinação dos dois apresenta mais eficácia que o uso somente da fluoxetina. Um ensaio mais recente que utilizou maior dosagem de fluoxetina demonstrou uma redução na dor independentemente do efeito na depressão. Outros ISRRs, embora utilizados regularmente na prática, não têm sido estudados efetivamente para SFM. Os inibidores de recaptação de serotonina-norepinefrina (IRSNs, ou inibidores de recaptação dual) podem apresentar propriedades antinociceptivas maiores do que ISRSs puras e fornecer duas terapias aprovadas para SFM pela Food and Drug Administration (FDA) dos Estados Unidos.

Arnold et al. (2002, 2008) organizaram quatro ensaios controlados com placebo, utilizando duloxetina em doentes com SFM. Reuniram 797 doentes que receberam tratamento e 535 que ficaram sob controle. Os doentes tiveram acompanhamento após um período de tratamento de doze semanas. A dor foi significativamente reduzida em doentes tratados, e melhorias também foram observadas na depressão e em escalas de funcionamento global.

A pregabalina foi a primeira medicação aprovada pela FDA para a SFM após a aprovação inicial para a neuropatia diabética e neuralgia pós-herpética. A pregabalina interrompe a sinalização neuronal pela ligação da subunidade α-2-delta da voltagem dos portões dos canais de Ca. Inúmeros ensaios controlados randomizados mostram uma redução significativa no escore da dor, bem como redução da fadiga e melhoras na qualidade do sono e na qualidade de vida. Quando utilizada por mais de seis meses, a pregabalina mantém sua eficácia nos respondedores em comparação com aqueles que não utilizaram a droga. Os efeitos colaterais incluem tontura, sonolência e ganho de peso.

A gabapentina, outra medicação testada nas doenças neurológicas de ação central, inibe as mesmas voltagens dos canais de Ca, como a pregabalina. Em um ensaio randomizado controlado de doze semanas, a gabapentina – na dose média de 1800 mg por dia – foi mais efetiva em comparação ao placebo; houve melhora no escore da dor e no FIQ (questionário de impacto na fibromialgia) e na qualidade do sono. Os eventos adversos mais comuns foram tontura e sedação.

Embora comumente prescritos, há pouca evidência objetiva para avaliar a eficácia de fármacos anti-inflamatórios não esteroides. Em um ensaio duplo cego, placebo controlado, o ibuprofeno não foi melhor que o placebo e, em outro ensaio com naproxeno, houve uma melhora insignificante dos sintomas. O uso de corticosteroide oral não é eficaz. Não há dados disponíveis de curto ou longo prazo no caso do uso de opioides em SFM, mas alguns estudos sustentam o uso de opioide tramadol misturado. A droga tem ação central nos receptores µ opioides e também ação fraca como inibidores na receptação da serotonina e da norepinefrina. O uso de tramadol com acetaminofem em SFM por 91 dias com menor desistência ocorreu no grupo de tratamento ativo (48% × 62%, no braço placebo), que foi *end point* primário. Um outro estudo mostrou melhoria com a utilização do FIQ.

Terapias não farmacológicas

Em SFM, as terapias não farmacológicas tornaram-se uma parte importante do tratamento, e a revisão de Goldenberg et al. (2004) sugerem forte evidência na eficácia de várias intervenções, incluindo exercícios, condicionamento cardiovascular, terapia cognitivo-comportamental e educação para os doentes com SFM. No entanto, dois outros comentários esclarecem o fato de que a maioria dos estudos dessas intervenções é de qualidade questionável e que não há conclusões significativas. Mas esses investigadores sentiram que a combinação das abordagens mostrou melhores resultados que as intervenções individuais.

Várias novas terapias têm sido observadas e consideradas potenciais futuras terapias para SFM. Skrabek et al. (2008) realizaram o RCT (*randomized controlled trials*) para avaliar o benefício da nabilone, um canabinoide sintético, em doentes com SFM e obtiveram uma redução significativa na dor, no escore FIQ e na ansiedade (mas não nos números de pontos dolorosos) em quarenta doentes por um período superior a quatro semanas.

O *Sodium oxybate*, o sal sódio, um metabólito do ácido gama-aminobutírico, auxiliou na melhora dos sintomas da SFM durante o ensaio *open-label* para doentes com narcolepsia. Um ensaio RCT com duração de oito semanas resultou em uma resposta benéfica na dor, FIQ em escore global de saúde, bem como em resultados subjetivos do sono em 124 doentes.

A naltrexona, além de antagonizar os receptores opioides em neurônios, também inibiu a ativação da micróglia. Propõe-se que esse mecanismo possa explicar a melhoria nos sintomas de SFM em um estudo-piloto recente com dez doentes tratados com o medicamento.

Efeito positivo na SFM em ensaio controlado randomizado

Droga	Força de evidência	Dose recomendada
Amitriptilina	1a	10-50 mg
Duloxetina	1a	30-60 mg
Milnaciprano	1a	25-200 mg
Pregabalina	1a	150-450 mg
Gabapentina	1b	1200-2400 mg
Ciclobenzaprina	2a	14-40 mg
Fluoxetina	2a	20-60 mg
Paroxetina	2b	20 mg
Tramadol	2b	50-300 mg

Fonte: Sommer (2010).

Referências

Abeles, A. M., Pillinger, M. H., Solitar, B. M. & Abeles, M. (2007). Narrative review: the pathophysiology of fibromyalgia. *Annals of Internal Medicine, 146*, 726-734.

Arnold, L. M., Hess, E. V., Hudson, J. I., Welge, J. A., Berno, S. E., & Keck, P. E., Jr. (2002). A randomized, placebo-controlled, double-blind, flexible-dose study of fluoxetine in the treatment of women with fibromyalgia. *American Journal of Medicine, 112*(3), 191-197.

Arnold, L. M., Crofford, L. J., Mease, P. J., Burgess, S. M., Palmer, S. C., Abetz, L., & Martin, S. A. (2008). Patient perspectives on the impact of fibromyalgia. *Patient Education and Counseling, 73*(1), 114-120.

Bengtsson, A. (2002). The muscle in fibromyalgia. *Rheumatology, 41*, 721-724.

Branco, J. (2010). State-of-the-art on fibromyalgia mechanism. *Acta Reumatológica Portuguesa, 35*, 10-15.

Buskila, D., Sarzi-Puttini, P., & Ablin, J. N. (2007). The genetics of fibromyalgia syndrome. *Pharmacogenomics, 8*, 67-74.

Buskila, D., Neumann, I., Hazanov, I., & Carmi, R. (1996). Familial aggregation in the fibromyalgia syndrome. *Seminars in Arthritis and Rheumatism, 26*, 605-611.

Goldenberg, D. L., Burckhardt, C., & Crofford, L. (2004). Management of fibromyalgia syndrome. *JAMA, 292*, 2388-2395.

Gracely, R. H., Petzke, F., Wolf, J. M., & Clauw, D. J. (2002). Functional magnetic resonance imaging evidence of augmented pain processing in fibromyalgia. *Seminars in Arthritis and Rheumatism, 46*(5), 1333-1343.

Häuser, W., & Wolfe, F. (2012). *Reumatismo, 64*(4), 194-205.

Karjalainen, K., Malmivaara, A., van Tulder, M., Roine, R., Jauhiainen, M., Hurri, H., & Koes, B. (2000). Multidisciplinary rehabilitation for fibromyalgia and musculoskeletal pain in working age adults. *Cochrane Database Systemativ Reviews, 2,* CD001984.

Meeus, M., & Nijs, J. (2007). Central sensitization: a biopsychosocial explanation of chronic widespread pain in patients with fibromyalgia and chronic fatigue syndrome. *Clinical Rheumatololy, 26,* 465-473.

Okifuji, A., Turk, D. C., Sinclair, J. D., Starz, T. W., Marcus, D. A. (1997). A standardized manual tender point survey, I: development and determination of a threshold point for the identification of positive tender points in fibromyalgia syndrome. *The Journal of Rheumatology, 24*(2), 377-383.

Rock, R. B., Gekker, G., Hu, S., Sheng, W. S., Cheeran, M., Lokensgard, J. R., & Peterson, P. K. (2004). Role of microglia in central nervous system infections. *Clinical Microbiology Reviews, 17*(4), 942-964.

Russell, I. J., & Larson, A. A. (2009). Neurophysiopathogenesis of fibromyalgia syndrome: a unified hypothesis. *Rheumatic Disease Clinics of North America, 35*(2), 421-435.

Saxena, A., & Solitar, B. (2010). Fibromyalgia: knowns, unknowns, and current treatment. *Bulletin of the NYU Hospital for Joint Diseases*, 68(3), 157-161.

Sim, J., & Adams, N. (2002). Systematic review of randomized controlled trials of nonpharmacological interventions for fibromyalgia. *The Clinical Journal of Pain*, 18, 324-336.

Skrabek, R. Q., Galimova, L., Ethans, K., & Perry, D. (2008). Nabilone for the treatment of pain in fibromyalgia. *The Journal of Pain*, 9, 164-173.

Sommer, C. (2010). Fibromyalgia: a clinical update. *IASP Journal*, XVIII(4), 1-4.

Watkins, L. R., & Maier, S. F. (2005). Immune regulation of central nervous system functions: from sickness responses to pathological pain. *Journal of Internal Medicine*, 257, 139-155.

Wolfe, F., Ross, K., Anderson, J., Russell, I. J., & Herbert, L. (1995). The prevalence and characteristics of fibromyalgia in the general population. *Arthritis & Rheumatology*, 38(1), 19-28.

Wolfe, F., Clauw, D. J., Fitzcharles, M. A., Goldenberg, D. L., Katz, R. S., Mease, P., Russell, A. S., Russell, I. J., Winfield, J. B., & Yunus, M. B. (2010). The American College of Rheumatology preliminary diagnostic criteria for fibromyalgia and measurement of symptom severity. *Arthritis Care & Research (Hoboken)*, 62(5), 600-610.

Wolfe, F., Smythe, H. A., Yunus, M. B., Bennett, R. M., Bombardier, C., Goldenberg, D. L., Tugwell, P., Campbell, S. M., Abeles, M., Clark, P. et al. (1990). The American College of Rheumatology 1990 criteria for the Classification of Fibromyalgia.

Report of the Multicenter Criteria Committee. *Arthritis & Rheumatology, 33*(2), 160-172.

Yunus, M. B. (2008). Central sensitivity syndromes: a new paradigm and group nosology for fibromyalgia and overlapping conditions and the related issue of disease versus illness. *Semininars in Arthritis and Rheumatism, 37*, 339-352.

Sobre os autores

Adriana Cortelletti Uchôa

Psicóloga formada em 1977 pelo Instituto de Psicologia da Universidade de São Paulo (USP). Psicanalista e membro associado da Sociedade Brasileira de Psicanálise de São Paulo (SBPSP) desde 2006. Diretora científica e membro da comissão de ensino do Núcleo de Estudos Psicanalíticos de Araçatuba (Nepa), fundado em 1992. Organizadora de cursos de orientação psicanalítica para psicólogos e alunos de psicologia de Araçatuba e região. Membro do Grupo de Estudos e Investigação das Expressões Corporais da Dor Psíquica: Dor Crônica e Psicossomática Psicanalítica da SBPSP desde 2005, coordenado pela dra. Victoria Regina Béjar. Docente dos seminários teórico clínicos do Centro de Atendimento da Diretoria de Atendimento à Comunidade (DAC) da SBPSP em 2011. Voluntária na equipe multidisciplinar do Centro de Oncologia Bucal (COB) da Faculdade de Odontologia de Araçatuba da Universidade Estadual Paulista "Júlio de Mesquita Filho" (Unesp) de 2003 a 2005, com atendimento a pacientes com dor crônica orofacial. Atende em seu consultório particular desde 1980. Apresenta trabalhos em congressos nacionais e internacionais de psicanálise sobre dor e psicossomática psicanalítica.

Ana Maria Baccari Kuhn

Professora doutora livre-docente associada da disciplina de Otoneurologia do Departamento de Otorrinolaringologia e Cirurgia de Cabeça e Pescoço da Escola Paulista de Medicina da Universidade Federal de São Paulo (Unifesp). Tradutora oficial da língua francesa do Grupo de Sensibilização de São Paulo ligado à Escola de Psicossomática de Paris. Membro do Grupo de Estudos e Pesquisa em Saúde Oral e Sistêmica Baseada em Evidências no Instituto da Pele do Departamento de Dermatologia da Escola Paulista de Medicina da Unifesp. Membro do Grupo de Estudos e Investigação das Expressões Corporais da Dor Psíquica: Dor Crônica e Psicossomática Psicanalítica da Sociedade Brasileira de Psicanálise de São Paulo (SBPSP). Publicou trabalhos em revistas especializadas.

Ana Maria Soares

Psicóloga, professora do curso de psicossomática psicanalítica do Instituto Sedes Sapientiae e membro do projeto de atendimento e pesquisa em psicossomática do mesmo instituto. Organizadora da coletânea *Psicanálise e psicossomática: casos clínicos, construções* (Escuta, 2015).

Antonio Sapienza

Médico psicanalista e membro efetivo da Sociedade Brasileira de Psicanálise de São Paulo (SBPSP), da Federação Brasileira de Psicanálise (Febrapsi), da Federación Latinoamericana de Psicoanálisis (Fepal) e da Associação Internacional de Psicanálise (IPA, do inglês International Psychoanalytical Association). Analista do Instituto de Psicanálise Durval Marcondes da SBPSP. Conferencista em diversos centros de psicanálise do Brasil e de congressos nacionais e internacionais (Buenos Aires e Roma). Autor de artigos em diferentes revistas de psicanálise: *Revista Brasileira de Psicanálise* e *Revista Alter*, de Brasília. Autor do livro *Reflexões teórico-clínicas em psicanálise* (Blucher, 2016).

Cristiana Rodrigues Rua

Psicóloga e psicanalista, mestre em psicologia clínica pelo Instituto de Psicologia da Universidade de São Paulo (USP), com Título de especialista em Psicologia Hospitalar concedido pelo Conselho Federal de Psicologia (CFP). Especializada em Psicanálise pelo Departamento de Psicanálise do Instituto Sedes Sapientiae e em Psicossomática Psicanalítica pelo Instituto Sedes Sapientiae e membro do projeto de pesquisa e atendimento em psicossomática do mesmo instituto. Co-organizadora da coletânea *Psicanálise e psicossomática: casos clínicos, construções* (Escuta, 2015). Psicóloga do Hospital de Transplantes Euryclides de Jesus Zerbini. Atende também em consultório particular.

Daniel Ciampi de Andrade

Formado pela Universidade de São Paulo (USP). Especialização em Neurologia e residência em Clínica Médica na USP em 2003. Especialista em Neurologia Geral na USP em 2006 e residência em Neurocirurgia e Anestesiologia com foco em neuromodulação e tratamento de dor na Universidade de Paris XI, Paris, França, em 2008. Especialista em Neuromodulação em Doença de Parkinson e Dor na Universidade de Paris XI, Paris, França, em 2008. Especialista em Avaliação e Tratamento da Dor na Universidade de Versailles-Saint-Quentin, Paris, França, entre 2007 e 2008.

International Fellowship Award e Academia Americana de Neurologia em 2008. International Fellowship Award e Movement Disorders Society em 2009. Médico neurologista do Grupo de Dor do Instituto do Câncer do Estado de São Paulo (ICESP) e da disciplina de Neurologia da Faculdade de Medicina da Universidade de São Paulo (FMUSP). Principais áreas de interesse: neurologia geral, distúrbios do movimento, avaliação e tratamento da dor crônica.

Denise Aizemberg Steinwurz

Psicóloga formada em 1984 pela Faculdade de Psicologia da Pontifícia Universidade Católica de São Paulo (PUC-SP). Psicanalista e mestre em Psicologia Clínica pela PUC-SP em 2007. Membro filiado do Instituto de Psicanálise Durval Marcondes da Sociedade Brasileira de Psicanálise de São Paulo (SBPSP). Membro do Grupo de Estudos e Investigação das Expressões Corporais da Dor Psíquica: Dor Crônica e Psicossomática Psicanalítica da SBPSP desde 2009. Membro associado do Departamento de Psicanálise da Criança do Instituto Sedes Sapientiae. Diretora de psicologia da Associação Brasileira de Colite Ulcerativa e Doença de Crohn (ABCD). Coordenadora de grupos com pacientes portadores de retocolite e de doença de Crohn na ABCD. Membro da diretoria da Associação Brasileira de Medicina Psicossomática de São Paulo (ABMP-SP), nos triênios 2014-2016 e 2017-2019. Estagiou no Margaret S. Mahler Observational Research Nursery (New School For Social Research, Department of Psychology), em Nova York, entre 1987 e 1988. Recebeu o prêmio "Avelino Luis Rodrigues" em 2012 no concurso "Psicossomática e interdisciplinaridade" do IV Congresso Paulista de Psicossomática. Docente de seminários de psicossomática psicanalítica da Diretoria de Atendimento à Comunidade (DAC) da SBPSP de 2011 a 2014. Membro da comissão organizadora da Jornada de Psicossomática Psicanalítica realizada pela DAC em 2014. Coordenadora do grupo Conversando sobre o Emocional nas Doenças Corporais do Projeto Encontros e Conversas da DAC entre 2015 e 2016. Apresenta trabalhos em vários congressos de psicanálise, nacionais e internacionais, e publicou artigos em revistas especializadas.

Diva Aparecida Cilurzo Neto

Graduada em Psicologia em 1981 e em Pedagogia em 1983 pelas Faculdades Integradas Senador Flaquer. Especialista em Psicodiagnóstico pelo Instituto Sedes Sapientiae, em São Paulo, em 1982. Especialista em Psicopedagogia e Atendimento Clínico pelo mesmo instituto, em 1996. Especialista em Psicologia da Aprendizagem: Avaliação Dinâmica do Potencial da Aprendizagem - (LPAD) da Universidade Pontifícia de Salamanca Instituto San Pio X (UPS-ISP), Madrid/Espanha, em 1997. Especialista em Psicologia da Aprendizagem pelo Hadassah Wiso Canadá Research Institute, ICELP, em Jerusalém/Israel, entre 1998 e 1999. Especialista em Psicomotricidade pelo Instituto Superior de Psicomotricidade e Educação de Atividades Específicas (ISPE-GAE), Brasil-França, em 1999. Especialista em Psicoterapia Psicanalítica pelo Instituto de Psicologia Clínica da USP de 2004 a 2006. Membro associado da Sociedade Brasileira de Psicanálise de São Paulo (SBPSP) desde 2015. Membro do Grupo de Estudos e Investigação das Expressões Corporais da Dor Psíquica: Dor Crônica e Psicossomática da SBPSP desde 2013. Membro do Grupo de Estudos e Investigação Psicanalítica – Clínica 0 a 3 – Intervenção nas Relações Iniciais Pais/Bebê/Criança Pequena do Centro de Atendimento Psicanalítico da SBPSP desde 2016. Analista de crianças, adolescentes e adultos de 1983 a 2016. Apresenta trabalhos em vários congressos nacionais e internacionais de psicanálise e publicou trabalhos em revistas especializadas.

Eliana Riberti Nazareth

Psicóloga formada em 1976 pela PUC-SP. Mestre em Psicologia Clínica pela Pontifícia Universidade Católica de São Paulo (PUC--SP). Membro efetivo da Sociedade Brasileira de Psicanálise de São Paulo (SBPSP) e da Associação Internacional de Psicanálise (IPA, do inglês International Psychoanalytical Association) desde 2007. Membro da International Neuropsychoanalysis Society e membro do Conselho Consultivo da SBPSP. Coordenadora do Grupo de Estudos sobre as Relações "Corpo Mente" da SBPSP. Professora do Instituto de Psicanálise Durval Marcondes da SBPSP. Apresenta trabalhos em congressos nacionais e internacionais de psicanálise, mediação e direito de família. Publicou artigos e livros, entre os quais: "Pacientes somáticos: falhas na representação" (*Revista da Sociedade Brasileira de Psicanálise de Porto Alegre*, 18, 45-57), "Quando o corpo é quem fala: a importância da contratransferência na análise de pacientes com manifestações somáticas" (*Revista da Sociedade Brasileira de Psicanálise de Porto Alegre*, 17(2), 48-57) e "Psicanálise vincular: teoria e clínica", Rodolfo Moguilanski e Silvia Liliana Nussbaum, resenha (*Revista Brasileira de Psicanálise*, 46, 202-204). Autora do livro *Mediação: o conflito e a solução* (Arte Paubrasil, 2009).

Elsa Rappoport de Aisemberg

Médica psicanalista e membro titular e didata da Asociación Psicoanalítica Argentina (APA). Ex-vice-presidente da APA. Membro do Analytic Practice & Scientific Activities Committee (CAPSA) e dos novos grupos da Associação Internacional de Psicanálise (IPA, do inglês International Psychoanalytical Association). Ex-coordenadora dos Coloquios e assessora científica da APA. Autora de numerosos trabalhos e publicações sobre psicossomática, entre outros temas. Coeditora e coautora de *Psychosomatics today*

(Londres: Karnac, 2010) e de *El cuerpo en escena* (Buenos Aires: Lumen, 2013).

Flavio Steinwurz

Médico e membro sênior da Sociedade Paulista de Gastroenterologia e Nutrição desde 1987. Formado em Gastroenterologia com foco em doenças inflamatórias intestinais no Lenox Hill Hospital New York, no serviço do dr. Burton I. Korelitz entre 1987 e 1988. Título de especialista em Gastroenterologia pela Associação Médica Brasileira (AMB) e pela Federação Brasileira de Gastroenterologia (FBG) em 1988. Professor adjunto de Gastroenterologia da Faculdade de Ciências Médicas de Santos de 1986 a 1992. Membro do American College of Gastroenterology (ACG) desde 1994. Mestre em Gastroenterologia pelo Instituto Brasileiro Estudos e Pesquisas de Gastroenterologia em 1996. Presidente da Brasileira de Colite Ulcerativa e Doença de Crohn (ABCD) de 1999 a 2015. Membro da Comissão de Terapêutica do Hospital Israelita Albert Einstein desde 2003. Primeiro-secretário da Associação Brasileira de Prevenção de Câncer Colorretal desde 2004. Membro do European Crohn's and Colitis Organisation (ECCO) desde 2008. Membro da International Organization for the Study of Inflammatory Bowel Disease (IOIBD) desde 2011. Homenageado com o Prêmio "William D. Carey" pelo American College of Gastroenterology em 2014. Revisor de revistas científicas (*American Journal of Gastroenterology, Digestive Disease and Sciences, Journal of Crohn's and Colitis, Arquivos de Gastroenterologia* e *Inflammatory Bowel Diseases, Clinics*) de 2008 a 2016. Presidente emérito da ABCD desde 2016. Membro executivo da IOIBD desde 2016. Secretário-geral eleito da Associação Paulista de Gastroenterologia de São Paulo em 2016. Master do ACG em 2016.

Gina Khafif Levinzon

Formada em psicologia em 1980 pelo Instituto de Psicologia da Universidade de São Paulo (USP). Psicanalista e membro efetivo da Sociedade Brasileira de Psicanálise de São Paulo (SBPSP). Doutora em Psicologia Clínica pela USP. Professora do curso de especialização em Psicoterapia Psicanalítica CEPSI-Unip. Coordenadora do Grupo de Estudos sobre Parentalidade e Adoção da Sociedade Brasileira de Psicanálise de São Paulo. Autora dos livros *A criança adotiva na psicoterapia psicanalítica* (Escuta, 1999), *Adoção* (Casa do Psicólogo, 2004), *Progressos em psicoterapia psicanalítica: dez anos, uma história* (organizadora com Ryad Simon, Casa do Psicólogo, 2006) e *Tornando-se pais: a adoção em todos os seus passos* (Casa do Psicólogo, 2014). Organizadora do livro *Novos avanços em psicoterapia psicanalítica* ao lado de Ryad Simon e Kayoko Yamamoto (Ed. Zagodoni, 2016). Publicou artigos em diversas revistas científicas, assim como seus trabalhos foram premiados nos Congressos da Federação Brasileira de Psicanálise (Febrapsi) nos anos de 1998, 2001, 2003 e 2009. Atende crianças, adultos e adolescentes em seu consultório particular desde 1981 e dá supervisões clínicas para outros profissionais da área. Coordena um grupo de estudos de Winnicott e ministra um curso sobre autores contemporâneos da psicanálise.

Glaucia Maria Ferreira Furtado

Psicóloga formada em 1975 pela Faculdade de Filosofia, Ciências e Letras de Ribeirão Preto da Universidade de São Paulo (FFCLRPUSP). Psicanalista e membro efetivo da Sociedade Brasileira de Psicanálise de São Paulo (SBPSP) e da Associação Internacional de Psicanálise (IPA, do inglês International Psychoanalytical Association). Docente do Instituto de Psicanálise Durval

Marcondes da SBPSP. Representante da SBPSP de Diretoria Regional da cidade de Araçatuba, SP. Membro do Grupo de Estudo e Investigação das Expressões Corporais da Dor Psíquica: Dor Crônica e Psicossomática da SBPSP desde 2008. Ex-presidente e fundadora do Núcleo de Estudos Psicanalíticos de Araçatuba (Nepa). Docente e organizadora das atividades e dos cursos do Nepa. Tem apresentado trabalhos em congressos nacionais e internacionais, além de publicações em revistas especializadas.

Helena Hideko Seguchi Kaziyama

Graduada em 1975 em Medicina pela Pontifícia Universidade Católica de São Paulo (PUC-SP). Residência médica na Divisão de Medicina Física do Instituto de Ortopedia e Traumatologia (IOT) do Hospital das Clínicas da Faculdade de Medicina da Universidade de São Paulo (HCFMUSP) entre 1976 e 1977. Médica fisiatra assistente desde 1979. Atualmente, é diretora do Serviço de Saúde na Divisão de Medicina Física do IOT do HCFMUSP. Membro do Centro Multidisciplinar de Dor da Clínica Neurológica do Instituto Central do HCFMUSP e responsável pelo ambulatório de fibromialgia. Participou do ambulatório de osteoartrose por oito anos na Clínica Reumatológica do HCFMUSP em 1992. Defendeu dissertação de mestrado em Reumatologia em 1996 e tese de doutorado em 2014 pela Clínica Neurológica a do HCFMUSP. Tem experiência na área de Medicina, com ênfase em Fisiatria, e atua principalmente nos seguintes temas: fibromialgia, síndrome dolorosa miofascial e dor crônica musculoesquelética (osteoartrose de joelho e quadril; algia vertebral). Título de especialista em Medicina Física e Reabilitação com certificado de atuação na área de dor pela Associação Médica Brasileira e pela Associação Brasileira de Medicina Física e Reabilitação.

Helena Lopes Daltro Pontual

Membro associado da Sociedade de Psicanálise de Brasília (SPBsb) em 2013, da Sociedade Brasileira de Psicanálise de São Paulo (SBPSP) desde 2014 e da Associação Internacional de Psicanálise (IPA, do inglês International Psychoanalytical Association) em 2015. Possui consultório particular em São Paulo. Graduada em Letras (Português/Inglês) em 1977 e em Jornalismo em 1982 pelo Centro de Ensino Unificado de Brasília (UniCeub). Pós-graduada Lato Sensu/Especialização em Teoria Psicanalítica pelo UniCeub em 2007. Fez o curso de formação em Saúde Mental pelo Centro de Atenção à Saúde Mental de Brasília (Anankê) em 2008. Formada em Psicanálise pelo Instituto de Psicanálise Virgínia Leone Bicudo da SPBsb em 2011. Membro do Grupo de Estudos e Investigação das Expressões Corporais da Dor Psíquica: Dor Crônica e Psicossomática Psicanalítica da SBPSP desde 2014. Integrante da Comissão de Divulgação e Imprensa da SPBsb. Editora do Boletim Informativo da SPBsb, do site da SPBsb e da SPBsb para o site da IPA.

Lydia Marticorena

Doutoranda em Psicologia pela Universidade de Buenos Aires. Mestre em psico-neuro-imuno-endocrinologia pela Universidade Favaloro. Psicanalista da Associação Psicanalítica Argentina (APA) e da Associação Psicanalítica Internacional (IPA). Especialista em psicossomática. Trabalha em consultório particular com obesidade, anorexia, bulimia, patologias dermatológicas (pênfigo, vitiligo), fibromialgia, patologias graves e fronteiriços. Possui experiência clínica no Hospital Araoz Alfaro com o dr. Mauricio Goldemberg e com a dra. Aurora Pérez no departamento da infância. No Hospital Alvear trabalhou com o dr. Aarón Kaminsky como psicóloga clínica na assistência a pacientes dermatológicos. Publicou com o dr. León Jaimovich o trabalho "Un caso de esclerodermia en una joven de 16 años; aspectos dermatológicos y psicológicos", na revista *Actas Ibero-Latina-Americanas de Dermatología* (1968/1969). Com o dr. José Kriner publicou "Los vínculos en las familias del paciente dermatológico" (1969). Curso para dermatologistas na Sociedade Argentina de Dermatologia, diretores dr. Fridmanis e dr. José Kriner. Trabalho apresentado "Pacientes con vitíligo en la consulta, causas y ejemplos" no Hospital Municipal José Méndez com o chefe de gastroenterologia Leonardo Pinchuk, e "Un caso de colitis ulcerosa tratado con psicoterapia psicoanalítica", apresentado no Ateneo do Hospital (1987). Na clínica do dr. Jorge Braguinsky trabalhou na equipe interdisciplinar com grupos de obesidade e em abordagem individual com anorexia e bulimia. Apresentou trabalho no Congresso Argentino de Obesidade em Mar del Plata (1981), "Grupos psicoterapêuticos com pacientes com transtornos alimentares", publicado na *Revista de la Asociación de Psicólogos de Buenos Aires*. Possui tese de doutorado na Universidade de Buenos Aires, *Estrés y piel,* com investigação empírica em pacientes com pênfigo no Hospital Ramos Mejía, apresentada no Colégio Universitário de Londres, com apoio do Research Board da IPA, coordenado pelo dr. Peter Fonagy (2002). Apresentação do poster da investigação "Estrés y pénfigo" no XI Congresso Ibero-Latino Americano de Dermatología, Buenos Aires, Argentina (2003).

Manoel Jacobsen Teixeira

Graduado em 1972 em Medicina pela Universidade de São Paulo (USP). Residência em Neurocirurgia de 1973 a 1978 no Departamento de Neurologia da Faculdade de Medicina da Universidade de São Paulo (FMUSP). Aperfeiçoou-se em Neurocirurgia Funcional nas universidades de Edimburgo, Birmingham, Friburgo e Zurique. Mestre em Neurologia pelo Departamento de Neurologia da FMUSP em 1985 e doutor em Neurologia pelo Departamento de Neurologia da FMUSP em 1990. Livre-docente em Neurologia pelo Departamento de Neurologia da FMUSP em 2005. Professor titular da disciplina de Neurocirurgia do Departamento de Neurologia da FMUSP desde março de 2007. Diretor técnico de Serviço de Saúde da Divisão de Neurocirurgia Funcional do Instituto de Psiquiatria do Hospital das Clínicas da Faculdade de Medicina da Universidade de São Paulo (HCFMUSP) de 1999 a 2004. Diretor técnico da Divisão de Neurocirurgia Funcional do Instituto de Psiquiatria do HCFMUSP desde 2004. Diretor técnico da Divisão de Clínica Neurocirúrgica do Instituto Central do HCFMUSP desde 2010. Experiência na área de Medicina, com ênfase em Neurocirurgia. Atua principalmente nos seguintes temas: dor, dor aguda, dor crônica, dor neuropática e síndrome dolorosa miofascial, cirurgia para movimentos anormais, espasticidade, doenças da coluna vertebral e tumores do sistema nervoso.

Marilia Aisenstein

Analista didata da Société Psychanalytique de Paris (SPP) e da Sociedade Helênica de Psicanálise (Hellenic Psychoanalytical Society). Ex-presidente da Sociedade Psicanalítica de Paris, ex-presidente e membro formador do Instituto de Psicossomática de Paris (IPSO). Cofundadora e editora da *Revue Française de Psychosomatique*. Ex-redatora da *Revue Française de Psychanalyse*. Foi representante europeia na comissão da Associação Psicanalítica Internacional (IPA) e no comitê executivo da IPA durante oito anos. É coordenadora do comitê internacional de novos grupos da IPA. Trabalha no consultório particular e coordena seminários em ambas as sociedades, Helênica e de Paris. Atualmente, é presidente do Comitê Executivo da Clínica da Sociedade de Paris (CCTP) e *cochair* do Congresso Anual de Línguas Francesas. Escreveu vários livros e inúmeros capítulos nas Revistas Francesas de Psicossomática e de Psicanálise sobre psicanálise de pacientes de difícil acesso, psicossomática, hipocondria, transferência e possui 150 trabalhos publicados em francês, grego, inglês, alemão, espanhol e português em revistas internacionais.

Marina Papageorgiou

Psicanalista da Société Psychanalytique de Paris (SPP). Editora da *Revue Française de Psychosomatique*. Trabalha com dores crônicas. Publicou vários trabalhos em francês, inglês, português e espanhol.

Milton Della Nina

Graduado em 1969 em Medicina pelo Hospital das Clínicas da Faculdade de Medicina da Universidade de São Paulo (HCFM-USP). Formado em Psicoterapia de Orientação Psicanalítica pelo Instituto Sedes Sapientiae em 1981. Formado em teoria e técnica dos grupos operativos pelo Centro de Investigação e Ensino em Psicologia Social (CIE-PSIC) em 1984. Formado em Psicanálise pelo Instituto de Psicanálise da Sociedade Brasileira de Psicanálise de São Paulo (SBPSP) em 1997. Membro efetivo e analista didata da SBPSP. Docente do Instituto de Psicanálise Durval Marcondes da SBPSP. Membro da Associação Internacional de Psicanálise (IPA, do inglês International Psychoanalytical Association). Membro honorário da Associação Brasileira de Medicina Psicossomática. Ex-médico supervisor de psicoterapia na disciplina de Psicoterapia do Departamento de Psiquiatria da Universidade Federal de São Paulo (Unifesp). Participa ativamente de congressos e jornadas na área de psicanálise, apresenta trabalhos e publica artigos e capítulos em livros da área e sobre a prática em coordenação de grupos no âmbito institucional e o desenvolvimento das relações profissional-paciente na área médica, sobre o processo psicanalítico e sobre a relação mente-corpo. No Instituto Durval Marcondes da SBPSP, ministra cursos sobre a obra de Freud e de autores pós-freudianos, como Winnicott e, mais recentemente, Christopher Bollas. Trabalha ativamente em clínica psicanalítica e realiza supervisões de atendimento psicanalítico.

Rubens Marcelo Volich

Psicanalista. Doutor pela Universidade de Paris VII – Denis Diderot. Professor do curso de Psicossomática Psicanalítica do Instituto Sedes Sapientiae. Autor dos livros *Psicossomática: de Hipócrates à psicanálise* (Casa do Psicólogo, 2000), *Hipocondria: impasses da alma, desafios do corpo* (Casa do Psicólogo, 2002) e *Segredos de mulher: diálogos entre um ginecologista e um psicanalista*, em coautoria com Alexandre Faisal (Atheneu, 2010). Co-organizador e autor dos livros da série *Psicossoma* (Casa do Psicólogo).

Silvia Joas Erdos

Psicóloga e psicanalista. Membro associado da Sociedade Brasileira de Psicanálise de São Paulo (SBPSP) desde 1991. Membro associado da Sociedade Portuguesa de Psicanálise desde 2016. Membro do Grupo de Estudos e Investigação das Expressões Corporais da Dor Psíquica: Dor Crônica e Psicossomática Psicanalítica da SBPSP desde 2007. Docente nos seminários de psicossomática psicanalítica dirigidos a profissionais de saúde mental da comunidade, oferecidos pela Diretoria de Atendimento à Comunidade (DAC) da SBPSP de 2011 a 2013. Monitora de ensino no Instituto de Psicanálise Durval Marcondes de Formação em Psicanálise da SBPSP em 2013. Membro da comissão organizadora da jornada de psicossomática psicanalítica realizada pela DAC da SBPSP em 2014. Colaboradora do Núcleo de Psicoterapia do Instituto de Psiquiatria do Hospital das Clínicas da Faculdade de Medicina da Universidade de São Paulo (HCFMUSP) de 1999 a 2015, onde desenvolveu atividades assistenciais e atendimento clínico em psicoterapia psicanalítica individual e grupal. Participa do grupo em formação no Institut de Psychosomatique Pierre Marty (IPSO), em Paris, França, desde 2010.

Victoria Regina Béjar

Formada em Medicina em 1976 pela Faculdade de Medicina da Universidade Federal Fluminense (UFF). Residência médica em Neuropsiquiatria no Instituto de Psiquiatria do Hospital das Clínicas da Faculdade de Medicina da Universidade de São Paulo (HCFMUSP) de 1977 a 1979. Formação em Psicanálise pelo Instituto de Psicanálise da Sociedade Brasileira de Psicanálise de São Paulo (SBPSP). Membro efetivo da SBPSP desde 2003. Docente do Instituto de Psicanálise Durval Marcondes da SBPSP. Membro da Associação Internacional de Psicanálise (IPA, do inglês International Psychoanalytical Association). Fundadora e coordenadora do Grupo de Estudos e Investigação das Expressões Corporais da Dor Psíquica: Dor Crônica e Psicossomática Psicanalítica da SBPSP, que teve início em 2003 e permanece organizado até os dias atuais. Coordenadora e docente dos seminários de psicossomática psicanalítica para profissionais de saúde mental da comunidade oferecidos pela Diretoria de Atendimento à Comunidade (DAC) da SBPSP de 2011 a 2014. Coordenadora do grupo de psicossomática psicanalítica da clínica de atendimento à comunidade da DAC. Coordenadora da Jornada de Psicossomática Psicanalítica realizada pela DAC em 2014. Psicanalista colaboradora do Centro Multidisciplinar de Dor da Clínica Neurológica do HCFMUSP desde 2003. Participa ativamente em jornadas e em congressos nacionais e internacionais de psicanálise, e publica artigos e capítulos. Como docente do Instituto de Psicanálise Durval Marcondes, oferece cursos sobre dor psíquica, psicossomática psicanalítica e prática clínica com pacientes difíceis. Desde 1980 exerce atividades em consultório particular como psiquiatra clínica e psicanalista. Atende pacientes borderlines, com transtornos psicossomáticos e com dores crônicas. Oferece abordagem psicanalítica de famílias e casais.